马逍遥 ◎ 著

高韬与骄傲

大明名士的孤勇人生

陕西新华出版

太白文艺出版社·西安

图书在版编目（CIP）数据

高韬与骄傲：大明名士的孤勇人生 / 马逍遥著.—
西安：太白文艺出版社，2024.1
ISBN 978-7-5513-2479-3

Ⅰ．①高… Ⅱ．①马… Ⅲ．①名人－生平事迹－中
国－明代 Ⅳ．①K820.48

中国国家版本馆CIP数据核字(2023)第166640号

高韬与骄傲：大明名士的孤勇人生
GAOTAO YU JIAO'AO：DAMING MINGSHI DE GUYONG RENSHENG

作　　者	马逍遥
总 策 划	党　靖
责任编辑	李明婕
封面设计	王　洋
版式设计	建明文化
出版发行	太白文艺出版社
经　　销	新华书店
印　　刷	西安市建明工贸有限责任公司
开　　本	880mm×1230mm　1/32
字　　数	193千字
印　　张	10.125
版　　次	2024年1月第1版
印　　次	2024年1月第1次印刷
书　　号	ISBN 978-7-5513-2479-3
定　　价	59.00元

满地都是月光，但只有一个月亮

这是一个最好的时代，也是一个很糟的时代。这是一个伟大与卑微并存、鲜花与荆棘共生的时代，也是一个欢乐与悲哀交织、希望与失望同在的时代。有人一直大踏步走在光明里，不知道什么叫失败；也有人踽踽独行于黑暗之中，拼命想成为理想中的那个模样。

风光无限也好，不满现状也罢，人生的轨迹总会沿着既定的方向行进，在路途上留下深深浅浅的印痕，也会留下一些与山川江海共存的东西，我们可以将其理解为时代的风骨，仰之弥高，钻之弥坚，或者是在历史的浪潮中永立潮头、无愧本色的人格力量，瞻之在前，忽焉在后。

一个时代有一个时代的使命，一代人有一代人的担当。在大明王朝二百六十七年的历史长河中，存在一个极特殊的群体，说他们特殊，原因在于这个群体中的每一位都并非名不见经传的路人，他们是文学家、科学家、思想家和才子，属于只闻其名不知其事的典型人物。这个群体统一拥有一种鲜明的特征：人生不如意、事事难顺心，但他们正是在这种与苦闷或失望或悲伤的对抗中，活成了历史的唯一。

比如"大明三才子"解缙、杨慎、徐渭，"吴中四才子"唐寅、祝允明、文徵明、徐祯卿；比如"四大名著"中的二位作者施耐庵、吴承恩，"明文坛领袖"宋濂、归有光；再比如"明朝四大科学巨匠"李时珍、徐霞客、宋应星、徐光启，"明末三大儒"黄宗羲、顾炎武、王夫之……关于他们，远望有着极高的辨识度，近观却有些模糊不清，大概无人不知其名号，又很少有人真正了解他们饱经挫折仍孤勇向前的生平事迹。

这是一群真正孤身走暗巷，对峙过绝望不肯哭一场的孤勇者，他们出岫如云，自觉选择崇高与孤独；他们心怀国之大者，掀翻烛火，点燃双眸盛满的暮色；他们勇敢地独行于黑夜，让孤独变得深邃，让品性锤炼得如此高蹈骄傲；他们总会听到心灵深处的声音，不断逼问着、拼命排遣着内心的寂寞与苦涩，苦苦寻觅着存在的价值，然后在这样对人生的失望中保持微笑，用一个个热气腾腾、卓然不群的人生故事，共同抵达一个巍峨的高度，用矢志不渝的初心点亮整个天空，活成了中华文化的剪影。

历史总会不断给出答案，证明他们生来就是人杰，而非草芥；生来就是高山，而非溪流。他们立于群峰之巅，俯视平庸的山丘。他们曾在路上跌倒，也被庸人嘲笑，可他们跌倒在时代的上方，也独行于日出前的黑暗。

　　月上中天，洒落满地月光，为结伴的行人照亮了前行的道路，可早已校正人生坐标的孤勇者们，却不屑于接受月光的馈赠，因为他们有属于自己的月亮，更有属于他们自己的一片星空！

目　录

◎下 篇 　且向山海孤勇行

自是人间第一流

宋濂：这个冬天会很冷，自己熬过去

穷冬烈风，天寒地冻，山谷中呼啸着的寒风穿过松林，掠过峭壁，传来一阵阵凄厉的狂吼。路面上的积雪已深数尺，宋濂弓着腰，深一脚浅一脚地在雪地中挪动着步子，脚趾早已没了知觉，膝盖也被冻得隐隐作痛。

寒风像刀子般刺在脸上，随风飞舞的雪屑扑面而来，穿过打着冷战的牙齿直达口腔和喉头，凉凉的，冰冰的，宋濂伸了伸脖子，艰难地将融化在喉咙处的雪屑咽下，随即止不住颤抖起来。

尽管身心俱疲，宋濂却没有停下脚步。他独自一人，负箧曳屣，行走在深山巨谷之中，足肤皲裂，浑身上下几无热度，但内心，仍是温暖的。他早已适应了这种恶劣的环境。

从小到大，宋濂对冬天的记忆总是格外深刻，一年四季，只有冬天是最难熬的。对宋濂而言，常年不间断的求学经历，寒冷始终贯串其中。当无处不在的寒意侵袭着身体的每一个毛孔，用最直白的方式劝其知难而退时，他能做的，就是将个人对学业最纯粹的热爱燃成一团不灭的心火，咬牙熬过一个又一个寒冬。

小时候，宋濂家里很穷，即便在岁暮天寒、滴水成冰的深夜，他仍会蜷缩在家中仅有的一张破书桌前抄抄写写。最冷时，气温低到连砚台里的墨汁都结成了冰，手指都冻得无法弯曲。宋濂没有暖炉炭火，也没有锦裘绣帽，他只能站起身来活动片刻，甩一甩即将失去知觉的右手，仅此而已。

在这种取暖基本靠抖的日子里，宋濂只知道必须尽快把书抄完，否则日后可能就没书看了。

由于家境贫寒，买书成了奢望，酷爱读书的宋濂只得向十里八乡的藏书之家多方借阅。借书从某种意义上跟借钱一样，一次两次没关系，时间一长，很多人都不乐意借了，对方那种拒绝时上扬的嘴角和冰冷的目光，每每让宋濂有些脊背发凉。

小小年纪就要经常低声下气向人求书，所谓天资聪颖、前途无量这类措辞，在囊中羞涩的现实面前统统失去了应有的光彩，更让宋濂意识到求知最大的障碍并不是寒冷的天气，能靠勤奋解决的问题也都不是问题。莘莘学子内心深处引以为傲的努力和坚持，在别人眼里一钱不值。他们心中虽有万般抵触，却不得不迎着秋霜冬雪，逼迫自己去面对来自社会的冷漠、否定和拒绝。

被宋濂视若珍宝的书籍，只不过是富贵人家装点门面的摆设，常年丢在书架上吃灰。你万般珍视的，别人可能弃之如敝屣，可你就是爱而不得。在这一点上，宋濂只好把姿态放得更低，每次借书，他都与书主提前约定好归还期限，按时还书，绝不失期。

可问题又随之而来。有些书或是信息量过大，或是深奥难懂，规定期限内难以读完，更没时间消化反思，于是宋濂选择先把书的内容整体抄写下来，后续再慢慢研究。

隆冬腊月，大雪纷飞，寒冷成了躺平最好的借口，可以心安理得地寻找被窝的温暖，享受炉火的温度，即便思绪波涛汹涌，畅想着未来的美好愿景，双手却始终不愿拿起冰冷的书卷。只有宋濂还在夜以继日拼命抄书，他并不认为因为寒冷就可以偷懒，也从未把寒冷视为逾期还书的理由，既然约定了归还日期，就必须按时奉还，这是信誉问题，也是对书主最大的尊重。如果不讲信用，借故拖延，日后就不会再有人愿意借书给他了。

完成抄书任务后，宋濂就时常骑着白牛在潜溪边随意行走，刻苦钻研书本知识。他尤其酷爱儒学六经，与人交流，开口闭口也是六经，大家都觉得六经烦琐生涩，宋濂却乐此不疲，一天不学就浑身难受。①

---

① 白牛生者，金华潜溪人，宋姓濂名。尝骑白牛往来溪上，故人以白牛生目之。生趣干短小，细目而疏髯。性多勤，他无所嗜，惟攻学不息。存诸心，著诸书六经；与人言，亦六经。或厌其繁，生曰：吾舍此不学也。六经其曜灵乎？一日无之，则冥冥夜行矣。（宋濂《文宪集·白牛生传》）

在他看来，只要求知欲得到满足，就不必在意别人以何种方式对你，你又是以何种姿态示人。借书生涯中那些悄然扫过的白眼、傲慢的神情，以及阴阳怪气的语调，都没有让宋濂放慢求学的脚步。及冠之年，十里八乡已经没有什么书籍值得借阅了。此时的宋濂，对圣贤之道愈是仰慕，愈是深切感受到自身见识的短浅。为了获得名师指点，宋濂走出家乡，奔赴百里之外，多方寻找名师的住所以求获教。

在那个年代，如果没钱雇车，那么无论路程多远，都只能靠一双腿。当然，相比于求知的难度，走路简直就像呼吸一样轻松。当宋濂风尘仆仆赶到名师的住处，他很快发现这段求学经历不会轻松，想要进入一个相对封闭的学术圈子，注定要饱受苦涩与辛酸。

这些饱读诗书的业界前辈，门人弟子多到整间屋子都挤不下，宋濂这种前来求学的旁听生只能先在屋外苦等，等先生的亲传弟子逐次离去，才能进门听先生讲解知识。

踏进门槛的那一刻，就要先学会接受你的平庸、你的无知，接受一切意料之中的批评和意料之外的误解。你要心平气和地面对，和颜悦色地接受，否则很难在这种压抑的氛围中站住脚。

毕竟是旁听生，跟嫡传弟子不能比，最初一段时间，宋濂站在人群中很是局促，他既担心过于积极引起众人的非议，又害怕不抓紧提问授课会突然结束，犹豫之间，焦急不安的情绪就会漫上心头，以至于经常乘兴而来，落寞而归。

宋濂只好慢慢等待，他不在乎多去几次，也不在乎每次究竟有多大的收获，积累知识和修炼心性同等重要。他无数次见识过先生的暴脾气，即便嫡传弟子，一言不合就给脸色，态度差得让人心寒。在拥有知识解释权的先生面前，你可能没有姓名，没有所谓师生对等的尊重，仿佛只是一个可有可无、召之即来挥之即去的模糊身影。师道尊严，容不得一丝散漫和戏谑，因此，宋濂一直坚持非必要不提问，有必要酌情问、想清楚再问，根本不敢胡乱发言。

即便态度已经谨慎到无以复加，可宋濂还是经常从先生口中听到"朽木""迂腐""呆板"诸如此类的评价，每每让他伤心许久。他曾无数次在心中打起退堂鼓，这样的课不上也罢，这样的问题不问也罢，然而当语言的刺激逐渐失去效果，他还是会一次次鼓起勇气，将怯懦和难堪统统丢在一旁，继续寻找机会向先生求教。

有时因误问问题或是略加质疑惹得先生大发雷霆，他就更加恭敬地站在一旁，不再多言，等先生心情转好后才敢继续弯腰侧耳、小心翼翼请先生解惑答疑。

当这些德高望重的学术权威讲授的知识由最初的新奇惊艳逐渐变得熟稔乃至枯燥，当前辈们学高为师的形象在宋濂眼中由远及近，又由近及远逐渐模糊时，宋濂知道，可以向下个目标进发了。

漫漫求学路，每年总要有一段时间与寒冬相伴，那是对意志力最硬核的考验。因为寒冷不仅仅属于一种体表的感触，更是时间及空间上的蔓延，特别是当宋濂独自一人背着沉重的书箱，行走在冰冷刺骨的山谷中，漫山遍野的白色、呼啸而来的冷风会最大限度放大一个人对寒冷的认知，那是无边无际、令人绝望的冷，那是从肌肤表面一寸寸深入骨髓、侵入血液的寒。

宋濂能做的，只有熬。被冰雪冻得异常光滑的路面时常让他狼狈地摔倒，每次摔倒后爬起来，肩上的书箱仿佛增重几分，压得他喘不过气。他前倾着身体，尽可能保持平衡，以免过度消耗体力。最让人烦心的是固定书箱的背带时不时就会滑到臂弯处，他只得勉强停下脚步，直起身来用麻木的双臂猛地一抖，将背带顺势送回肩上。每次发力，都会伴随一声痛苦的呻吟。

山谷寒风凛冽，天空云雾缭绕，太阳时不时从厚厚的云层里露出些许光亮，像极了一个即将燃尽的火球。在这"千山鸟飞绝，万径人踪灭"的空寂中，宋濂自顾自地走着，登上斜坡，跨过沟壑，在坚硬的雪地上留下嘎吱嘎吱的声响和一串串深深浅浅的脚印，这种体验每年冬季总会固定重现，无一不是咬牙苦熬过来的。

求学之路上，严寒总是要迈过去的一道坎，只要意志力足够强，就不会轻易停下前行的脚步。宋濂不知道走了多久，也不知道究竟走了多远，他只知道等他投宿旅舍时，四肢早已冻僵，嘴里几乎发不出声音，必须猛灌几碗热水，用厚厚的被子盖在身上捂着，许久才能恢复知觉。

艰辛的旅程偶尔让宋濂心生感慨，如果家境殷实，可以不用借书抄书，可以请私塾家教，可以出门雇车马，再不受这寒冬之苦。事实上，宋濂身边的确有不少同龄学子正是如此，当他一次次被冻得四肢僵硬，咬牙反抗寒意对肌体的侵袭时，同侪却身穿华美昂贵的棉服，头戴红缨和宝石装饰的帽子，腰上系着白玉环，左侧挎着佩刀，右侧挂着香囊，一个个打扮得光彩如神人。他们也会聚在一起抱怨天气寒冷，可娇生惯养的他们对寒冷的感知，哪会像宋濂那般深刻。

一个"穷"字，书写不过七笔，却成为许多人终生无法改变的境遇。家境贫寒，意味着宋濂要花费更大的精力，忍受更多的痛苦，熬过更多的寒冷时光，才能保证学业不停滞。但他处在这样一群浮夸豪奢的人群中间，却并未沾染一丝一毫的浮华习气，他穿着带补丁的粗布棉衣，一日三餐没有大鱼大肉，只有馒头咸菜，即便出身悬殊，宋濂总是坦然相待，既不羡慕他们，也不看低自己。

他们有什么值得羡慕的呢？家境富裕、衣食无忧吗？

不！

宋濂发现这些家境优越的同龄学子，从来没有挨过饿、受过冻，他们整天坐在高大宽敞的房屋中读书，从来不用忍受东奔西走求学的艰辛。虽然吃得好、穿得好、住得好，一切资源应有尽有，可他们的学业还是不精进，道德修养还是没提升，要怪只能怪他们平时不用功，虚度着宝贵的年华。

他们有他们的快乐，宋濂也有自己的快乐，整个求学历程，不存在任何功利色彩，读书学习、探究真理就是他艰苦生活中最大的乐趣。除此之外，他别无所求。

宋濂从不抱怨家庭给予自己的支持太少，那只是毫无意义的精神内耗。昏暗的前路，只须一盏求学的明灯，就足以温暖莘莘学子的心灵。当一个人努力追求什么时，就会对周围的一切降低观感，并将与目标不相关的所有困扰剥离在欲望之外。他以最真实、最生动的求学经历告诉世人，读书，从来没有所谓的捷径；上天，也从来不会辜负有志于学的苦心人！

熬过那些绝望中孕育希望的寒冷时光，就将迎来阳光明媚、暖意盎然的春天。

从未忽视精进学业，自少及老未尝一日不读书，涉猎领域无所不通的宋濂，得到诸多文坛前辈一致认可，其师柳贯①对这位爱徒给予了极高评价：文章大业，浙东最盛，我老了，肩负不起了。这些晚辈当中，能扛起文坛大旗者，大概只有宋濂一个人了。

元至正二十年（1360），得益于李善长的推荐，宋濂与刘基、章溢、叶琛同时被朱元璋召至应天府，宋濂因才学出众授任江南儒学提举，向朱元璋讲授帝王之学。

出类拔萃的宋濂，在大明初建时期备受朱元璋器重，不仅出任《元史》总编纂，身兼翰林学士、中大夫、知制诰三

----

① 元代儒林四杰之一，其余三人为虞集、揭傒斯、黄溍。

职，还成为太子朱标的授业老师。十余年间，宋濂坚持以正统儒家思想悉心教授朱标。每次授课，朱标也都以礼相待，口必称吾师。

以继承儒学道统为己任的宋濂，门生故旧遍及天下，争相求取文章的晚辈乃至外国使臣摩肩接踵[①]，时人赞为"太史公"。

常年研习儒家经义、才学出众的宋濂，个人品行同样修炼得炉火纯青。朱元璋为强化君权，大行锦衣卫刺探之风。某次，锦衣卫奉命前往宋濂府上窥察。当夜，宋濂与客宴饮。次日早朝，朱元璋便借机询问宋濂昨日是否饮酒，与谁对饮，吃的什么酒食，宋濂一一如实对答，毫无隐瞒。

朱元璋听罢笑道："诚如卿所言，卿不欺朕。"

宋濂性情谦谨诚恳，口不言人是非。据《皇明名臣记》记载："上喜公（宋濂）善谏，公深密不泄禁中语，有奏，辄焚稿。尝书'温树'[②]二字室中，或问朝廷事，指二字不对。"即便是朱元璋征求意见，宋濂也只会谨慎地回复一句："善者与臣友，臣知之；其不善者，不能知也。"

长期以来，朱元璋对宋濂总是表现出格外的恩宠，每次入宫谒见，朱元璋必命人设座上茶，若赶上饭点也会留他陪吃。据《玉堂丛语》记载，宋濂不善饮酒，某次，朱元璋

---

① 日本国使臣奉旨向宋濂求取文章，承诺给出一百两黄金的稿酬，宋濂丝毫不为所动。朱元璋问及此事，宋濂坦然对答："天朝之臣不能接受蕞尔小国的金钱！"为了杜绝下属给自己送礼，宋濂在府门上写下：宁愿忍受饥饿而死，不能贪利而苟活。

② "温树"出自西汉御史大夫孔光的典故，比喻为官谨慎，口不乱言。

强行让他喝了三大杯，直接灌得宋濂酩酊大醉，连路都不能走。朱元璋哈哈大笑，仿照《楚辞》的格式即兴写了段赋[①]，感慨着对宋濂说："卿藏之以示子孙，非惟见朕宠爱卿，亦见一时君臣道合，共乐太平也。"

洪武九年（1376），朱元璋颁布诏书，让宋濂儿孙各一人承荫做官。宋濂辞让不过，推荐次子宋璲做了中书舍人，长孙宋慎做了殿廷仪礼司序班。

一年后，宋濂告老还乡。进宫拜别时，他叩头辞谢，并与朱元璋约定："臣入土之前，每年帝庆节（朱元璋生日）都要从老家进京拜见。"

朱元璋很是感动："卿年几何？"

宋濂答曰："六十有八。"

朱元璋当即命人拿出一匹名贵的锦缎交给宋濂："卿将此锦拿回家保存三十二年，到时候做一件百岁衣吧！"

君臣告别之际，朱元璋特意为这位皓首穷经的贤者、君子[②]写下两句赠别诗：白下开樽话别离，知君此后迹应稀。宋濂含泪回了两句：臣身愿作衡阳雁，一度秋风一度归。

宋濂加入朱元璋阵营时，大明只是一支猛将如云的军

---

① 西风飒飒兮金张，会儒臣兮举觞。目苍柳兮袅娜，阅澄江兮洋洋。为斯悦而再酌，弄清波兮永光。玉海盈而馨透，浮琼斝兮银浆。宋生微饮兮早醉，忽周旋兮步骤跄跄。美秋景兮共乐，但有益于彼兮何伤。（焦竑《玉堂丛语》）

② 朕闻太上为圣，其次为贤，其次为君子。宋景濂事朕十九年，未尝有一言之伪，诮一人之短，始终无二，非止君子，抑可谓贤矣。（张廷玉等《明史·宋濂传》）

队，宋濂退休后，留下了郊社宗庙山川百神之典，朝会宴享律历衣冠之制，四夷贡赋赏劳之仪，元勋巨卿碑记刻石之辞，给初建的大明王朝创造了数不尽的精神财富。

"一代文宗""当今文章第一""道德文章皆师表当世"，开国文臣之首、明初诗文三大家①之首、大明第一代文坛领袖，这一切，都是学出来的，都是宋濂毕生努力书写下的锦绣华章。

无论过去多久，宋濂依然怀念苦寒之夜手指不可屈伸仍坚持抄书的落笔声，提问受到先生呵斥时挂在嘴角略显尴尬的爽朗笑声，深山巨谷中四肢僵劲仍蹒跚向前的窸窣脚步声，那是宋濂成就非凡人生留下的独家记忆。虽然冬天很冷，人情很淡漠，社会很复杂，自己熬过去，跨越严冬，驱散寒冷，就能用一介单薄之躯，在冰封的雪地上栽种出一个生机盎然的春天。

▲▲· ·

附

送东阳马生序

余幼时即嗜学。家贫，无从致书以观，每假借于藏书之家，手自笔录，计日以还。天大寒，砚冰坚，手指不可屈

———————————
① 明初诗文三大家：宋濂、刘基、高启。

伸，弗之怠。录毕，走送之，不敢稍逾约。以是人多以书假余，余因得遍观群书。既加冠，益慕圣贤之道。又患无硕师名人与游，尝趋百里外，从乡之先达执经叩问。先达德隆望尊，门人弟子填其室，未尝稍降辞色。余立侍左右，援疑质理，俯身倾耳以请；或遇其叱咄，色愈恭，礼愈至，不敢出一言以复；俟其欣悦，则又请焉。故余虽愚，卒获有所闻。

当余之从师也，负箧曳屣行深山巨谷中。穷冬烈风，大雪深数尺，足肤皲裂而不知。至舍，四支僵劲不能动，媵人持汤沃灌，以衾拥覆，久而乃和。寓逆旅，主人日再食，无鲜肥滋味之享。同舍生皆被绮绣，戴朱缨宝饰之帽，腰白玉之环，左佩刀，右备容臭，烨然若神人；余则缊袍敝衣处其间，略无慕艳意，以中有足乐者，不知口体之奉不若人也。盖余之勤且艰若此。今虽耄老，未有所成，犹幸预君子之列，而承天子之宠光，缀公卿之后，日侍坐备顾问，四海亦谬称其氏名，况才之过于余者乎？

今诸生学于太学，县官日有廪稍之供，父母岁有裘葛之遗，无冻馁之患矣；坐大厦之下而诵诗书，无奔走之劳矣；有司业、博士为之师，未有问而不告、求而不得者也；凡所宜有之书，皆集于此，不必若余之手录，假诸人而后见也。其业有不精、德有不成者，非天质之卑，则心不若余之专耳，岂他人之过哉！

东阳马生君则，在太学已二年，流辈甚称其贤。余朝京师，生以乡人子谒余，撰长书以为贽，辞甚畅达。与之论辩，言和而色夷。自谓少时用心于学甚劳，是可谓善学者矣。其将归见其亲也，余故道为学之难以告之。谓余勉乡人以学者，余之志也；诋我夸际遇之盛而骄乡人者，岂知予者哉？

方孝孺：不愿悄无声息离场，那就轰轰烈烈落幕

　　人生路上能遇到的人，大抵可分成两种：一种是来给你上课的，一种是在你伤口上撒盐的。这两种人，方孝孺都遇到了。

　　十九岁那年，方孝孺亲手扶着身披重枷的父亲方克勤前往南京，亲眼看着父亲与一干喊冤叫屈的官员在午门外被斩首示众。他非常清楚地记得，临刑前父亲始终一言不发，神色不改。当刽子手举起屠刀的那一刻，方克勤突然抬起了头，朝着泪流满面的儿子深深地看了一眼，那时自顾伤心的方孝孺并没有从父亲的目光中读出什么含义，只是默然忍受悲伤扶灵返乡。

　　一去一回，父子俩已天人永隔。方孝孺实在想不通，父亲任职济宁知府期间清廉如水，爱民如子，政绩考核年年全省第一，被杀前夕还被太祖召进京城赐宴褒奖，怎么就糊里

糊涂被安上了一个贪污腐败、玩忽职守的罪名呢？[1]

父亲蒙冤被杀五年后，屠刀又不幸落在了方孝孺的恩师宋濂头上。洪武十三年（1380），宋濂子宋璲、孙宋慎牵扯进胡惟庸一案被无情处死，举起屠刀大杀特杀的朱元璋并不想放过曾经备加宠信的宋濂，直接命人将其押进南京论罪。幸有同为宋濂门下的太子朱标舍命相救，才让朱元璋更改诏令，将宋濂免死流放茂州，可惜还没到流放地，七十二岁的宋濂就在夔州病逝。

宋濂诸多弟子之中，唯方孝孺读书最为刻苦，也最得宋濂欣赏，他显然在方孝孺身上看到了自己年轻时的影子，夸奖方孝孺从不吝惜词汇。他评价方孝孺的性格凝重颖锐，文章如水涌出山，甚至将其比作百鸟群中的凤凰。（"喧啾百鸟之中，见此孤凤凰，云胡不喜？"宋濂《送方生还天台诗序》）

师徒话别之际，方孝孺含泪望了望天，他发现高远明净的天空，已被浅灰色的阴云所遮蔽，而恩师的眼眸竟也是灰暗的，他读不懂恩师灰暗的眼眸中究竟藏着什么深意，更不明白像恩师这种学富五车又与世无争的大儒，为朝廷奉献了一生心血，培养出了无数栋梁之材，怎么就兔死狗烹，还要在行将就木时施以刀斧之刑呢？

但所有的疑惑只是记忆的一部分，就像路途中被远远甩

---

[1] 洪武八年（1375），方克勤被人诬陷盗用官库炭苇而罢官，又不幸牵涉空印案中，以玩忽职守罪含冤被杀。

在身后的风景，沉淀着生命中的那些悲欢离合，人总是要朝前看、往前走的。

洪武十五年（1382），方孝孺因才学出众被朱元璋亲自召见。朱元璋对这位双目炯炯有神，每日读书量不按页数而是按厚度计算的年轻才俊心生好感。他似乎根本记不得眼前之人的父亲、恩师都是直接或间接死于己手。而自幼饱读圣贤之书、恪守忠君之道的方孝孺大概也不会将父亲、恩师的悲剧怪罪在皇帝头上。

于是，君臣聊了许久，突然朱元璋指着方孝孺对一旁侍候的太子朱标说，这是一个品行端庄的人才，你可以一直用他到老。可令方孝孺想不通的是，这句极高的评价讲完，朱元璋就将方孝孺送出南京，从哪儿来的回哪儿去了。

后来，方孝孺因与人结仇被械押至京问罪，朱元璋记得这个名字，特命释放后送出京城。再后来，方孝孺又一次被推荐进京，朱元璋仍是匆匆扔出一句，现在还不是用他的时候，只简单给了个教授儒生的闲职，继续冷落了起来。

客观而言，腥风血雨的洪武末年，的确不适合方孝孺这样耿介正派的儒生，他有一个很著名的绰号：小韩愈。可韩愈的性格恰恰是至刚难折、不畏权势所迫的，年轻时因三次干谒宰相无果，破口就骂人家有眼无珠，不识贤才；中年时敢于向皇帝叫板，叫嚣着要将皇帝无比尊崇的佛骨挫骨扬灰；年老时面对藩镇兵变，一干强兵骁将刀枪相对，亦能怒目圆睁，逮着叛贼头目就是一顿猛批。

但大明不是大唐，方孝孺也不是韩愈，他可以寻章摘句、激扬文字，朱元璋却不容许任何人指手画脚、妄议朝政。朱元璋一生阅人无数，定然能看出方孝孺这种饱学之士，骨子里的傲气还在，壁立千仞的性格注定学不会婉转曲折，如果有人跟他硬碰硬，就算是鸡蛋碰石头，大概也会蛋清飞溅，蛋黄散落一地。

朱元璋与以方孝孺为代表的儒生集团在本质上属于水火不容的对立状态，他需要贯行霸道，需要维护政权稳定延续的工具人，而三句话不离仁义王道的儒生，自然得不到朱元璋的认可。

从首次征召至朱元璋病逝，方孝孺足足被冷落了十六年，参考后来同样被有意冷落十年的解缙，足以从中窥见帝王心术的奥义，扶持一批、冷落一批、消灭一批，整个官僚系统就会按照帝王的心意良性运转。

方孝孺并不觉得圣贤之道有什么错，但常年备受冷落，大概也会让他心生用之为龙、不用为虫的典型怀才不遇式的感慨，无论皇帝心中是何打算，时间毕竟是自己的，任是怎样的青春年少，也难以避免岁月的风雨消磨。

青春是生命中最要紧的部分，谁也不愿过着没有惊喜也没有意外的生活。无论是孔子临川发出"逝者如斯夫，不舍昼夜"的人生慨叹，还是亚里士多德"濯足急流，抽足再入，已非前水"的哲学思辨，总能归结为一点：年华易逝，然人生碌碌无为。也许方孝孺可以感受到一种被时间遗弃的辛酸，那种感受应是空落落的，仿佛精神被抽离出躯干之外，昏昏然不知归于何处，他不知道自己能不能熬出来，成为理想中的那个模样。

洪武三十一年（1398），刚过不惑之年的方孝孺还没有走出朱元璋给自己上的这堂长达十六年的深奥课程之时，皇太孙朱允炆登基，尚处于对课程疑惑中的方孝孺不曾料到，自己这个在洪武朝从未绽放过的花骨朵，居然还能等到盛开的那一天。

方孝孺迅速被朱允炆从幕后拉到前台，虽然官职仅是五品侍讲学士，但朱允炆总会向他咨询国家大事，读书时每遇问题必召他讲解，朝中所有文件诏檄全由他草拟。方孝孺激动不已，他发现朱允炆同其死去多年的父亲朱标一样，都是在儒学经义的糖水中泡大的，君臣二人在治国理政方面的观念完全一致，朱允炆决心施仁政，推动政治革新，方孝孺无疑便是最理想的助手。

然而，当燕王朱棣打着"靖难"的旗号从北平起兵反叛，圣贤尊崇的仁政似乎并不能给君臣带来多大的助益，但不善军事谋划的方孝孺，已然付出了自己学识范围内的全部心智。他还不清楚常年征战的朱棣到底有多凶残，只知道面前这位温文尔雅、仁慈宽厚的朱允炆给了他希望，消融了他凝结在心头长达十六年的坚冰。

等到朱棣兵至城下，朱允炆方寸大乱，部分朝臣劝他弃京南逃，图谋复兴时，方孝孺却斩钉截铁地说，既事不济，当死社稷！如果南京城都守不住，试问天底下还有哪座城池得以保全！

紧接着，君臣都将直面人生的惨烈。燕军入城当日，朱允炆下落不明。[①]方孝孺、齐泰等拥护削藩的臣子纷纷被抓进监狱。在狱中，方孝孺并没有太大的情绪波动，死对他来说也并不可怕。

方孝孺年轻时崇拜李白，他在李白对月饮图下题诗，大咧咧地歌颂李白花前醉饮无人可比，酒酣意气，眼里看不起王侯，转而又自我陶醉地说，何不学李白醉卧不醒，则天地也与我同处一舟。（方孝孺《题李白对月饮图》）其狂傲之情溢于言表。

可经历过岁月的磋磨，他的诗风慢慢变得深邃、幽寂，字里行间流露出抑制不住的忧伤。他多次梦到天子召见，夜半披衣而起心里想的也是何时才能做谏臣，他后悔曾经年少轻狂，也急于从孤独的江湖走向热闹的朝堂。这种心境很好地说明他那原本如溪水奔流的人生，后劲却明显不足，行至一半便面临断流的危险，然中途不知从哪里汇来一股急流，让前行之路瞬间呈现一种浩然壮阔的景象。

无论是天意还是巧合，方孝孺在人生即将悄无声息落幕之际，忽然起死回生般焕发青春，让身体内的每一个细胞都躁动起来，他曾经深刻反思过当前的处境，也确实怀疑过耿

---

① 南京城破时，朱允炆下落不明，一说自焚而死，一说剃度后从密道逃出京城，成为明朝一桩难解的悬案。

介端正的性格是否会给自己带来危害。原本自己根本没有机会走上前台，甚至不如恩师宋濂那样可以为王朝留下个人专属痕迹，可明惠帝朱允炆给了他实现理想的机会和施展才华的空间，让他这个持续下落的曲线突然上升，向着高不见顶的天空猛冲而去。

可以说，朱棣黄袍加身代表着方孝孺梦想的破灭，现实的残酷带给他的比齐泰、黄子澄等人具有更深层次的感受，朱棣不只害死了对方孝孺重用有加的皇帝，还毁掉了君臣齐心协力构建起的理想王国。朱棣注定不会是一个施行仁政之君，大厦根基已毁，再无重建的可能。

狱中的夜，安静得可怕，甚至连月光都显得格外惨白，方孝孺坐在月光下，他觉得自己的身心已经碎裂为两半，一半在黑暗中站着，一半在月光中坐着，是烈火，也是枯枝，无论是将枯枝投进烈火，还是让烈火焚烧枯枝，枯枝总归是要被焚烧殆尽，灰也要化为尘埃。他换上事先备好的孝服，决心为死去的朱允炆，也为死去的理想轰轰烈烈地送葬。

朱棣原本并不想杀方孝孺，出兵前，心腹谋士姚广孝曾特意对他说，城破之日，方孝孺是绝不可能投降的，但请你千万不要杀他，杀了他，天下"读书种子"绝矣！

朱棣很清楚，方孝孺绝非建文重臣这一种身份，他代表的是天下读书人对皇权正统归于谁的立场，如果能招降方孝孺，自己的靖难行为就会得到最大限度的宽容。所以，朱棣对待方孝孺，绝不是逼其低头那么简单，他还要方孝孺替自己起草即位诏书，既然起兵四年来几乎所有讨伐他的诏令、檄文都由方孝孺所写，那自己的即位诏书让方孝孺来写再合适不过。这是一种人格的侮辱，更是一种精神的迫害。

可方孝孺身着孝服，一路痛哭至殿前。朱棣的大好心情并不想被哭声破坏，他起身走到方孝孺面前说："先生不必如此，我本无心皇位，如今不过是效法周公辅佐成王而已。"

方孝孺冷冷一瞥："敢问成王何在？"

朱棣无奈地答："不成器的家伙已经自焚而死了。"

方孝孺接着问："何不立成王之子？"

朱棣回道："其子年幼。"

方孝孺追问："何不立成王之弟？"

朱棣不想继续纠缠，冷漠地表示："此朕家事，不劳先生费心！久闻先生文章盖世，此诏书非先生执笔不可。"

方孝孺觑了朱棣一眼，随即拿起毛笔，沾满墨汁，在白纸上激愤地写下四个大字——燕贼篡位，然后掷笔于地，破口大骂道："死即死耳，诏不可草。"

朱棣拍案大怒："你死了不要紧，难道不顾惜你的九族吗！"

方孝孺仍然大骂不止："你就是灭我十族①，又能如何！"

盛怒之下的朱棣，显露出继承自父亲残忍暴虐甚至变态

---

① 十族：父四族（自己一族、出嫁的姑母一族、出嫁的姐妹一族、出嫁的女儿一族）、母三族（外祖父一族、外祖母一族、舅父一族）、妻二族（岳父一族、岳母一族）、门生一族。

的一面。他一声令下，对忠于建文朝的臣子进行了惨无人道的大屠杀，史称"壬午殉难"。

数日之内，方孝孺的家属、亲友乃至学生共八百余人全被抓到京城，朱棣当着方孝孺的面将这些无辜的人一一杀害。实际上，在嗜杀成性的朱元璋、朱棣父子时代，纠结于九族还是十族的概念并无多大意义，毕竟屠刀在手，想杀谁就杀谁，想杀多少就杀多少。他们的残忍，就像是挥起千斤大棒，生生打断读书人忠孝仁义的脊梁，迫使他们臣服于血流成河汇聚起来的君威之下。

可方孝孺仍然不肯屈服，他看着挚爱之人一个个倒在血泊之中，殷红的石板路、呜咽的长风，仿佛是游魂吟咏的声声挽歌，字字句句，痛断肝肠。当自小爱护的弟弟方孝友即将被处死时，方孝孺血泪盈眶，终于忍不住放声大哭。

方孝友却异常平静地对兄长说，哥哥你何必流泪，食君禄自当为君尽节，先贤所言杀身成仁就在此时。今后我们的事迹都将载于史册流芳千古，我们的英灵也将荣归故里，对得起七尺身躯！对得起君臣大义！

方孝友在血泊中倒下了，轮到方孝孺了。看着朱棣残酷的冷笑，看着刽子手举起的锋利屠刀，方孝孺的脑海中突然浮现出父亲被杀、恩师被流放时的别离场景，多年来，他从未真正想明白父亲临刑、恩师临行前那种哀而不伤、悲而不痛的眼神到底意味着什么，如今直面死亡，他终于深刻理解了父亲、恩师眼神中隐藏的含义，那是对自己履正道、行正义的自信，那是对忠于国事、殉身不恤的笃定，头可断、身可死，文人的气节不可丢，大义之道更不可丢！

方孝孺释怀了，断头的痛楚消失了，朱棣的狂笑、亲友的悲呼似乎也不那么刺耳了，他仿佛在空中看到了一道光芒，光芒之中一些名字若隐若现：比干、杨震、颜真卿、岳飞……他知道自己即将迎着正道的光芒，步入他们的行列。

方孝孺嘴角轻轻上扬，用激愤的语气吼出了自己在人世间留下的《绝命词》：

> 天降乱离兮，孰知其由？奸臣得计兮，谋国用犹。忠诚发愤兮，血泪交流。以此殉君兮，抑有何求？呜呼哀哉兮，庶不我尤！

方孝孺也倒下了。朱元璋、朱棣两代君王，一个给他上了一堂艰苦而漫长的课，一个在他理想幻灭的伤口上拼命撒盐；一个消磨了他的时光，一个消灭了他的肉体。但他终归是遇到了朱允炆，并以惨烈的方式回报了明主的恩遇，他对得起内心的良知，也对得起自己坚守的道德底线，更是圆满践行了士为知己者死的千古遗训。

一生钻研儒学、维护皇权正统，方孝孺没有在人生的浅滩悄无声息地退场，而是在君臣大义面前轰轰烈烈地落幕，这样的结局对他来说应该算是无怨无悔了吧！

解缙：玩不转的仕途，度不过的劫数

洪武二年（1369）十一月，一个婴儿出生在江西吉水，这一日没有天降红光，也没有吉星高照，除了寒风凛冽，天空飘着零星雪花之外，普通得如同寻常百姓家的每一个日日夜夜。

四十七年后，此人悄无声息地死去，他死的那天，大雪纷飞，阴风怒号。已醉得不省人事的他被锦衣卫从牢中悄悄拖到户外，扔在了雪堆里，仅仅一炷香的工夫，被后世誉为"明朝三大才子"之一的他，彻底被大雪掩埋，消失在这天地一片白茫茫的纯粹之中。

解缙是哭着来到这个世界的，也是哭着离开这个世界的。他是君主的宠儿，也是皇权的弃子。他曾在飞黄腾达之时迅速跌回谷底，又在失去一切后重新博得更高的位置。他的才华为他赢来掌声，但更多的是恨，有人恨他在皇帝面前出尽风头，有人恨他那如江海倾泻而下的天赋。无论是爱

是恨，解缙都不能逃过皇权工具人的命运，结局其实早已
注定。

洪武二十四年（1391）秋，连日的小雨下得人心烦意
乱，从南京通往江西吉水的官道上，一辆马车疾驰而过，车
轮碾过坑坑洼洼的路面，颠簸之中车身吱吱呀呀响个不停，
百无聊赖的解缙不时把头伸出窗外，看着车后两道车辙在视
线中留下深深浅浅的轧痕，脸上虽然没有表情，内心却是郁
闷的。

两个月前，朱元璋一纸诏令，把解缙的父亲解开从家乡
大老远叫到京城，当面安排道："解缙是个好苗子，前途不
可限量，目前看来官场水太深，他把握不住，你把他领回家
去，好好督促他读书养性，修习十年，再行任用。"

一般人，朱元璋说杀就杀了，眉头都不会皱一下。对
待解缙，他却始终保持着足够的耐心和宽容，他看重的是解
缙超凡绝伦的天分和肆无忌惮的才华。解缙七岁提笔著文，
十岁日诵千言，十八岁乡试独占鳌头（解元），次年高中进
士，授任翰林院庶吉士①。朱元璋很希望把潜力无穷的解缙培
养成国之股肱，经常令其侍奉左右。

六十岁的老皇帝看着风华正茂的解缙，仿佛万簇金箭似

---

① 翰林院庶吉士：明清两代翰林院职位，从资质较高的进士中遴选，
为皇帝近臣，负责起草诏书，为皇帝讲授经籍，是明朝担任内阁辅
臣的重要条件之一，有所谓"非进士不入翰林，非翰林不入内阁"
的说法。

的霞光，又似从云层迸射而出的朝阳。老皇帝看到了年轻一代茁壮成长的希望，更看到了大明王朝蒸蒸日上的希望。这种宽慰舒心的感受，让他一反暴虐酷辣的作风，与解缙相处时总是显得温情有加。

他曾在宴会上当众对解缙说，朕与你义则君臣，恩犹父子，当知无不言。这种话朱元璋没有对别人说过。解缙则凭借敏捷的才思和诙谐的意趣，在各种场合频出金句，①把马屁拍得清新脱俗、不露痕迹，每每博得老皇帝龙心大悦。

伴君如伴父的锦鲤少年活得随心所欲，年轻气盛的毛病很快被惯了出来。某日，他奉旨去兵部提调差役，言辞极其傲慢，说满朝文武不过尔尔，兵部尚书沈潜实在气不过，直接上奏弹劾，朱元璋听罢大吃一惊，自言自语道："解缙竟敢如此散漫放纵吗？"

爱才心切的朱元璋选择了原谅，他将解缙从翰林学士调任为监察御史，希望解缙能好好跟着老干部们锤炼作风。解缙却根本不能体察朱元璋的良苦用心，在监察御史任上没几天，他先替好友王国用起草奏疏为开国功勋李善长②辩冤，接着又替同事夏长文起草奏疏弹劾顶头上司都御史袁泰，恨得袁泰牙根发痒。

---

① 据说解缙曾陪同朱元璋在御花园钓鱼，眼见皇帝一直无鱼上钩，解缙随口吟道：数尺丝纶落水中，金钩一抛荡无踪。凡鱼不敢朝天子，万岁君王只钓龙。

② 李善长：大明开国功臣之首，左丞相，韩国公，洪武二十三年（1390）因胡惟庸案被牵连处死。

之后的解缙依旧一副盛气凌人、无知无畏的模样，他既没兴趣参详时事，更不屑于迎合人心，过于顺畅的仕途让他对来自外界的威胁和众人的嫉妒缺乏应有的警惕性。"胡惟庸案"向来是群臣闭口不谈的敏感话题，老皇帝连开国第一功臣李善长一家七十余口都不放过，谁还敢随意触碰皇帝的逆鳞！

恃宠而骄乃为官者第一大忌，朱元璋终于意识到，解缙对官场规则缺少最起码的认知，做事我行我素，完全偏离了仕途发展的轨道，如果继续放纵下去，早晚会害了他，这才不顾繁重的政务，用一种类似学生犯错叫家长的方式亲自召见解开，命其好生在家监督引导，并立下十年之约。

年纪轻轻，除了才华一无所有，解缙起初并不觉得"回炉重造"有多难堪，朱元璋显然也怕伤了解缙的自尊心，临行前特意强调返乡并非罢官，而是奉旨带薪深造，为防解缙消极懈怠，朱元璋又额外布置了几项"家庭作业"：校改《元史》、补写《宋书》、删定《礼记》。

圣皇谆谆教诲，圣训犹在耳边萦绕，解缙不敢马虎，他花了相当大的精力认真检校勘正《元史》中存在的史实错误，补充完善《宋书》各个章节，删定了《礼记》部分内容，顺手还对《道德经》《古今列女传》等古籍进行了梳理。

很长一段时间，解缙把完成"家庭作业"视为恩宠与器重的延续，所以干得相当起劲。可天赋加持下的才子完成这些任务根本用不了十年，圣训的激励作用随着时间的推移逐渐被空虚和惆怅取代，当急躁哀怨的情绪逐渐涌上心头，解缙再也坐不住了，开始长时间外出游历，撰写了大量精美的文章、诗词，顺带练成了一手好字。[①]

他可以乘醉拥妓泛舟秦淮，故意碰翻酒杯，体验一下"血色罗裙翻酒污"的恶趣味；可以深秋时节独上高楼吹铁笛，畅想着笛声惊破九天云霄的寂寥；也可以乘舟远望庐山，看巨石危堕，云卷云舒，学一学陶渊明悠然见南山的闲适。曾经的点点滴滴在脑海中已不再清晰，山水草木、美景美色对感官的刺激也只是短暂的、虚幻的，而蹉跎岁月、虚度年华的焦虑和不安，随着朱元璋龙驭归天的噩耗被无限放大。

将至而立之年的解缙意识到不能再等待了，他这件仓库中被冷落的无价之宝，早已蒙上了厚厚一层灰尘，再不对外展示很快就要被彻底遗忘了。尽管距离十年之约还差两年，但当事人都不在了，解缙天真地认为约定没必要继续遵守。于是对未来惴惴不安的他以吊丧为名重返京城，伺机重回仕途。

陛下，不知道我这张旧船票，还能否登上你的客船？

八年的守望和改造，解缙感动了自我，却根本感动不了朝廷，那些曾经得罪过的同僚趁机玩命泼脏水：母丧未葬、

---

① 解缙擅长书法，小楷、草书精绝一时，明书法家吴宽评价：永乐时，人多能书，当以学士解公为首。

父年九十，擅自离乡，是为不孝；十年期限，八年来京，擅自毁约，是为不忠；外官来京，违反不得擅离信地的诏令，是为不尊。

如此不忠不孝、不尊不信之人，组织怎么能用？

朱允炆不是朱元璋，对解缙并不了解，既然大家都说这人不靠谱，那绝对用不得。解缙直接被贬为河州卫吏，直到建文元年（1399）年底才被召还京师，任九品翰林待诏（翰林院最低职级）。十多年前进士及第时出任翰林学士，如今兜兜转转十几年，职位却被一撸到底，比原地踏步还惨。

解缙终于明白，当新皇帝对他等闲视之的时候，引以为傲的才华并不能为他挽回什么，得到和失去，只是源于圣眷。因此当燕王朱棣打着"靖难"的旗号抵达南京城外的当天晚上，方孝孺等人正摩拳擦掌，准备与叛军进行最惨烈的死战时，解缙却连夜收拾妥当，出城投降了新主。对于建文朝君臣，他没有一丝眷恋。

由于靖难之役得不到忠于建文朝的大臣拥护，"读书种子"方孝孺宁愿被灭十族也不愿替朱棣起草即位诏书，朱棣亟须扶植一批"根红苗正"的年轻一代。

甫一登基，明成祖朱棣就晋升解缙为六品翰林侍读，随即组建文渊阁，将青年才俊解缙、黄淮、杨士奇等人集结起来，明代内阁制度初见端倪。

雄才大略的朱棣显然比侄子朱允炆更懂得如何使用解缙，他想编纂一部贯通古今、包罗万象的大百科全书，解缙就是最有能力替他办成大事的不二人选。

毕竟江山是靠武力从侄子手里夺来的，想要稳定社稷，必须得到文人阶层的认可。编书集典既能昭示天恩浩荡、时代清平，又能在天下读书人心目中树立起贤明修德、礼敬士人的圣君形象。

朱棣很豪横，不做就不做，要做就做到历史的顶点，做成千古的唯一！

赋闲在家期间，解缙曾广泛参阅过《太平御览》《册府元龟》《文苑英华》《韵府群玉》等古籍，对类书撰写的体例、规范、图表、装帧等都有研究。

被朱棣任命为总编纂的解缙一开始并未领会皇帝的良苦用心，觉得朱棣只是头脑发热，沉寂多年的他学会了如何尝试性地揣测圣心，从接手任务到编纂完成，解缙仅用时一年有余，结果这部名为《文献大成》的书稿送到朱棣手中时，直接换来一通猛批。

解缙这才明白了，领导是要玩真的。

批完解缙，朱棣就从翰林院、国子监调来五名学术大儒、二十名饱读诗书的翰林学士，为解缙提供智力支持；三次张贴皇榜，在民间广选贤才，随时吸纳儒生补充队伍，负责摘编文稿，团队人数一度多达三千人；将编书总部设在翰林院，全体参编人员享受干部待遇，食宿全包；投入巨额经费，缺什么材料直接买买买。

无数个日日夜夜的呕心沥血、埋头苦干，采买、分类、抄录、排序、勘校，解缙率领一大批满怀热忱的编书人扎进浩瀚书海，废寝忘食，足不出户，他们牺牲了个人时间、健康甚至生命，只为完成一件惊天动地、彪炳古今的不朽盛事。

历史无法记住每个人的名字，但所有参与者都值得点赞！终于，他们成功了！永乐六年（1408）冬，共收录史书图典七八千种，共计一万一千零九十五册、三亿七千万字的《永乐大典》正式编纂成书。

三亿七千万字，光是誊抄，就抄了整整一年。

这是一部名副其实的鸿篇巨制，内容囊括经史子集、天文地理、阴阳医卜、农工技艺、僧道戏剧，涵盖了中华民族数千年来积累的精神财富，成为中华文明史上一座不朽的丰碑，被誉为"世界有史以来最大的百科全书"。

此时的解缙，正处于人生最得意之际。①可风光无限的背后，也隐藏着波谲云诡的危机。他天真地把皇帝的器重，当成了人生得遇知己的自恋。

朱棣的长子朱高炽患有腿疾，别说骑马征战了，连日常走路都费劲；反观次子（汉王）朱高煦，身姿挺拔，弓马娴熟，在靖难之役中多次上阵拼杀，立下赫赫战功。

究竟要不要把替补换成首发，朱棣拿不定主意，秘密找来解缙商讨。他没想到，埋头编书的解缙，居然早早成了一

---

① 永乐二年（1404），解缙晋升翰林学士兼右春坊大学士，出任内阁首辅。

个立场坚定的保太子派。

为皇位继承人站队就像冲淋浴，开关的方向转错，水深火热，绝对应该三缄其口，实在逼得紧了才能用最隐晦、最简洁的语言模棱两可地给出参考意见。坚决捍卫礼法纲常的解缙却将皇帝的家事当成自己的业务，他告诉朱棣，太子仁孝，天下归心；若废长立幼，必起争端。

朱棣听后，默然不语。默然不语就是一种否定。解缙丝毫不慌，在奏对之前，他早已揣测出一个足以扭转局面的绝佳理由。这个理由只有三个字：好圣孙！

朱棣笑了。一切尘埃落定。

尽管朱高炽不给力，却生了个英气十足、特有帝王范的儿子朱瞻基（后为明宣宗），从小到大格外受朱棣宠爱。隔代亲，挽救了朱高炽，可惜却没有人来挽救即将坠入深渊的解缙。他显然低估了朱高煦在朱棣心中的分量，他可以帮朱高炽保住太子之位，却阻止不了朱棣给予朱高煦远超藩王的待遇。

按照国家礼法，藩王到了一定年龄必须归藩，朱高煦的封地远在云南，却始终没有归藩的打算。偶有人提醒，朱高煦就怒不可遏："我有何罪，要将我赶到万里之外！"

这一切，其实都源自朱棣的默许。解缙看在眼里，急在心里。为了尽快把朱高煦赶回封地，解缙犯了身为臣子最离谱的错误：找领导打小报告。

离间骨肉亲情，这没法忍！很快，朱棣对解缙的态度出现了一百八十度大转弯，以至于《永乐大典》编纂工作刚结束，朱棣便以解缙在永乐五年（1407）的科举选拔中状元榜眼探花全是其老乡（江西人）为由，贬其为广西布政司参议，又改谪交趾，负责在化州督饷。

圣眷又一次抛弃了解缙。组建内阁时，朱棣曾对解缙在内的七位内阁成员说过"你们一开始谨慎点是对的，就怕你们越往后越不谨慎"的话，也就是说，我需要你们谨慎地指点，但不容许你们随意地指点。

这句夹杂着些许威胁意味的告诫，似乎只有解缙没听进去，他从来没有真正认识到自己不过是君主维护统治的工具人。工具人只需要绝对服从指挥，不能违背君心，否则就会被无情摧毁。短短几年间，或是责任感驱使，或是文人情怀爆发，解缙不知不觉间一步步走向仕途的断崖。当朱棣开始以极深的恶意揣度解缙的意图时，编纂《永乐大典》的功劳并不能帮解缙挽回圣心。

永乐八年（1410），解缙入京汇报督饷成效，此时朱棣正率军远征鞑靼未归，解缙在京城没事干，脑袋一热没经请示就去面见了太子朱高炽。

解缙不知道，朱高煦早已收到风声，直接上奏诬陷解缙私交太子，图谋不轨。朱棣怒不可遏，以"无人臣礼"之罪将解缙抓进诏狱。可悲的是，朱高炽急于自保，根本不会为他求情，满朝文武也不会有人替他求情。

五年后，某日朱棣翻看诏狱在押囚犯名册，似是不经意地向锦衣卫都指挥使纪纲①随口问了句："（解）缙，犹在耶？"

纪纲顿时面色发白，艰难咽了口唾沫，只觉周身如浸冰雪，窘迫得无言以对。

这句话为何听着如此耳熟？

刹那间，纪纲猛然回忆起六年前跟随朱棣巡视北平，在翻阅百官名册时同样淡漠地问了句："平保儿（平安②）尚在耶？"语气温软无力，甚至带有一丝调侃的味道。

一直被严密监视的平安听闻此言，很识趣地选择了自杀。

纪纲暗自长舒一口气，郑重回复道："属下明白！"

朱棣的目光随即也从名册上移开，唇边挂着意味深长的微笑，仿佛什么都没说过一样。

永乐十三年（1415）正月十三，一个大雪纷飞的酷寒之夜，纪纲差人通知解缙，稍后将由本人安排酒局，请他喝酒。可解缙左等右等，纪纲却迟迟不来。

直等到酒肉冰凉，一名锦衣卫才悄无声息地来到囚室告知："解大人，请您慢用，纪指挥使让您别等他了，他临时有事不来了。"

解缙长叹一声，流下了热泪，聪明如他者自然清楚，如

---

① 作为朱棣最宠信的内臣，纪纲也曾被解缙当面嘲讽过。那句流传后世的千古名对：墙上芦苇，头重脚轻根底浅；山间竹笋，嘴尖皮厚腹中空。正是解缙创作出来用以讽刺纪纲阴险狡诈、不学无术的。

② 平安：小字保儿，朱元璋养子，朱棣发动靖难之役时辅佐明惠帝朱允炆与燕军多次交战，后被朱棣俘虏，授任后府都督佥事。

036

此丰盛的饭菜既然不是庆贺出狱，肯定就是送人归西了。

万念俱灰的解缙端起酒狂饮不止，很快便喝得酩酊大醉，倒地不起。不一会儿，两名锦衣卫悄悄走进囚室，把解缙拖到诏狱外的一片雪地里。曾被朱棣盛赞"天下不可一日无我，我则不可一日少解缙"的大明第一才子①，含泪走向了人生的终点。

他有太多的不甘，也有太多的冤屈，他并没有做错什么，不应该落到如此境地。但政治这种东西，从来不是能讲道理、讲对错的。玩不转仕途，是解缙度不过的劫数，他被追逐，也被放逐。追逐和放逐的经历并没有让他学会洞察人性的阴暗，他被恩宠过、敲打过、挫败过、诬陷过，他获得过无上的殊荣，也在政治的残忍中看清了仕途的真相。

解缙一生，以王羲之和李白为偶像。

"君不见王右军（王羲之），当年曾作笼鹅人。丈夫有志亦如此，笔下自有鬼与神。"（解缙《草书歌》）"草草留题吊学士，学士不须笑吾侪，磊落与尔同千秋。"（解缙《采石吊李太白》）可惜他既没有王羲之衔觞赋诗、以乐其志的淡泊，也没有李白"人生在世不称意，明朝散发弄扁舟"的洒脱。

解缙只是被卷进政治旋涡中的工具人。幸运的是，时代给了他展现才华的机遇和舞台；遗憾的是，当剧终人散之

---

① 明朝三大才子：解缙、杨慎、徐渭。若论对中华文化的贡献度，三人之中解缙当居第一。

时，他才发现整场剧情演绎的竟是一幕死别生离的悲剧，虽然动情，终究抵不过那绵绵如流水的哀伤。

唐寅：为什么失去了，还要被惩罚呢

这一年，是弘治十八年（1505）。

苏州城外桃花坞小圃桃花盛开，一团团桃花楚楚欲燃、晶莹如玉，连成粉红和雪白相间的花海。三十五岁的唐寅轻轻拂去落在肩头的花瓣，目光直直地望着隐匿在桃林深处那一片空地，他要在空地上建一处住宅，名字已经想好了，就叫桃花庵。

庵的本意，是茅草屋。可唐寅要建的住宅并非普通意义上的茅草屋，而是集厅堂、亭榭、花园、书房于一体的宅子，还要杂植牡丹、梅花、修竹、松萝各类花木，远可眺望青山如画，近可聆听溪水潺潺。按照唐寅诗中的描绘，他将是这桃林的仙人，万树桃花盛开之际便撷之换作酒钱。

实际上，桃花是不可能换酒的，仙人建房也是要花钱的。但唐寅不像陶渊明那样种豆南山，采菊东篱，他"耕种"的方式是卖画，可卖画的收入并不稳定，即便绘画技艺登峰造极，他的画也经常卖不掉，或是价格很不理想。针对买卖的窘境，他写过八首直白的吐槽诗，[①]中心思想只有一个：我的画画得那么好，你们只须用一斗米或者一袋铜钱，够我一天开销，我就给你们画。你们怎么都不来买，很便宜呀！

好在唐寅还有别的赚钱手段——替人狂写墓志铭。

墓志铭这种文体，需要猛夸逝者，将逝者一生吹得神乎其神、完美无瑕，蛇鼠能变身龙凤，烂泥也能糊上高墙，因此很多自视清高的文人不愿接手，怕写得过火坏了名声。不过写墓志铭比其他行当来钱都快，特别是权贵人家大都给予高昂的润笔费。被命运磋磨得颜面尽失的唐寅已经毫无心理负担，他的雇主范围很广，官员、富商、男女老少，给钱就写，童叟无欺。

除了有偿代写墓志铭，唐寅还给书坊写过通俗小说，画过成套的春宫图，给新落成的建筑物写过碑文，给畅销书作过序，甚至写那种很猛烈、无底线的夸人文章，林林总总，不一而足。

好不容易攒足了经费，唐寅迅速在桃花坞里修建了桃花庵、梦墨亭、寐歌斋、学圃堂，然后与他第三任妻子、出身歌伎的沈九娘搬进新居。桃花庵的位置离苏州阊门不远，与市井相连，唐寅时时邀请挚友祝允明、文徵明、徐祯卿前来

---

① 唐寅：《风雨浃旬，厨烟不继，涤砚吮笔，萧条若僧，因题绝句八首奉寄孙思和》。

相聚，他们三人与唐寅共享一个流传后世的美名：吴中四才子，俗称江南四大才子。

酒酣耳热、颓唐如玉山将崩的唐寅总会醉卧在桃花树下，高调地吟诵："别人笑我太疯癫，我笑他人看不穿。不见五陵豪杰墓，无花无酒锄作田。"（唐寅《桃花庵歌》）

在这桃花盛开的时节，他口口声声强调自己过上了神仙般的生活，或许是怕人不晓得自己今时今日的心境。世人笑他癫狂，他也笑世人看不穿俗世，究竟谁笑谁，他说不清，可他真正看穿了吗？也没有。当酒醒人散、日暮途穷之时，冰冷的触觉将唐寅从诗意的浪漫拉回现实的逼仄，他发现跳动的胸腔里仍有一些割舍不下的东西，再动听的歌曲，再动人的诗句，不过是在麻痹脆弱的神经，并用一种活色生香的倾诉掩饰曾经受过的创伤罢了。但伤口依旧在，永不会愈合。

桃花，是唐寅命运的折射，绚烂中自带莫名的哀伤。

有关唐寅的奇闻逸事多如牛毛，其中最经典的一例，就是称他寅年寅月寅日寅时出生，虽然与史实不符，听起来却很有面子。

唐寅是个烟火气很浓的才子，这得益于少年时代在父亲唐广德开办的酒楼中混迹的经历。江南富庶之地，文人雅士、迁客骚人，甚至不入流的升斗小民都很有文艺情怀，唐氏酒楼生意兴隆，每天傍晚，附近的文化人都会三五成群，约到酒楼里喝酒吹牛，吟诗作赋，这就使酒楼除了本身具备的消遣娱乐功能之外，还成了文艺界舆论宣传的阵地。

当年幼的唐寅在酒楼中与小有名气的文人锋芒相对、所向披靡时，少年神童的名声迅速响彻整个城市。十六岁那年，唐寅参加童子试①，轻轻松松拿了个第一。消息传来，再次轰动全城。

比天分更耀眼的是唐寅那似乎天生自带的放纵不羁的性情，很难看到后天随环境生发出的世俗和做作，因而显得整个人是如此风流自然，无论做什么都让人不舍得批评。他可以与好友张灵等人扮成乞丐，在雨中高唱莲花落，用得来的赏钱换酒，边喝边说就算是李白在世也体会不到这种快乐；也可以与死党祝允明、徐祯卿狎妓泛舟，欺骗老实人文徵明参加，故意让歌伎贴在文徵明身边，气得文徵明分分钟就要跳湖而去。

唐寅就像一个巨大的黑洞，不停地吸取，不停地获得，从不担心会失去什么，他心安理得享受着的溢美之词都在耳边磨出茧子了，然而就在名气与流量两翼齐飞之际，悲剧的帷幕毫无征兆地拉开了。

唐寅二十四岁时，父亲突染重病，很快撒手人寰，还没等唐寅从丧父的悲恸中走出来，一年之内，其母因伤心过度追随父亲而去；嫁为人妇的妹妹染病去世；爱妻难产而亡，

---

① 明朝学子入学考试，应试者无论年龄大小皆称童生。童子试包括县试、府试、院试三阶段，院试合格者可入当地州、县学为生员，获得参加乡试的资格。

儿子出生没多久便夭折！

父、母、胞妹、爱妻、幼子，接连失去五位至亲，原本其乐融融的家庭瞬间支离破碎，此前几乎从未遇过挫折的唐寅，在苦难面前明显准备不足，性格中更没有培养出坚韧的一面，他不停地写诗追悼亲人，肝裂魂飘，一字一句，椎心泣血。当苦难一次次直击性格中最敏感、最脆弱的部分，形单影只的唐寅，只能选择逃避现实。

美人笑靥如花，腰肢似水，烟花巷陌灯红酒绿，足以掩盖现实的苍白，这里最大的好处就是从不谈论真实，千万别问她们到底爱谁，反正她们不会用心回答，虚情假意往往比真心实意更吸引人，她们不需要你去兑现承诺，也不会用道德绑架你，莺歌燕舞的氛围中，足以让人敞开胸襟。在夜夜笙歌的刺激下燃尽荷尔蒙再陷入空虚，如此周而复始，循环往复，掏空身体的同时也掏空了灵魂。

可惜，人在悲伤的时候，不管听多么欢快的曲子，欣赏多么优美的舞姿，都会忍不住流泪。毕竟没有真正意义上的感同身受，来自友人的宽慰听多了也就没了滋味。即便是参加录科①考试期间，唐寅仍与好友张灵宿妓狂醉，本地提学方志听闻此事，以举止轻浮为由将唐寅判为不及格，所幸苏州

---

① 录科：明清科举考试制度，凡科考一、二等，及三等小省前五名、大省前十名准送乡试外，其余因故未考者，以及在籍之监生、荫生、官生、贡生名不列于学官，未经科考者，均由学政考试，名为"录科"。经录科录取者即可参加乡试。

知府曹凤及一干友人出面求情，唐寅才勉强得以补录获准参加乡试。

眼见唐寅如此消极，文徵明的父亲文林、好友祝允明等人纷纷寄来书信，用较为严厉的话语批评督导，加之被提学厌恶差点淘汰的经历，终于唤醒了唐寅，他决定闭门复习一年，势必要高中举人。

千万不要认为天才和普通人之间的差距可以依靠单纯而重复的努力就能弥补，天才不再打盹时，他们绝对有能力一日千里，普通人只能望尘莫及。

弘治十一年（1498），二十八岁的唐寅参加乡试，轻松考了个全省第一，成为"解元"①。本届乡试主考官梁储对唐寅的才华赞不绝口："士固有若是奇者耶？解元在是矣！"（阎秀卿《吴郡二科志·唐寅》）巨大的喜悦冲淡了哀伤，唐寅连续写下《领解元后谢主司》《送文温州序》《金粉福地赋》等诗作，炫技和卖弄之情溢于言表。

高中解元到进京参加会试这段时间，唐寅的情绪极其高涨，大有手可摘星辰的狂傲，文徵明形容他的生活状态为"高楼大叫秋觞月，深幄微酣夜拥花"（文徵明《简子畏》）。白日放歌，夜宿秦楼，天性之外，主要还是源自对

---

① 明朝科举大致可分为院试、乡试、会试和殿试四级，院试（州县）考中为生员（俗称秀才）；乡试（本省）考中为举人，第一名称"解元"；会试（全国）考中称贡士，第一名称"会元"；殿试（全国）考中称进士，列为三甲，第一名称"状元"。乡试、会试、殿试三次第一，称为"连中三元"。

仕途飞黄腾达的笃定，可他根本不会料到，下一个黑暗又降临了。

进京赶考时，唐寅遇到了资深粉丝、江阴富二代徐经。

徐经激动得热泪盈眶："唐兄啊唐兄，我好崇拜你啊！你的文章我篇篇必读，你的画作我幅幅必赏，真心太赞了！"

唐寅与徐经一道进京，其间二人相谈甚欢，遂成莫逆之交。进京后，唐寅带着徐经拜访了本届会试副主考官、礼部右侍郎程敏政。

乡试期间，唐寅就被主考官梁储无限看好，恰巧梁储又与程敏政私交甚好，梁储多次私下跟程敏政说，我在江南寻得天下奇才唐寅，记得录取他！

如今一见面，果然出类拔萃。没人知道唐寅、徐经是否拜程敏政为座师①，程敏政有没有收下这两个门生。考生们只知道，本届会试第三大题，是程敏政所出。

这道题出得相当有意思，现通篇转载如下：

> 学者于前贤之所造诣，非问之审、辨之明，则无所据以得师而归宿之地矣。试举其大者言之：有讲道于西，与程子相望而兴者，或谓其似伯夷；有载道而南，得程子相传之的者，或谓其似展季；

---

① 座师：明、清两代举人、进士对主考官的尊称。

有致力于存心养性，专师孟子，或疑其出于禅；有从事于《小学》《大学》，私淑朱子者，或疑其出于老。夫此四公，皆所谓豪杰之士，旷世而见者。其造道之地乃不一如此，后学亦徒因古人之成说，谓其尔然。真知其似伯夷、似展季、疑于禅、疑于老者，果何在耶？请极论之，以观平日之所当究心者。

简单解释一下，题中的四公，即：宋代张载、杨时、陆九渊和元代许衡四位理学名家。这道题的本意，就是让考生对四公的思想进行总结、评价、反思。题是好题，很开放，无标准答案，言之成理即可。

但问题在于，考生们不一定知道题中这四公究竟是哪几位，就算侥幸猜对，也不见得有谁平时真正研究过这些人物的思想，更别提总结升华了。

不出意料，众考生拿到试卷直接蒙了，这是谁出的题？太难了，变态吧！没办法，只能随缘作答，自由发挥了。

考完离场时，与众考生愁眉苦脸、吐槽痛骂形成鲜明对比的，是迈着六亲不认的步伐、有说有笑、疯狂对答案的唐寅和徐经。

有人问他二人："你们考得怎么样？"

徐经很自信："我必名列前茅。"

唐寅更自信："本届会元非我莫属！"

唐寅、徐经并未察觉，竞争者们投来的目光不是羡慕，而是嫉妒恨。

考得好，能忍；吹牛，忍不了！

唐寅、徐经不靠谱，程敏政智商也不在线。批改试卷时，程敏政发现多数考生压根儿搞不清四公是谁，东拉西扯，答得驴唇不对马嘴，只有两份试卷答得天衣无缝、有理有据。程敏政存心卖弄，当着同僚的面说出一句足以让他后悔终生的话："依我看这两份试卷，必是那唐寅和徐经的。"

话刚出口，同僚便投去异样的目光。如此冷门的试题，偏偏你认识的考生答对了，偏偏题还是你出的，这怎么能说得过去？

只有同行之间才是赤裸裸的仇恨。考生们嫉恨唐寅、徐经，同僚们一样嫉恨自恃清高、仕途得意的程敏政。很快，众人达成一致意见：程敏政利用出题之便，事先将题透露给了唐寅、徐经。

揭发唐寅的考生叫都穆，与唐寅、徐经结伴而来，这次考砸了；揭发程敏政的是同僚华昶，平日里就与程敏政水火不容。

科场舞弊，历来是皇帝最痛恨、最不能容忍的行为。明孝宗朱祐樘闻讯，立即命正主考官李东阳核查程敏政评阅过的试卷，可核查结果却表明，程敏政预测的那两份满分试卷，并不是唐寅和徐经的答卷，唐徐二人非但没有名列前茅，甚至压根儿就没被录取。

但没被录取，并不代表程敏政没有把试题卖给唐寅徐经，买到试题也不意味着就一定能考中，真相难以查明之际，明孝宗将唐徐二人抓到诏狱，问题交代不清，解决办法很简单：打！

在狱中日夜遭受酷刑，按照唐寅的描述，叫"天子震赫，召捕诏狱。身贵三木，卒吏如虎，举头抢地，涕泗横集"（唐寅《与文徵明书》）。

终于，徐经吃不住酷刑率先招供，唐寅见徐经松口，只得被迫承认考前曾给程敏政送过金子，程敏政也在与二人的交流中对本届会试题目提供了一定范围的参考，二人回去后便认真准备答案，但确实没想到参考题会成为会试真题。

案件拖了好几个月，判决书才最终下发：程敏政贪污受贿，玷污了科考的神圣，责令致仕；唐寅、徐经二人作风不检，以身试法，黜充吏役①，终生不得参加科考。

出发时风光无限，归来后颜面尽失，人生的大起大落实在太刺激了！科场舞弊案严重损害了唐寅的光辉形象，原本万人关注的风流才子，如今已被无情抛弃。

社会很单纯，复杂的是人。别人骂骂就算了，可唯一的亲弟弟要分家，续娶的妻子闹离婚，仆人也冷眼相待，甚至连平日里温顺的旺财狗都冲着他猖猖狂吠，不让他进门。

愤懑和哀伤像钝刀割肉一样摧毁了唐寅的身心，科考舞

---

① 吏役：官府中不入流的胥吏、差役。唐徐二人没有接受，从此断绝仕途。

弊对他的精神打击之大，好似原本扶摇直上的苍龙一头栽进了烂泥潭，成了一条灰头土脸的长虫。

最终，弟弟分了家，妻子离了婚，众叛亲离的唐寅决定千里远游，从镇江金山寺到扬州瘦西湖，然后接连游览庐山、赤壁、岳阳楼、洞庭湖、衡山、武夷山、雁荡山、黄山、九华山……可再美的景色总有看厌的时候，人总是要回家的，总是要清算往事的。

一年后，风尘仆仆的唐寅回到苏州，原来的家已经不再是家了，他也懒得再顾及旁人的评价了，他不顾亲友的阻拦，娶了对自己情深义重的歌伎沈九娘，婚后搬进新建的桃花庵。唐寅并不在乎别人说什么娶歌伎就是自甘堕落，他只记得当年自己困顿时，是沈九娘精神上给他鼓励，生活上给他接济，为了让自己潜心作画，甚至连妆阁都改为画室，自己作画时，九娘就在一旁铺纸、调色、洗砚，点点滴滴的温情，胜过无数个海誓山盟。

婚后，沈九娘给唐寅生了个女儿桃笙，一家三口就在桃花庵简单度日。唐寅仍然以卖画为生，诗作中隐藏的烟火气比往昔更浓，三句话不离柴米油盐，可诗中的意趣却洗尽铅华愈发动人，也更加脍炙人口。

只可惜，婚后第四年，苏州遭遇洪灾，百姓生活艰辛，唐寅的画更难卖了，一家人的生活全靠九娘替人洗衣缝补来维持。很快沈九娘就因操劳过度病倒了。三年后，流连病榻的九娘已至弥留之际，她拉着唐寅的手说，蒙你不弃，要我做你妻子，我本想尽我心力理好家务，让你专心于诗画，成为大家。但我无福，无寿，又无能，我快死了，望你保重。

可唐寅如何保重？命运的无常已然将唐寅不羁的灵魂撕扯得面目全非。曾经的他雅资疏朗，任逸不羁。如今的他依旧才华横溢，却只能对着九娘的墓穴独自哀叹，为什么失去了一切，还要被惩罚呢？他多么想对生活报之以歌，生活却总是抽他耳光，让他永远得不到想要的幸福。

唐寅急于寻找出路，他一直在想，失去了很多，难道不能重新获得吗？难道就这样抱着遗憾一直到老，然后再后悔当初吗？想着想着，他就在正德九年（1514）应宁王朱宸濠之邀，来到了陌生的城市南昌。

当年靖难之役中，燕王朱棣为拉拢初代宁王朱权入伙，许诺事成之后平分天下。

当然，天下是不可能平分的，朱棣登基后，立即将朱权远远封在江西南昌，并派人严密监视朱权的一举一动，搞得朱权郁郁而终。多年来，宁王的继任者们一直咽不下这口气，第四代宁王朱宸濠见明武宗朱厚照治国理政过于不靠谱，便动了反叛的心思。朱宸濠急于收买人心，他想到了唐寅；唐寅渴望破除内心的不甘，也想借宁王重塑人生。双方几乎是一拍即合。

但很快，唐寅便察觉到宁王谋反的野心，他左思右想，如果直接辞职，保不齐会被宁王灭口。怎么办？只有自黑保命了。

某日，南昌街头出现了一个裸体艺术家——唐寅。即便如此，朱宸濠仍不放归唐寅。为了尽快脱身，唐寅又做了件更出格的丑事：当着宁王的面，在宁王妃的衣服上撒尿。如此出格的举动，让宁王不得不放归唐寅。

一切有为法，如梦幻泡影，如露亦如电，应作如是观。万念俱灰的唐寅自号"六如居士"，从此青灯古卷直到人生终老。他不知道人性中是否存在坚忍的成分，只记得那些漆黑的夜晚，不敢哭出声的日子，以及眼泪在眼眶中不停打转却只能紧闭双眼的感觉。

嘉靖二年（1523）十二月，五十三岁的唐寅在孤独与抑郁中死去。有人说唐寅的性格缺乏变通，只停留在自怨自艾的层面，缺乏思想上的升华，只能在享乐与虚无之中不断沉沦，然后陷入更深的虚无。

问题是一个人的命运如此坎坷，试问他怎么才能升华思想、找到出路？

一些影视剧中的情节，显然给当代人造成了太大的误解，真正的唐寅，没有美女围绕，没有荣华富贵。

唐寅的人生，就是一个不断掉坑爬坑的过程，他掉进了坑里，好不容易爬出来，可前面不远处的泥土仍是松动的，他跨不过去，只能寄希望于坑浅一些，这样掉落的时候就不会那么痛，向上爬的时候也不会那么费力。

一次次惨痛的失去，一个个预料之外的惩罚，让他措手不及，直直下坠，他享受过常人从未享受过的名气，却一样承受着常人不能承受的压力。

这才是一个真正的唐寅，风流只是短暂的一瞬，不甘与愤懑才是永恒的叹息。

附

与文徵明书

寅白徵明君卿：窃尝听之，累吁可以当泣，痛言可以譬哀。故姜氏叹于室，而坚城为之隳堞；荆轲议于朝，而壮士为之征剑。良以情之所感，木石动容；而事之所激，生有不顾也。昔每论此，废书而叹；不意今者，事集于仆。哀哉哀哉！此亦命矣！俯首自分，死丧无日，括囊泣血，群于鸟兽。而吾卿犹以英雄期仆，忘其罪累，殷勤教督，罄竭怀素。缺然不报，是马迁之志，不达于任侯；少卿之心，不信于苏季也。

计仆少年，居身屠酤，鼓刀涤血。获奉吾卿周旋。颉颃婆娑，皆欲以功名命世。不幸多故，哀乱相寻，父母妻子，蹑踵而没，丧车屡驾，黄口嗷嗷，加仆之跌宕无羁，不问生产，何有何亡，付之谈笑。鸣琴在室，坐客常满，而亦能慷慨然诺，周人之急。尝自谓布衣之侠，私甚厚鲁连先生与朱家二人，为其言足以抗世，而惠足以庇人，愿赉门下一卒，而悼世之不尝此士也。

芜秽日识，门户衰废，柴车索带，遂及蓝缕。犹幸藉朋友之资，乡曲之誉，公卿吹嘘，援枯就生，起骨加肉，猬以微名，冒东南文士之上。方斯时也，荐绅交游，举手相庆，将谓仆滥文笔之纵横，执谈论之户辙。岐舌而赞，并口而称。墙高基下，遂为祸的。侧目在旁，而仆不知；从容晏笑，已在虎口。庭无繁桑，贝锦百匹；谗舌万丈，飞章交加。至于天子震赫，召捕诏狱。身贵三木，卒吏如虎，举头抢地，涕泗横集，而后昆山焚如，玉石皆毁；下流难处，众恶所归。缲丝成网罗，狼众乃食人，马鬐切白玉，三言变慈母。海内遂以寅为不齿之士，握拳张胆，若赴仇敌。知与不知，毕指而唾，辱亦甚矣！整冠李下，掇墨甄中，仆虽聋盲，亦知罪也。当衡者哀怜其穷，点检旧章，责为部邮。将使积劳补过，循资干禄。而藨蓧咸施。俯仰异态；士也可杀，不能再辱。

嗟乎吾卿！仆幸同心于执事者，于兹十五年矣！锦带县髦，迫于今日，沥胆濯肝，明何尝负朋友？幽何尝畏鬼神？兹所经由，惨毒万状。眉目改观，愧色满面。衣焦不可伸，履缺不可纳；僮奴据案；夫妻反目；旧有狞狗，当户而噬。反视室中，瓻瓯破缺；衣履之外，靡有长物。西风鸣枯，萧然羁客；嗟嗟咄咄，计无所出。将春掇桑椹，秋有橡实，余者不迨，则寄口浮屠，日愿一餐，盖不谋其夕也。

呈欷乎哉！如此而不自引决，抱石就木者，良自怨恨。

盘骨柔脆，不能挽强执锐，揽荆吴之士，剑客大侠，独当一队，这国家死命，使功劳可以纪录。乃徒以区区研摩刻削之材，而欲周济世间，又遭不幸，原田无岁，祸与命期，抱毁负谤，罪大罚小，不胜其贺矣！窃窥古人，墨翟拘囚，乃有薄丧；孙子失足，爱著兵法；马迁腐戮，《史记》百篇；贾生流放，文词卓落。不自揆测，愿丽其后，以合孔氏不以人废言之志。亦将隬括旧闻，总疏百氏，叙述十经，翱翔蕴奥，以成一家之言。

传之好事，托之高山，没身而后，有甘鲍鱼之腥而忘其臭者，传育其言，探察其心，必将为之抚缶命酒，击节而歌呜呜也。嗟哉吾卿！男子阖棺事始定，视吾舌存否也？仆素侠侠，不能及德，欲振谋策操低昂，功且废矣。若不托笔札以自见，将何成哉？辟若蜉蝣，衣裳楚楚，身虽不久，为人所怜。仆一日得完首领，就柏下见先君子，使后世亦知有唐生者。岁月不久，人命飞霜，何能自戮尘中，屈身低眉，以窃衣食，使朋友谓仆何使？后世谓唐生何素？自轻富贵犹飞毛，今而若此，是不信于朋友也。寒暑代迁，裘葛可继，饱则夷犹，饥乃乞食，岂不伟哉？黄鹄举矣，骅骝奋矣！吾卿岂忧恋栈豆吓腐鼠邪？

此外无他谈，但吾弟弱不任门户，傍无伯叔，衣食空绝，必为流莩。仆素论交者，皆负节义。幸捐狗马余食，使不绝唐氏之祀。则区区之怀，安矣乐矣，尚复何哉！唯吾卿察之。

祝允明：追忆似水年华

祝允明二十四岁那年，走进了本地富商唐广德开办的酒肆。他的一众好友总对他说，唐老板家的小儿子是个超级神童，天分之高世所罕见，值得你去见上一面。

说来很巧，出身官宦之家①的祝允明同样天资聪颖，七岁就能通读祖父祝颢写的文章。祝颢很吃惊，随机从文章中挑出一些生僻字，祝允明一一辨识，毫无差错。祝颢不免大为感慨，也许这就是无师自通的天才吧！天才的世界我们不懂。

当祝允明在酒肆中见到小自己九岁，正滔滔不绝舌战群客的唐寅，仿佛就在刹那间，他感到在缘分面前身体所有的细胞都兴奋了起来。

感觉是不会错的。眼前的少年，浑身散发出一种让人

---

① 祝允明祖父祝颢曾任山西布政使司右参政，外祖父徐有贞官至兵部尚书，封武功伯兼华盖殿大学士。

难以忽视的光芒,他个子不高,衣着随意,可眉宇之间那股抑制不住的洒脱劲儿极有魅力,一笑起来少年感满得快要溢出,像晶莹剔透的露珠挂在雪松针叶上倒映出的圆月,也像朝阳初升时黎明女神播洒在海天之上的玫瑰色曙光。多年之后,祝允明回忆起初见唐寅时的点滴往事,他还是不能用文字准确描述出彼时彼刻唐寅站在那里的样子。

与君初相识,犹如故人归。祝允明走上前去,希望能跟唐寅交个朋友,可唐寅却对这位性格开朗的陌生老哥很无感,毕竟年龄相差九岁,代沟明显,再说此人看上去平平无奇,除了右手生有六指(故自号枝山),似乎并不值得结交。

由于见识有限,唐寅并不知道祝允明可比自己出名多了。几年前,御史司马垔巡案吴中,祝允明因才学渊博被公推为代表前去拜望,得到司马垔热情接见;工部侍郎徐贯喜爱祝允明的文章,篇篇必读,篇篇必赞,祝允明的名号一时传遍南北两京,时人誉为天下名士(阎秀卿《吴郡二科志·文苑》)。

一般人,祝允明是不屑一顾的,对待唐寅,他却始终表现出过量的诚意。后来的一段时间,他多次出入酒肆,目的正是希望能与唐寅多多交流,可唐寅仍然对是否与其深入结交持怀疑态度。在他看来,祝允明大概属于那种神经大条却无真才实学之人,不过附庸风雅、矫揉造作罢了。为了验证自己的论断,唐寅主动送去两篇最近创作的文章,想听听祝允明如何评价。

事实上，唐寅此时的天分，大抵表现为随机应变的辩才与举一反三的悟性，对于诗文创作则不甚了了，祝允明的诗文素养，远非唐寅可比。这一时期的祝允明博采众长，凡天文地理、稗官杂家之书，无所不读，著为文章，则贯通古今，无所不包。

品评文章，恰好是祝允明的强项。他就文论文，建议唐寅应在行文中添加一股弘舒之气，不要一味拔高，要落地落细，向高深精细发展。天极高，却不排斥万物，故可为万物之本。

唐寅一听，直呼内行，这才决定与祝允明结为好友。

许多年后，白发苍苍的祝允明站在唐寅墓前泪流满面、追忆故友时，他特意将此事记录在他为唐寅撰写的墓志铭[①]中。

毕竟天才只能被更高一层的天才折服，祝允明自始至终都对唐寅的天分表示赞赏。他盛赞唐寅"天授奇颖，才锋无前，百俊千杰，式当其选"（祝允明《梦墨亭记》）。随即又说唐寅"峻者益峻，遐益遐，捷益捷，仆之所深畏而终不迁者，计特足下一人耳！"（祝允明《与唐寅书》）用现代

[①] 幼读书，不识门外街陌，其中屹屹，有一日千里气。不或友一人，余访之再，亦不答，一旦，以诗二章投余，杰特之志铮然，余亦报以诗，劝其少加弘舒，言万物，转高转细，未闻华峰可建都聚，惟天极峻且无外，故为万物宗。子畏始肯可，久乃大契。（祝允明《唐子畏墓志并铭》）

流行的话语解释，就是祝允明原本以为唐寅在第三层，实际上他在第五层，而自己只在第一层。

可惜，愉快的时光尚未达到高潮，悲剧便悄然而至，将生活冲击得支离破碎。弘治七年（1494），唐寅的父母、胞妹、妻儿蹑踵而没，悲痛之余，唐寅生了场大病，二十多岁便早生华发，继而由伤心过度转为意志消沉，纵情声色犬马。祝允明看在眼里，急在心里。

眼看乡试将近，唐寅仍打不起精神复习备考，作为肝胆相照的挚友，祝允明决定把形势向唐寅挑明："子畏，你若还想完成你父亲临终的遗愿，当把精力用在科考复习上，如果你果真无意仕途，那就彻底断绝念想，一点也别在乎。如今你名在考生之列却毫无准备，究竟意欲何为呢？"

青春没有实干，梦想就是空想。唐寅听从了祝允明的规劝，用一年时间闭门不出，专心读书备战，弘治十一年（1498）乡试即高中解元。

好友高中解元这一年，祝允明也没闲着，同样在全力复习备战。六年前，他已考中举人。

只不过中举之前他已经失败了四次，十九岁参加科考，三十一岁才考中举人。唐寅仅仅复习了一年，首次赴考便位列榜首。

所以说，祝允明佩服唐寅，不是没有道理的。

考中举人后首次会试，祝允明不幸又名落孙山，大龄考生、屡战屡败，祝允明的心情非常糟糕。他写了十五首咏怀诗（祝允明《癸丑腊月二十一日立春口号十五首》），来来回回就是两个字：苦闷。

抽几首来看：

其二

十年憔悴苦难禁，一寸书生不死心。纸上逐年添墨字，床头何日有黄金？

其七

说地谈天口不闲，功名只在指麾间。十年磨破儒林传，始信英雄如此难。

其八

读书难得便扬名，学剑还愁未易成。辛苦两般都落落，不知何地可豪英。

祝允明被苦闷紧紧包围之时，唐寅风头正劲，考中解元后，他自信满满地写下一首《领解元后谢主司》[1]，在诗中将自己比作黄金碧玉，并且毫不谦虚地表示来年会试必金榜题名。

祝允明看到诗作，隐约之间嗅到一股不祥之气，他给唐寅写信告诫说，千里马不能只看外表，也不能只看一时的脚

---

[1] 原诗为：壮心未宜逐樵渔，秦运咸思备扫除。剑责百金方折阅，玉遭三黜忽沽诸。红绫敢望明年饼，黄绢深惭此日书。三策举场非古赋，上天何以得吹嘘。

力，还要看骨相，看长久的表现，得意时切不可过于张狂。他希望唐寅克服虚荣心、膨胀欲，还有时刻想冲出来炫耀的小聪明，毕竟科考之路还长着呢，可唐寅根本听不进去。

果不其然，唐寅在次年的会试中因科场舞弊案入狱，被判终生不得参加科考。

反观祝允明的处境，比唐寅好不到哪里去。第二次会试失利后，他又接连考了五次，次次不中，一直考到五十多岁，依然还是个举人。

科举这种事，放弃远比坚持更加困难。当坚持化为执念，执念再化为不甘，怀着不甘的心境机械地重复着失败，失败后累积的情绪又重新转化为不甘，由此循环往复，折磨得人难以自拔。

正德六年（1511），祝允明第六次参加会试，落榜，可本次落榜的心境却与之前五次完全不同，原因在于他的儿子祝续与他同届参考，结果高中进士，还因成绩优异被遴选为翰林院庶吉士。

这一次，祝允明心态彻底失衡，连儿子都考不过，试问老脸还往哪儿放。三年后，第七次会试不出意外继续落榜，祝允明终于断绝了所有念想，后来友人写信劝他不要轻言放弃，他坚定地摇了摇头，给友人回信一封表明态度："今仆于是，诚不能类，漫读程文，味如嚼蜡，拈笔试为，手若操棘，则安能与诸英角逐乎？协良货而往者，纷纷之场，恒十失九。"（祝允明《答人劝试甲科书》）

能证明的不是想证明的，想证明的又是证明不了的。受伤如此，绝不再考。

祝允明科场失意的这些年，更失意的唐寅已于桃花坞下相继修建桃花庵、梦墨亭、学圃堂、寐歌斋，邀请一干挚友时时来聚。

相聚的日子，是祝允明和唐寅等仕途失意者们最快乐的时光，他们选择在宴饮歌舞的欢乐中麻痹自己的神经，在酒精的刺激下强迫自己忘掉尘世间的烦扰，在各自擅长领域诗书词画的创作中尽情燃烧天分，舒展情怀。

此时，唐寅的绘画水准日臻化境，祝允明引以为傲的书法，也逐渐被世人认可。他的楷书力追魏晋，遒劲古朴；他的草书结构潇洒，汪洋恣肆，堪称一代名家。

唐寅的《春树秋霜图》《黄茅小景图》《南游图》《高士图》《竹炉图》《临李公麟饮中八仙图》《千山万木图》等名作均有祝允明的书法连缀于后。

这就叫书画合璧，天下无敌！

这就叫紧贴行业，高端营销！

卖画可以换酒，桃花足以悦目，然被命运掏空的灵魂却仍在尝试寻找寄托，随时唤醒蠢蠢欲动的心绪。

正德九年（1514），渴望破局的唐寅应宁王朱宸濠之邀远赴南昌担任王府幕僚。

所谓当局者迷，旁观者清。宁王的谋反意图大概只有深陷其中的唐寅不曾察觉，祝允明急于告知唐寅真相，又恐书信被宁王的眼线截获，让唐寅陷于危险境地，他突发奇想，给唐寅寄去一盒水果，其中包括枣、梨、姜、西瓜。

子畏，危险危险危险！枣、梨、姜、西，早离江西！

在唐寅装疯返乡前几个月，祝允明很不凑巧通过朝廷谒选，远赴广东担任兴宁县令，二人未能谋面。

多年间屡试不中，迈入知天命的年纪方得一县令，自然没有半点喜悦可言。祝允明并不想去，但蹉跎一生，总要圆一圆仕宦之梦，设身处地体会一番。

在兴宁县令任上，祝允明坚持用儒家正统思想教化当地百姓，破迷信，易风俗，强教育，打击黑恶势力，取得了不俗的政绩。

可惜，一切都晚了。

如果年轻二十岁，祝允明很乐意在政坛继续发光发热，为社稷造福，为百姓谋利。如今已年逾花甲，加之性格孤高，不屑取悦上级，当官毫无成就感、获得感，不如早点挂印回乡。

嘉靖元年（1522），祝允明在应天府通判任上辞职。次年，唐寅孤独地病逝于桃花庵内。

悲痛不已的祝允明为挚友写下许多诗句："知君含笑归兜率，只为斯文世事悲。"（祝允明《哭子畏》其一）"周山既不容神凤，鲁野何须哭死麟。"（祝允明《哭子畏》其二）"生老病余吾尚在，去来今际子先知。"（祝允明《挽诗》）

　　唐寅过早离世，是时代的不幸。孤独活着的人，又将何去何从？

　　作为挚友，祝允明很清楚，唐寅一直声称厌倦别人关注，可真正无人问津时又歇斯底里追求关注，这就是他一生最大的悲哀。而自己的命运与唐寅在本质上并无区别，同样是怀才不遇，壮志难酬。科考舞弊案成为唐寅永远的痛，自己也只能弹剑而鸣，自顾自怜罢了。

　　　　我有三尺匣，白石隐青锋。

　　　　一藏三十年，不敢轻开封。

　　　　无人解舞术，秋山锁神龙。

　　　　时时自提看，碧水苍芙蓉。

　　　　家鸡未须割，屠蛟或当逢。

　　　　想望张壮武，揄扬郭代公。

　　　　高歌抚匣卧，欲哭干将翁。

　　　　幸得留光彩，长飞星汉中。

　　　　（祝允明《宝剑篇》）

　　流年似水，汇聚成汪洋大海，时光列车送走了天涯过客，静静开往下一站，鲜衣怒马的祝允明就站在那里，深情的目光望去，依稀浮现桃花庵里旧日好友谈天说地、觥筹交错的点点滴滴。但时光列车不会为任何人停留，渐行渐远的车辙带走了世人追名逐利的喧嚣，也带走了属于祝允明如梦似水的花样年华。

唐寅死后，祝允明彻底参透了人生，书法诗文创作愈发得心应手、运用自如。

他身处宾客之间，众人哗笑嬉戏，饮射博弈，并不会对他造成任何影响，恰恰在这种热闹的氛围中，祝允明提笔立就，其文"丰缛精洁，隐显抑扬，变化枢机，神鬼莫测"。（王锜《寓圃杂记·祝希哲作文》）

书法创作的过程更是彰显行为艺术的魅力。每次动笔前，祝允明都要把衣服、鞋子全部脱掉，先喝上一壶酒，乘醉而书，一气呵成。

祝允明的书法造诣，被后世书法家公认为"明朝第一"。他独创的草书风格，上承唐人狂草之盛，扭转了两宋以来狂草一脉的没落局面，以一己之力开创了明代草书创作之先河。

不过，祝允明的生活质量却并未随知名度的提升跟着提升。

原因其实很简单。已至暮年又看淡一切的祝允明，经常召集好友狂饮、娱乐，喝到兴起必高喊一声全场消费由我买单，次次必须花光身上所有的钱方才作罢。此外，祝允明还极其热衷收集古书名籍，看到心仪的作品直接买买买。这种消费心态特别容易被无良商户趁机抬高价格，毕竟没人不爱只关心喜不喜欢、从不讨价还价的顾客。

等到祝允明喝酒消费没钱了，只得含泪出手这批斥巨资买下的书籍，结果往往只能卖到原价的十分之一。

不仅被无良商家坑骗，祝允明还经常被一些"心机"后辈占便宜。

某次，祝允明手里没钱，想找好友文徵明的儿子文嘉借点酒钱。文嘉借口身上没带，邀请前辈稍后去家里取。祝允明不知套路，进了文嘉的书房，发现书桌上已提前备好昂贵的笔墨纸砚。这么好的纸笔，不写实在可惜了。祝允明忍不住技痒，当场写下《古诗十九首》，舍笔而去，竟忘了借钱的事。

文嘉如获至宝，日后经常在朋友面前拿出来吹嘘："我这里可是有不少祝前辈的真迹，你们有吗？"

同样擅长书法的王宠对这幅作品爱不释手，借回去临摹数月，却总是写不出祝允明的神韵。王宠不禁感慨，原来我拼尽全力做到最好，还不如祝允明随便搞搞。

唐寅去世三年后，祝允明也驾鹤西去。

祝允明的人生，只鲜活于与挚友相识相聚的岁月，其余往事，皆乏善可陈。

六十余载浪荡岁月，镌刻下无可比拟的锦绣书章。当那些美好的年华悄然逝去，美好的回忆消失殆尽时，唯有空中飘荡的墨香还恋恋不散，让往事历历在目。

于朋友，肝胆相照；于事业，无怨无悔。

人生不一定完美，但可以美丽。祝允明的长相可能并不帅气，但绝不是现代影视剧中那个欠钱不还的老赖，也不是跟在唐寅身后可怜巴巴求画的丑角。这样的恶搞对祝允明是一种误解，更是对唐祝二人真挚友情的歪曲。

时间让人猝不及防，生命只是一连串孤立的片段，靠着残损的记忆联结起来。有些人活在记忆里，面目清晰，有些人近在眼前，却朦朦胧胧。

当一切归于平静，满头白发的祝允明就站在那里，他再也回不到那个充满热情的少年时代，那个不管多煎熬，眉眼总带笑的属于他和唐寅的时代。

附

唐子畏墓志并铭

子畏死，余为歌诗，往哭之恸。将葬，其弟子重请为铭。子畏，余肺腑友，微子重且铭之。

子畏性绝颖利。度越千士，世所谓颖者，数岁能为科举文字，童髫中科第，一日四海惊称之。子畏不然，幼读书，不识门外街陌，其中屹屹，有一日千里气。不或友一人，余访之再，亦不答。一旦，以诗二章投余，杰特之志铮然，余亦报以诗，劝其少加弘舒，言万物，转高转细，未闻华峰可建都聚，惟天极峻且无外，故为万物宗。子畏始肯可，久乃大契，然一意望古豪杰，殊不屑事场屋。

其父德广，贾业而士行，将用子畏起家，致举业，归教子畏，子畏不得违父旨。德广常语人，此儿必成名，殆难成家乎？父没，子畏犹落落。一日，余谓之曰："子欲成先志，当且事时业；若必从己愿，便可襭襕幭，烧科策。今徒籍名泮庐，目不接其册子，则取舍奈何？"子畏曰："诺。明年当大比，吾试捐一年力为之，若勿售，一掷之耳。"即堇户绝交往，亦不觅时辈讲习，取前所治毛氏诗，与所谓四书者，翻讨拟议，祗求合时义。戊午，试应天府，录为第一人。己未，往会试。时傍郡有富子，亦已举于乡，师慕子畏，载与俱北。既入试，二场后，有仇富子者，抨于朝，言与主司有私，并连子畏。诏驰敕礼闱，令此主司不得阅卷，亟捕富子及子畏付诏狱，逮主司出，同汛于廷，富子既承，子畏不复辨，与同罚，黜掾于浙藩，归而不往。或劝少贬，异时亦不失一命。子畏大笑，竟不行。放浪形迹，翩翩远游。扁舟独迈祝融、匡庐、天台、武夷，观海于东南，浮洞庭、彭蠡。暂归，将复踏四方，得矣。久少愈，稍治旧绪。

其学务穷研造化，玄蕴象数，寻究律历，求扬马玄虚、邵氏声音之理而赞订之。傍及风鸟、壬遁、太乙，出入天人之间，将为一家学，未及成章而殁。其于应世文字、诗歌不甚惜，意谓后世知不在是，见我一班已矣。奇趣时发，或寄于画，下笔辄追唐宋名匠。既复为人请乞，烦杂不休，遂亦不及精谛。且已四方慕之，无贵贱富贫，日诣门征索文词、诗画，子畏随应之，而不必尽所至，大率兴寄逶邃，不以一时毁誉重轻为取舍。

子畏临事果，事多全大节，即少不合不问。故知者诚爱宝之，若异玉珍贝。王文恪公最慎予可，知之最深重。不知者亦莫不歆其才望；而媢嫉者先后有之。子畏粪土财货，或饮其惠，讳且矫，乐其畜，更下之石，亦其得祸之由也。桂伐漆割，害隽戕特，尘土物态，亦何伤于子畏，余伤子畏不以是。气化英灵，大略数百岁一发钟于人，子畏得之，一旦已矣，此其痛宜如何置？有过人之杰，人不歆而更毁；有高世之才，世不用而更摈，此其冤宜如何已？

子畏为文，或丽或淡，或精或泛，无常态，不肯为锻炼功；其思常多而不尽用。其诗初喜秾丽，既又仿白氏，务达情性而语终璀璨，佳者多与古合。尝乞梦仙游九鲤神，梦惠之墨一担，盖终以文业传焉。

唐氏世吴人，居吴趋里。子畏母丘氏，以成化六年二月初四日生子畏，岁舍庚寅，名之曰寅，初字伯虎，更子畏。卒嘉靖癸未十二月二日，得年五十四。配徐，继沈，生一女，许王氏国士，履吉之子。墓在横塘王家村。子畏罹祸后，归好佛事，号六如，取四句偈旨。治圃舍北桃花坞，日般饮其中，客来便共饮，去不问，醉便颓寝。子重名申，亦佳士，称难弟兄也。铭曰：

穆天门兮夕开，纷吾乘兮归来。睇桃夭兮故土，回风冲兮兰玉摧。不兜率兮犹裴回，星辰下上兮云雨漼。椅桐轮囷兮稼无滞秽。孔翠错璨兮金芝葳蕤。碧丹渊涵兮人间望思。

文徵明：对失望的人生报之以歌

弘治十一年（1498）中秋节刚过，南京应天府街头巷陌处处弥漫着桂花芬芳浓郁的气息，节日的氛围还未散去，本届乡试的录取榜单便隆重而准时张贴在贡院门旁。

文徵明起了个大早，赶紧叫醒同龄又同乡、好友兼考友的应届生唐寅，然后不由分说拉着呵欠连连的唐寅赶去贡院查成绩。

其实，文徵明比唐寅更加疲惫，唐寅睡眼惺忪，那是他昨夜笙歌丝竹、缱绻宿醉的结果。文徵明微微发黑的眼圈和暗沉的脸色却表明，昨晚他又是彻夜难眠，考完乡试至今，他几乎没有睡过一个踏实觉。

一路上，唐寅极不情愿地拖着步子，不停向文徵明抱怨说，考中的名字自然会在榜上，考不中去再早也没用，何必如此急切呢？

文徵明默然无语，内心却不免唏嘘，也许只有像唐寅这么自信的人才会如此淡定，一考完试便呼朋唤友，纵情享受，毫无心理负担，哪像自己总是处在渴望考中和担心落榜的纠结中辗转反侧，心情灰暗，夜夜失眠。想到这里，他摇了摇头，仍是快步向前走去。

到达贡院时，榜单已经贴了出来，文徵明顾不上唐寅，三步并两步挤到榜单前，抬眼便看到"唐寅"二字高居头名，他先是一惊，随之焦急地一行行看下去，额头已渗出层层细汗，直看到榜单末尾，却始终没有找到自己的名字。文徵明急躁地揉了揉眼睛，又从头至尾再扫一遍，仍是榜上无名。

唉！落榜了。他落寞地从人群中退了出来，拼命将充斥于内心深处的失望挤压进更深层次的空虚之中，努力让身体内的每个细胞都显得平静而淡然。他镇定地、像旁人一样热情祝贺好友高中解元，但他还是能明显感觉到，被刻意忽视的失望正在一寸寸刺痛他的神经，冲击他的心理防线，在唐寅如烟花般绚烂夺目的巨大光环下，任何自我安慰都显得苍白无力。

当晚，唐寅在一干举子的前呼后拥中前去参加由应天巡抚亲自主持的鹿鸣宴，二战失败的文徵明独自一人登上高楼，看月明星稀，乌鹊南飞，苦涩和失落又在夜深人静的孤寂中逐渐漫上心头，那种感觉空荡又沉重，虚幻又真实。

文徵明不停地安慰自己，反正已经失败一次了，再失败一次又何妨？可他发现失败并不能起到动心忍性、增益其所不能的功效，失意人也很难达到不以物喜、不以己悲的境界。他觉得读书人十年寒窗，追功求名的渴望，远不及放榜之时那一声声发自肺腑的呼喊更加现实，那是一种成就感，是对个人努力的最高褒奖。

没人不羡慕唐寅那陆海潘江似的天赋，不需要一丝一毫的运气加持，文徵明又想起唐寅当天回到住处时骄傲地刻下一枚"南京解元"的印章，那种意气风发的状态让文徵明钦羡不已。此刻唐寅应该正在鹿鸣宴上吟诗作赋、张扬文采，自己却只能呆呆地望着楼外，吹着冷风，努力与失望的现实达成和解。他不得不承认，在自己想抵达的彼岸和到不了的远方之间，存在一条难以逾越的鸿沟，让他望沟兴叹、鞭长莫及。

这一年文徵明二十八岁，唐寅也是二十八岁，同岁、同乡、同窗、同届考友，看似是命运的巧合，却让文徵明在相当长的一段时间里只能活在唐寅巨大的光环下，没有光亮，只感觉冷。

从小到大，文徵明的节奏总要比普通人慢一拍，六七岁才能站立，八九岁时仍口齿不清（语犹不甚了了），这种情况说好听点叫童稚未开，不好听点就叫发育迟缓。当机敏聪颖的少年唐寅一次次在长辈面前尽显天分时，文徵明得到的评价却足够扎心：这孩子天性愚钝，恐怕日后难有长进。

面对这种遗憾中夹杂着些许幸灾乐祸的言论，他的父亲文林却总是淡淡地说，别看徵明现在不甚聪颖，没准会大器晚成，将来怎样可不好预测，我们拭目以待吧！那个时候大家都认为文林是护子心切，毕竟人如果不聪明，怎么可能成大器呢？

剧情似乎正朝着众人的设想发展，十八岁那年，文徵明参加童子试，因字迹潦草名列三等①及格线。若非阅卷老师看他平时学习用功、勤勤恳恳的分上有意抬了一手，不然就要被留级。

反观唐寅，三年前就在童子试中轻松考了个第一，即便因家中突遭变故，荒废了不少时光，依然能在乡试中独占鳌头，复习不过一年就考上了解元，而文徵明数年间努力备考，可就是上不了岸。

没有对比就没有伤害，没有伤害就没有辛酸，与唐寅相比，文徵明的科考生涯仿佛只有大写的"不行"二字，他嘴上不说，实际上内心极度纠结。起初落榜的经历在他心中是种苦涩，接着成为习惯，再后来又变成性格中最脆弱的部分，稍微一触碰就痛到难以自持。他很想争一口气，证明自己不比别人差，竞争的过程却像是陷入了泥潭，无处发力更无法抽身。

即便文徵明数十年如一日默默付出，无论准备得再充分，复习得再刻苦，乡试大关依然过不去。从二十五岁首次参加乡试一直考到五十三岁，逢考必败，越考执念越深，内

---

① 童子试按成绩共分六等，一等优秀，二等良好，三等及格，四、五、六等不及格，且要被批评、留级，甚至退学。

心越受伤。

第十次乡试落榜后，文徵明不得不选择接受工部尚书李充嗣推荐，以大龄贡生[①]身份被朝廷遴选为翰林院待诏，参与编修《武宗实录》，并有幸以翰林身份参与为皇帝讲论经史的工作，结果他任职没多久就干不下去了。

由于翰林院内大多是进士出身，贡生身份的文徵明便成了众人讽刺嘲讽的对象，甚至有人公然叫嚣，翰林院中皆天子门生，怎么能收容文徵明这种连进士都考不中的人！

过激的言论如风刀霜剑般袭来，悒悒不乐的文徵明避无可避，只能选择辞职。

功名无据频占梦，风土难便苦忆归。虽然文徵明可以踏进翰林院，却不被人接纳，这个只看出身背景的名利场，没有文徵明的位置，也不会给他留位置。

他发现身体一直颠沛流离，心灵就注定继续流浪。连续落榜时失望，入仕后更加失望，这种感觉就像是你一直坚信山的那边是浩瀚的海，但当你费尽心力越过一座座山丘，发现自己白了头，可山那边并没有海，仍然只是冰冷陡峭的山峰和蜿蜒曲折的歧路。

努力过，也足够了，人不能满足于感动自我，还要为心灵寻找出路。多年来的不如意，让文徵明渐渐学会了如何对失望的现实报以微笑，他不再奢望迅速攀上山峰，那也许只

---

① 贡生：挑选州、府、县生员中成绩优异者入京城国子监读书，毕业后可酌情授予官职，有别于"贡士（会试中试者）"。

是虚无缥缈的幻境，他愿意慢慢向上攀登，触摸着真实的岩壁，呼吸着清爽的山风，步步稳健，头脑清醒。

文徵明不再纠结于自己处在山腰还是山谷，而是时刻努力将精神世界里消沉和空虚的部分剥离出来，只留下旺盛的意志力和充实人生的行动力。

他没有忘记当年那场勉强通过的童子试，特别是被评卷老师痛批的字迹潦草问题，他多年来一直坚持苦练书法，从未松懈。

他给自己定下极为严苛的练字计划，每日晨起必临写《千字文》，日日不辍。平时写书信简札，一律用蝇头小楷一丝不苟撰写，如果写错一字，直接换纸重写，不满意就继续写，直到满意为止。

旁人都觉得不可思议，写错字画掉不就行了？潦草点怕啥，反正别人能看懂，何必如此费事呢？旁人永远不会了解，文徵明写的不是字，而是一种人生态度：不安于小成，然后足以成大器；不诱于小利，然后足以成大功。

参加科考的这些年，文徵明一如既往延续自己的努力方式，读书、写字、绘画，仿佛一切都没有改变，但一切却早已不似当年。高中解元的唐寅进京参加会试时，一场科考舞弊案，让他瞬间从万人追捧堕落为人人嘲讽，丢尽了江南学子的脸面，就连妻子、兄弟甚至仆人都看不起他。

唐寅本就抗压能力差，如今更是万念俱灰，沉迷于烟花柳巷，彻底放飞了自我。文徵明眼看好友愈发放逐，多次写信劝说，希望他重新振作起来，哪怕去官府做个小吏也行。这些善意的劝说恰恰刺痛了唐寅敏感脆弱的神经：劝我去做小吏，亏你想得出来！

误解，是人性最痛的创伤。唐寅满腔怒火地给文徵明回信：我生来就是如此，看来你根本不了解我，既然你看我哪哪都不顺眼，干脆不要再联系了！

文徵明默默读了信件，一句话没说。身处逆境，落井下石者多，雪中送炭者少。文徵明很理解唐寅当前的处境，仕途无望、妻子离异、兄弟阋墙，全是人生的大悲大恸，文徵明愿意对唐寅致以最温暖的善意，平息好友心中挥之不去的冷风暴雨。遭受命运大风大浪侵袭的唐寅打算外出游历缓解心绪时，能放心托付家人给予照料的朋友，思来想去也只有文徵明。

后来，急于翻红的唐寅选择加入宁王朱宸濠的创业团队，当时文徵明也在受招募之列，可任凭来人如何劝说，文徵明只有两个字的回复：不去！他不愿去，还多次暗中告诫唐寅认清形势，尽早离开南昌。

随着宁王反迹日益显现，唐寅费尽心思才得以脱身。落魄返乡后，他发自内心地写信赞叹文徵明先知先觉："当年子路年长孔子十岁，甘愿拜其为师，我比你大十个月，也甘愿拜你为师。论绘画与诗歌创作，我自忖还能与你一较高低。可在学识品行上，我确实难以望其项背。我拜你为师并不是一时冲动，也绝非突发奇想。以前我觉得你不如我，如今我对你心服口服。"

文徵明从没想过有朝一日能得到唐寅的认可，在他眼中，唐寅即便坠入深渊依然光芒万丈，自己万般渴望追风逐电，却永远只能踽踽独行。

曾经，文徵明的父亲文林说过这么一句话：唐寅这孩子虽然才华横溢，但他为人轻浮，恐怕日后将饱受挫折，徵明将来的成就，绝不是他所能企及的。

一切，都被文林精准言中。

尽管无法在科考之路上突围而出，但常年坚持书画诗文创作的文徵明，早已在不经意间悄悄追上了唐寅。他的小楷，力趋健劲，苍秀摆宕；他的绘画，笔法流畅，山水、人物、花草无一不工；他的诗作，信手拈来，浑然天成。

随着唐寅、祝允明、徐祯卿先后故去，文徵明孤独地多活了三十年，这也是他独领风骚的三十年。

诗文方面，他与唐寅、祝允明、徐祯卿并称"吴中四才子"；书法方面，他与祝允明、王宠并称"吴门三家"；绘画方面，他与唐寅、沈周、仇英并称"明四家"；他是唯一的诗、文、书、画艺术全才。

文徵明暮年时期，前来求取书画者踏破门槛，声名响彻吴中。尽管如此，文徵明却坚持不给藩王作画，不给太监作画，不给外夷作画，即便藩王拿着价值连城的奇珍异宝作为见面礼前来拜访，文徵明一样婉言谢绝，绝不结交权贵。

某年，礼部尚书严嵩路过吴中，邀请全城文人墨客参加

文艺座谈会，文徵明却借故未至，让严阁老大失所望："文
徵明不来，这会还怎么开？"

比名望声誉更可贵的，是文徵明多年来始终保持着谦谨
自励的作风，潜心耕耘，他不像唐寅那样得意时异常高调、
失意时自闭自哀，也不像祝允明那样沉郁落寞、纵情不羁，
一向甘于平凡不甘平庸的文徵明，其品行的高洁、人性的光
辉虽久经风雨，却愈发闪耀动人。

其父文林在温州知府任上病逝时，同僚们凑了些份子钱
想交给服丧的文徵明，可他却坚决不要。他是这么解释的：
我父亲在外为官多年，走得堂堂正正、清清白白。我若接受
了这笔钱，岂非辜负了亡父在天之灵？我就是再没有出息，
也不能用亡父的名义接受任何馈赠，更不会让亡父在名誉上
蒙受一丝污点！

温州官府深受感动，用这笔钱在当地修了座却金亭以示
纪念。

文徵明在世时，市面上就有大量他的字画赝品、伪作流
传。盗版多了，正版就不好卖了。深受版权侵害的文徵明生
活艰苦，甚至偶尔要向朋友借米充饥。

南京监察御史俞谏听闻此事，有意出钱接济，便将其邀
至家中畅谈。他怕直接谈及接济会让文徵明难堪，只好拐弯
抹角地东拉西扯，慢慢扯到生活贫寒的话题上。

话到嘴边还没说出口，文徵明倒先表明了态度：我并不
贫寒。

俞谏继续问道："那你为何穿打补丁的衣服？"

文徵明微微一笑："今天不是下雨嘛，好衣服穿出来不就糟蹋了呀。"

其实文徵明之所以陷入困顿，全因市面上盗版泛滥；市面上盗版泛滥，却也是文徵明有意纵容的结果。对于侵害版权的盗版行为，文徵明非但不痛斥，还变相鼓励。有些盗版者甚至直接拿着伪作，请文徵明签字盖章。

文徵明不仅乐呵呵地签字盖章，还总会仔细品评伪作，并送上暖心鼓励："你的作品真心不错，功底绝不在我之下，希望你好好努力，将来就不用再来盖我的章了。"

这种做法，就好比被人贩子卖了还替别人数钱，可文徵明却给出一段令人无比钦佩的解释：凡有能力收购字画者，家中必有余财；伪作真迹出卖字画者，家中必是贫寒，如果我不承认他们卖的是真迹，等于砸了他们的饭碗，我实在于心不忍。

嘉靖三十八年（1559）二月二十日，近九十岁高龄的文徵明正替好友刚过世的母亲撰写墓志铭。写到一半时，文徵明突感疲惫，搁笔端坐，安详地离开了人世。

无论才华如何横溢，若无高尚的品德支撑，早晚也会像遍布蚁穴的千里之堤一样轰然倒塌。文徵明这一生，没有唐寅的卓然不群、大起大落；没有祝允明的愤世嫉俗、沉郁孤独；也没有徐祯卿的傲然独立、英年早逝。他只有一颗纯净的心、一腔奋进的热血，如老黄牛般默默耕耘，与之交往过的人，无不对他的人品深感钦服。

后世文坛领袖王世贞曾专门为文徵明书写传记，并特意强调："吴中人于诗述徐祯卿，书述祝允明，画则唐寅伯虎。彼自以专技精诣哉，则皆文先生友也，而皆用前死，故不能当文先生。人不可以无年，信乎！"（王世贞《文先生传》）

纵然你有通天之才，若天不假年，一样只能如流星一般华丽陨落。文徵明活得最久，经历得最多，声望也最隆。可文徵明相比另外三位，却也最平凡、最低调、最普通。

脑袋笨一些，用不着自卑；走得慢一些，更无须急躁，看看文徵明吧！他对失望的人生报之以歌，也在对抗命运的不如意中成就非凡。

莫泊桑说：人生从来不像意想中的那么好，也不像意想中的那么坏。当你处在最低谷时，无论朝哪个方向发力都是向上。输在起跑线又何妨，反正比赛才刚刚开始，大器晚成者、后来居上者纵然会比当前领先者消耗更多的体力，但意志品质的磨炼，不抛弃不放弃的精神，终将为落后者开辟一条冲向终点的坦途。

徐祯卿：才子需要多英俊

徐祯卿的拜官授职仪式，堪称大型社死现场。

作为"吴中四才子"唯一一个进士及第，早早（二十六岁）迈进仕途的有志青年，徐祯卿心气极高，铆足了劲要入翰林院做庶吉士。

按照科考惯例，状元授翰林院修撰，榜眼、探花授翰林院编修，二、三甲进士中通过业务培训和遴选考试者，可授任翰林院庶吉士。剩下的进士，可在六部任职，也可外放为地方官员。作为储备内阁辅臣的人才库，庶吉士素来号称"储相"，能成为庶吉士者都有机会平步青云。

想到这里，徐祯卿心情美得不得了，遴选考试已过，入翰林院还不是手拿把攥，就算日后进不了内阁，最起码也能混个二三品大员，比起家乡那几个饱受科考摧残的老哥，他已经领先很多了。

然而，徐祯卿却在本届新入职庶吉士任命仪式上，被人蒙头盖脸一通羞辱，不但丢了脸面，还伤了尊严。

徐祯卿原本以为，仪式只是走个过场，毕竟成绩放在那儿谁也改变不了，可是当吏部堂官不急不躁念完录用名单时，徐祯卿却开始慌了，是不是刚才光顾着得意听漏了什么，于是赶紧起身向堂官询问是否有自己的名字。

这堂官白了徐祯卿一眼，语调冷冷道："有你的名字，不过不在庶吉士名单里。"说着又从旁边的书案上打开另一份名单，抬眼稍微扫了一扫，然后头也不抬地说："来看，你的名字在这里。"

徐祯卿走过去一看，瞬间傻了眼，他看见名单上赫然写着八个大字：徐祯卿大理左寺副①。

大理左寺副，品阶不低，待遇优厚，可惜属于业务部门而非核心部门，与翰林院庶吉士的发展前景判若云泥。徐祯卿当场心态爆炸，凭什么大家一起考进来，他们都是庶吉士，而我要去当什么左寺副，我抗议！

堂官笑了，那是一个礼貌而不失体面的微笑，职业到让人抓狂。他说，按照官方解释，你的颜值不及格。长得丑不是你的错，想进翰林院就是你的错了！我们也要照顾组织的整体形象好不好。

话音刚落，徐祯卿顿时有些恍惚，他茫然扫视一周，

---

① 大理寺，与刑部、都察院并称为"三法司"，负责刑部司法案件审判的复核工作。长官名为大理寺卿，内部分左右二寺，左、右寺副协助寺正办理二寺刑名案件，秩从六品。

看到大堂里许多张嘴开开合合，那些嘴里一排排牙齿有的雪白，有的泛黄，有的发黑，配合着猩红的舌头正肆无忌惮地发出人世间最刺耳、最恶毒的声响。

徐祯卿很想继续反驳，可堂官办完公事直接下班了，新晋庶吉士们也三五成群、高谈嬉笑着逐次离开了，大堂很快变得阒然无声，只剩徐祯卿还愣在原地，久久回不过神。

选拔庶吉士，居然跟着五官走？徐祯卿实在难以接受这样的结果。

至于他的相貌究竟到没到入选翰林院的标准，或者说选拔庶吉士的相貌及格线究竟有多高，实在不好深入考究，但历朝历代总会有一群因相貌不佳而郁郁寡欢的不平人。

古代"四大美男"之首的潘岳英俊潇洒，每次出门必被万千少女掷果盈车；而写出千古名篇《三都赋》，以致洛阳纸贵的大才子左思相貌丑陋，想学潘岳驾车出游，结果连路上的老太太都厌恶地朝他吐口水。可见才华与受欢迎程度之间并没有成正比，而相貌却常常能与关注度画等号。潘岳与左思的鲜明对比也证明着鲜花和欢呼声永远属于帅哥，而悲伤是留给丑人的。

就在建文二年（1400），殿试魁首王艮因相貌丑陋有损状元名号，被直接降为榜眼，状元榜眼虽然仅有一名之差，社会关注度却不可相提并论。

饱读诗书的徐祯卿懂得这样的道理：身姿挺拔、五官端正、皮肤白皙、器宇轩昂这四种特性相加给视觉上带来的美感，绝对会让人不自觉加上一笔印象分。尽管如此，但突然有人当众而又不加隐晦地评价一句：你长得好丑啊！确实会让徐祯卿在这前所未有的尴尬以及赤裸裸的嘲讽中心态失衡，从人之常情上评价，徐祯卿有理由发泄不满，作为才子，当然也有资格用他才华横溢的文字，尽情抨击这糟心的选拔标准。

徐祯卿写了一篇很直白、很颓丧的文章，取名为《丑女赋》。

在文中，他愤然高呼：世上怎会有如此丑陋的女子！长着一副男子相貌，眉宽喉厚，鼻突口阔，形如死猪，发秃面黑，简直丑出天际，三十岁都没嫁出去。可她却恪守妇道，每日起早贪黑洗衣织布，持家技能满分。同时又有一个容貌艳丽的女子，但举止轻浮，不懂家务，却有众多贪恋美色之人竞相求娶。貌丑心美者无人问津，貌美无德者趋之若鹜，真可谓世风日下，道德凉薄！

徐祯卿想到了风采绝伦、每每被爱慕之人围堵以至于积劳成疾早早病死的卫玠；想到了岩岩若孤松之独立、傀俄若玉山之将崩的嵇康；也想到了容貌整丽，恒捉白玉柄麈尾，与手都无分别的王衍。如果有的选，谁不想当帅哥啊！

然而，才华、德行统统抵不过一副臭皮囊，前途和命运要靠相貌决定，对徐祯卿这种"命苦不能怨政府，人丑就要多读书"的典型人物而言，是一种莫大的耻辱。毕竟与唐寅、祝允明、文徵明相比，他的命很苦，照他自己的话说，那叫"五世烈之不扬而门基之寝微也,庙祀之不修而坟墓之芜秽也"(徐祯卿《大息名继元叙》)。

家境贫寒,出身卑微,面对命运的不平,徐祯卿没有唐寅的高韬、祝允明的洒脱、文徵明的内敛,他的内心有一种常人不易体察的敏感,以及自信可以扼住命运咽喉的孤傲。

他对外号称:家不蓄一书,而无所不通。从技术层面分析,他是在吹牛,不过吴中四才子确实只有他考中了进士。唐寅遭遇科考舞弊案终生不得入仕,祝允明、文徵明属于自带挂科体质,屡试不中。徐祯卿同样失败过,备考过程也足够艰辛,数次不中,其父料定他平时读书不用功,白白糟蹋家里的血汗钱,这种辛酸大概会让他想起战国名士苏秦。

苏秦发迹前,花了家里不少钱,搞得家庭关系很不和谐,一度没人搭理。大受刺激的苏秦选择奋发图强,玩命苦读,瞌睡时就拿锥子猛扎大腿,终究凭借过人的才华获佩六国相印。后来苏秦荣归故里,他的家人跪在道路两旁,崇敬地不敢抬头仰视,苏秦为此大发感慨:"同样一个人,贫贱时亲戚轻视,富贵后家人敬畏。假使当初我在洛阳有二顷良田,如今又怎能佩六国相印呢?"

寒士想出头,势必要狠狠逼自己一把。徐祯卿最后一次参加科考,还是找友人借了笔钱才能来到京城。也许正因胸中燃烧着一股放手一搏的怒火,全神贯注备战的徐祯卿顺利考中,心中的郁结总算舒展开来。

过程有些曲折,结果总是好的。终于不用再花家里的钱了，终于有机会出人头地了，而且还是翰林院庶吉士这种拥有无限可能的平台，日后光宗耀祖绝对不成问题，徐祯卿的兴奋之情溢于言表。

不仅仅是入仕积极性极高，徐祯卿在艺术技艺领域的探索，也与其人生志向相得益彰。

风流才子三大宝，诗好、字好、绘画好。唐寅、祝允明、文徵明三人诗书画俱精，但真正突出的领域还是在书法和绘画上，写诗只算锦上添花。而徐祯卿却对书法和绘画技艺不甚在意，唯独酷爱写诗，并以一句"文章江左家家玉，烟月扬州树树花"（徐祯卿《文章烟月》）名声大显，业界号称"吴中诗冠"。

徐祯卿始终坚信，写诗，才是文人阶层的主流共识，更是踏入政坛必不可少的敲门砖。宋词填得够好了吧，可宋代那些擅长填词的名家们，从不刻意标榜自己的词作，那是茶余饭后的谈资，那是宴会上用以吟唱的歌词，消遣而已，真正彰显文人气质的，还是写诗。

唐诗气势宏大，包罗万象，该写的基本写到了，该用的技巧基本都用全了。宋人没办法，只得独辟蹊径。所谓唐诗主情致，宋诗重理趣，宋人致力于把诗写得富有哲理，最好让人猜不透，又隐约能琢磨出些许韵味，或是收获一些人生感悟。这样的诗，才是上品。

可惜，明朝诗文自宋濂、刘基等上一代文坛领袖的故去，一直衰颓不振，文坛常年被雍容沉闷的"台阁体^①"占据。这种缺乏个人情感、缺乏创造热情、缺乏社会关怀的"三缺"文风，毫无艺术生命力可言。

有缺陷就会有革新，主流文艺圈李梦阳、何景明等人以"文必秦汉，诗必盛唐"的创作理念，掀起一场名为"复古运动"的诗文改革运动，力求扭转萎靡不振的文风，重开大明文艺创作新气象。

文必秦汉，诗必盛唐，通俗点讲，就是模仿。文章写作模仿秦汉，诗歌创作模仿盛唐。总之一句话，就是要气势宏大，就是要不同凡响。

徐祯卿成长于温润富裕的江南，诗风难免受环境影响，有些华丽空洞。当他离开江南来到北京，特别是有幸结识李梦阳等文坛前辈后，他逐渐发现绮靡文风之所以一直被批判，恰恰在于若沉迷于堆砌华丽的辞藻，而缺乏思想的凝练、情感的舒展，定然是华而不实的假大空。

在长期的诗歌创作中，徐祯卿探索出一套属于自己的艺术原则，诗歌创作，是一个由情至气、由气至声、由声至词、由词至韵的过程。情，永远是第一位的。由于个人经历、志趣不同，情的指向必然因人各异，只有发自真情、融入个人感悟而后创造出的作品，才是独一无二、富有生命力的上乘之作。

---

① 台阁体：明永乐至成化年间盛行的文风，诗文多为文人间应制、题赠、应酬之作，题材常是颂圣德、歌太平。

徐祯卿强烈支持文坛前辈们推进"复古运动"，他认为，在诗文中融入秦汉、盛唐的高古格调，可以冲淡浮华纤弱，但是一味刻意模仿，句模字拟，逼肖前人，一样会显得呆板无趣，缺乏诗文应有的张力。复古的大旗是必须高高举起的，也必须真正做到以诗言志、用情用性，让诗文可豪迈可雄奇、可清新可温婉、可盐可甜。

不得不说，人的性格与艺术探索的趋向相辅相成，徐祯卿性格沉闷又有些敏感，热衷钻研也重视观察，骨子里确实不像唐寅、祝允明那样纵情不羁、嬉笑谩骂皆成性格，因此在书画创作中缺少那股浪漫豪放的气息，但研究诗歌创作的技巧却能像机器运转一样严谨缜密，毫无偏差。

无论是奋战科场还是扎根文坛，徐祯卿都没有浪费自己的才华，假以时日，他极有可能在政坛、文坛两大领域脱颖而出，官场晋升、文坛显名，运气足够好的话，官可做到内阁辅臣，诗可做到名家宗师，迈向人生至高无上的境界。

然而，这一切美好的设想，统统被一句长得丑，生生地击碎，所有的努力和天分，都抵不上一张肤白立体气质佳的面孔。徐祯卿内心始终不能接受命运的捉弄，他害怕成为同届进士的笑柄，也没有强大的内心支撑他从泥淖中爬出来，豁出去与现实死磕，而是陷入了苦命人躺平摆烂的恶性循环。

即便没资格入翰林院，倘若能在大理左寺副任上努力干出点成绩，自然不愁得不到提拔，可徐祯卿并不具备这种逆境破局的意志，他觉得组织让他丢了面子，伤了自尊，就等于提前宣判了他政治生涯的死刑。

在任期间，徐祯卿完全提不起精神努力工作，他的内心始终有个声音不断嘲笑他，作弄他，让他久久不能安宁。

五年后，徐祯卿非但没有获得升迁，反而因工作失误被贬为级别更低的国子监博士，心中的魔鬼继续折磨着他的精神，他无处诉说，只能像创作《丑女赋》那样写下一篇篇饱含愤懑却又无人能深切体会的作品，但也正像攥紧的铁拳击打棉花一样毫无意义。

性格敏感内向的他，工作不开心人生不得意的他，三十岁的年纪便开始钻研起道家养生之术。这是孔子所说的而立之年，立志向、立目标、立于天地之间，徐祯卿却不再有什么值得追求的，更没有什么值得留恋的。他仍然接受不了突如其来的失去和意料之外的侮辱，只能在夜深人静时，包裹住支离破碎的内心，用悲愁垂涕的眼泪制造人生最小的海。

然而，尽管徐祯卿提前钻研起养生之术，却还是在三十二岁便英年早逝，成为四才子中最早过世和享寿最短的一位。

从人生轨迹的曲折程度来看，徐祯卿并不比唐寅等三人的命运坎坷，大概唐寅遭遇的耻辱远比徐祯卿更大，可唐寅毕竟有逃避的方式，有发泄的渠道，他可以浪迹于烟花巷陌，他可以用酒精麻醉自己，他还有一群肝胆相照的朋友，他有他的桃花庵可以安放精神层面的一切疲惫，徐祯卿却什么都没有，他只能在屈辱中无限放大内心的愁闷，在挫折中一点一点坠入深渊，直至吞噬自己的精神、肉体，乃至生命。

徐祯卿是孤独的，他曾经笃定通过努力和才华可以获得一切，仅仅被一次关注颜值的任命生生击垮，这并不是他的错，也不能完全归咎于体制的错，只能说是徐祯卿在一个很不凑巧的场合，被迫面对命运无情的捉弄。他逃不脱，也躲不过。

更可悲的是，后世也因长相问题将吴中四才子之一的他，换成一个根本不存在的虚拟人物周文斌。

唯一的解释是：周文斌长得帅！是个翩翩花美男！徐祯卿长得丑，而且一点也不风流倜傥。

这是历朝历代始终无法避免的认知误区：颜值即正义。才子，一定是又帅又有才，没有颜值就做不成"爱豆"。

其实，被后世津津乐道的"吴中四才子"，大概只有科考作弊案发前的唐寅算真正意义上的风流倜傥；祝允明科场失意郁闷了多年；文徵明品行纯良，与结发妻子相濡以沫，从未出过花边新闻；徐祯卿很早便脱离团体来北京发展，却因貌丑长期愤懑，以至于英年早逝。

所谓四大才子玉树临风、英俊潇洒，迷倒万千少女的剧情，全是后人的杜撰和想象。这四人都没有真正舒展过情怀，也不是真正的快乐，他们用荒诞的行为和强装风流的做派给自己涂上了一层保护色，当他们决定对这个世界再也不爱了时，心就不哭了，可心也死了。

当然，四才子最可惜、最命苦的还是徐祯卿，当清晨第一缕阳光普照大地，却再也唤不醒他沉睡的心灵，最后一丝黑暗遮盖万物，却再也遮不住他那布满沧桑的眼神，这终究是个看脸的时代。

才子需要多英俊才能满足世人的遐想？

如果徐祯卿死前有什么未竟之言的话，也许他特别想告诉后人：才子不一定要长得多英俊，所谓的英俊潇洒、玉树临风，只不过是某些升斗小民一厢情愿的想法罢了。

杨慎：人生从来都是骄傲地奔跑，再华丽地跌倒

日值正午，杨慎抬头望了望天，艳阳高照，万里无云，又是元气满满的一天。双手在颤抖，血液在燃烧，这样的天气，这样的状态，实在太适合搞事情了！

此刻，他与一干同僚站在左顺门下，许多双眼睛死死盯着来往行人，当隐约看到目标人物从远处缓缓向左顺门走来时，心跳陡然加速的杨慎深吸一口气，仰头嗤笑了两声："爹，儿子这就替你报仇了！"

杨慎的爹，是当朝首辅杨廷和。

准确点说，应该是前内阁首辅。

嘉靖三年（1524）二月，六十五岁的杨廷和突然向嘉靖帝朱厚熜递交了辞职申请。中心思想很明确：臣老了，干不动了，请万岁批准我退休！

朱厚熜心中甚是疑惑，这位担任内阁首辅十余年屹立不

倒，近期又针对"大礼议^①"事件跟自己百般较劲，怎么突然没缘由地缴械投降了？

登基三年以来，朱厚熜只有一个目标：替亲爹兴献王争名分。

说起来有点离谱。三年前，大明头号玩家明武宗朱厚照驾崩，在位十六年，玩了十六年，愣是没生下一个皇子。杨廷和等辅臣只好援引《皇明祖训》中兄终弟及的办法，挑选兴献王朱祐杬之子、朱厚照的堂弟朱厚熜即位为君。

没承想，年仅十五岁的朱厚熜屁颠屁颠地来到京城，当场就被杨廷和泼了一盆冷水：陛下，按照国家礼法，从今天开始，孝宗帝朱祐樘（朱厚照之父）就是您亲生父亲了，至于您生父生母，以皇叔、皇叔母相称就可以了。

以孝宗儿子而非侄子身份来嗣位，这种皇位继承的方式称作承祧。可年轻的朱厚熜却不这么想，孝宗本是伯父，如何能变成生父，朕的生父兴献王，怎能又成了叔父，朕不同意这样乱改！

君臣基于兴献王名分的矛盾展开激烈交锋，就在双方陷入僵持之际，新科进士张璁、南京刑部主事桂萼的加入，迅速打破了君臣对峙的局面。

正德十六年（1521）七月，张璁上《大礼疏》，单枪匹马向杨廷和发起挑战。他告诉嘉靖：如果说认孝宗为生父

---

① 大礼议：发生在朱厚熜即位三年间的一场皇统问题的政治斗争，核心是朱厚熜能否更换亲生父母的争论。

符合礼法，那强迫陛下改认兴献王为叔父就是不孝，我大明以孝治天下，不孝的行为怎能容忍？再说陛下是继承皇位，并非继承皇嗣，即"继统不继嗣"。杨廷和列举汉定陶王刘欣、宋濮王赵允让以小宗入继大宗的先例，实际上是偷换概念。这二人是预先立为太子，养在宫中，等于提前过继给了汉成帝和宋真宗为子，陛下则是直接进京即位，两者不可混为一谈。

朱厚熜阅罢狂喜："此论出，吾父子获全矣！"

杨廷和颇感心力交瘁，胜利的天平已在这篇《大礼疏》的作用下严重倾斜。苦苦支撑三年后，他选择急流勇退，并被迫同意将兴献帝改称为本生皇考①恭穆献皇帝，位在孝宗之后。

远在南京的张璁、桂萼依旧不依不饶："陛下，您被他们给骗了，天下人从来都只认第一，不认第二，若不去除本生之称，后世仍将认为您是孝宗之子！"

朱厚熜被一语点醒，命张璁、桂萼火速返京，继续商讨亲爹问题。

其实，杨廷和之所以急流勇退，恰恰是看到局面难以扭转，他希望以自身的妥协换取朱厚熜的宽恕，保住杨家下一代的仕途。

可意气风发的杨慎并不理解父亲的良苦用心，他身后

---

① 皇考：皇帝对死去父亲的尊称。

灿若骄阳的光环也时时提醒着他不能轻易屈服。论科考，他二十四岁状元及第，差点完成"连中三元"的科考奇迹[①]；论才华，他十二岁便能模仿古人重写《吊古战场文》《过秦论》，被盛赞为当代贾谊、左思，十四岁再以一首《黄叶诗》轰动京华，被内阁首辅兼文坛领袖李东阳呼为小友，并收为得意门生；论身份，其父杨廷和正德七年（1512）升任内阁首辅，此后执掌朝政达十二年之久，杨慎状元及第后授任翰林院修撰[②]，俨然已是内阁储备干部。

风光无限、傲气冲天的杨慎，做事喜欢直来直往。少年的傲气，是仲春荒原下的野草，割不完烧不尽，长风一吹，春雨一浇，野草就连了天。尽管退休后杨廷和不止一次写信告诫儿子务必保持理智，千万不要鸡蛋碰石头，杨慎却根本听不进去。

他的思维很直线，既然争不过，干脆就不争了。文斗不行，干脆改武斗吧！杨慎想出了一个相当暴力的策略：打死张璁和桂萼，一了百了。

他挑选的作案地点在左顺门，这里在七十多年前也曾爆发过一场大规模斗殴。

---

① 　正德二年（1507）杨慎获乡试头名解元，四年后杨慎以会试第二名，殿试一甲头名的成绩状元及第。

② 　翰林院修撰：当届状元授任官职，从六品，掌修皇帝实录，进讲经史，草拟文稿。

土木堡之变①后，群臣就是在左顺门下挥拳打死了祸国殃民的大太监王振的三个同党，毕竟法不责众，加之奸贼死有余辜，群臣皆被无罪开释，自此之后，朝廷就多了一个潜规则，在左顺门打死奸臣，不用承担责任。

杨慎自认为一切布置妥当，可还是忽略了一个关键性问题：隐蔽。一大帮人散朝后就聚在左顺门下，只要稍微懂点前朝历史，绝对能看出这是什么阵仗。

张璁提前收到风声，悄悄溜进了京城，桂萼却有些大意，毫无防备地打算从左顺门进城。不过，缺乏警惕意识的桂萼反应却足够敏捷，快到左顺门时，他发现情况不对，立马扭头就跑。

杨慎等人就在后面追，追着追着，他突然察觉到自己又忽视了另外一个问题：体力。整天窝在翰林院读书写材料，体能储备实在堪忧，追了没一会儿便体力不支。

偏偏桂萼体力、耐力都很好，杨慎一干人等跑得汗流浃背、气喘吁吁，愣是眼睁睁看着目标人物一溜烟不见了踪影。

有时候不认真跑跑步，都不知道身体素质有多差。跑步跑到岔气的杨慎仰天长叹："真失败啊！组织一次成功的斗殴真心太难了！"

一次不成，杨慎心里很堵，后续仍是经常在左顺门聚众

---

① 正统十四年（1449），明英宗朱祁镇误听大太监王振谗言，亲率二十万精锐与瓦剌军队决战，结果兵败被俘，史称土木堡之变。

埋伏，吓得张、桂二人每天只能赶在杨慎下班前偷偷离开。

嘉靖三年（1524）七月初，朱厚熜正式诏谕礼部，为兴献王上册文、祭告天地、宗庙、社稷，正式去掉"本生"二字。

武斗不行，还是要继续文斗。七月十五朝会结束后，杨慎秘密联络六部、大理寺等部门官员共计二百余人，跪在左顺门前集体抗议，从早上一直跪到中午。

嘉靖大怒，立即派出锦衣卫锁拿带头挑事之人，混乱之中，杨慎振臂高呼，喊了句格外热血的口号：国家养士一百五十年，仗节死义，正在今日！

潜台词是：都给老子哭！

说罢，众官员在杨慎的带领下号啕大哭，从太祖朱元璋一直哭到孝宗朱祐樘，声震廷阙，哭到动情处，杨慎等人冲到左顺门下，用力拍打城门，不知道的还以为是皇帝驾崩了呢。

朱厚熜忍无可忍，将全部涉事官员打入大牢，并对以杨慎为首的一百余人动用了令人闻风丧胆的酷刑：廷杖。

用碗口粗的大木棍打屁股，认真打，往死里打。一时间血肉横飞，哀号声惊天动地。一百余人中有十七人当场被打死，还有不少人被打成残废。对全盘负责组织、宣传工作的杨慎，朱厚熜自然从"优"对待。十天后，伤口还未痊愈的杨慎又被抬回刑场，结结实实挨了一顿回笼棍。

打完屁股，朱厚熜降诏将杨慎流放云南永昌卫，随即昭告天下，正式为亲生父母上尊号：皇考恭穆献皇帝、圣母章圣皇太后。至此，长达三年的"大礼议"闹剧彻底画上了句号。

按《明史·刑法志》规定，流放分为安置、迁徙、口外为民、充军四等，最重是充军，而充军又以地域远近分极边、烟瘴边、远边卫、沿海卫四种，杨慎承受的是流放中最重的充军，充军中最恶劣的去处（宁充口外三千里，莫充云南碧鸡关），足见嘉靖对杨慎厌恶之深。[①]

不管昨夜经历了怎样的腥风血雨，早晨醒来又重新变得风平浪静，仿佛一切都没有发生过一样，不会有谁为昨夜的噩梦停留。屁股上的伤口还未结痂，杨慎就被赶出北京，踏上了漫长又艰辛的流放之路。

年少轻狂的好日子，一懂事就结束，得到的已经失去，拥有的正在远离。从北运河登上小舟的那一刻，杨慎揉了揉干涩的双眼，伤口剧烈的疼痛折磨得他数日不能入睡，他感到有些悲哀，但更多的是空虚，一种深入骨髓的空虚，一种令人发狂的空虚。他恨颠倒黑白的奸臣，也恨忠奸不分的皇帝，致君尧舜上的理想破灭了，事到临头时，他发现自己非但不能扭转乾坤、惩奸除恶，反而让自己陷入困境，人生变得如此苍白、黯淡，毫无意义可言。

纵有千般不舍也抵不过万般无奈，负痛上路的苦命人丝毫不敢放松警惕，杨廷和当年担任内阁首辅期间，为弥补财

---

① 杨慎被充军后，其父杨廷和于四年后被剥夺全部封赐和爵禄，削职为民，一年后忧愤而死。

政亏空，强行裁减了许多尸位素餐的官员，这些小人如今正摩拳擦掌，打算在路上暗算仇人那个只剩半条命的儿子。

生死存亡关头，饱受颠簸之苦的杨慎只能强打精神，让大脑处于飞速运转的状态。一路上，他让车夫昼伏夜行，该停则行，该行则停，完全不按常规出牌，自己则不停地计算时间、测算路程，推断杀手可能埋伏的位置、距离、方向。

这辆破旧的马车以一种神鬼莫测的节奏向前行进着，忽而疾驰、忽而休整，忽而隐匿在密林之中，忽而又从大道窜进小径，巧妙躲过了杀手布下的所有埋伏点。

斗智斗勇、惊心动魄了好几个月，伤痕累累的杨慎终于有惊无险地抵达了永昌卫。

按照流放人员管理规定，杨慎必须身着囚衣，与当地官军一起扛枪服役，参加军事训练。以杨慎目前的身体状况，如果玩真的，注定会玩完。

可身体的病痛只是表面，天之骄子从云端落入泥淖，与一群口不知书、粗鲁蛮横的兵油子混在一起，杨慎的自尊心受到了极大的伤害。他很想理性平和地看待过去与如今发生的事情，但可悲的是他似乎从来都只会选择感性，所有压抑消沉、倾摇懈弛的情绪他一样也躲不过。落寞如野草疯长，心也被现实煎熬得无法呼吸，不得释然。

万幸，他遇到了一群很有正义感的官员。云南巡抚郭楠、黔国公沐绍勋、永昌知府严时泰等人敬佩杨慎的人品学识，悄悄给他安排了一处清幽之地养病。安宁太守更给力，直接给他修建了一座遥岑楼供其读书讲学。

毕竟是科考状元，博学多览无书不读，云南各地学子蜂拥而至，纷纷投入杨慎门下求学。

同时，得益于本地官员的保护，杨慎很快就从扛枪服役的窘境中解脱了出来，虽是流放充军，行动却不再严格受限，杨慎得以在一种相对宽松的环境中，将足迹踏遍云贵川。

生活有望穿秋水的等待，也会有意想不到的惊喜。一大群善良的官员、一大批好学的后辈、一处处优美的自然风光，让心灰意冷的杨慎满血复活。此后三十五年，他的才华如火山般喷涌而出，人生的激流也奋力冲出浅溪，奔向磅礴的大海。

史载，明世记诵之博，著作之富，推慎第一。诗文外，杂著至一百余种，并行于世。（《明史·杨慎传》）明代三才子中，杨慎以博学著称，由于闲居云南，杨慎最大的爱好便是买书、读书、写书，经史诗文、词曲音韵、金石书画、音乐戏曲、天文地理、花草虫鱼、生物医学，凡是能说出来的门类，他无一不有所研究。他的著作量之大、学识之渊博，说起来着实有些吓人。①

---

① 经学方面：《升庵经说》《易解》《檀弓丛训》《周官音诂》等；文学方面：《升庵诗话》《千里面谭》《谭苑醍醐》《艺林伐山》等；民俗文化方面：《古今风谣》《古今谚》《风雅广逸篇》等；音韵方面：《转注古音略》《古音丛目》《古音骈字》等；医药学方面：《素问纠略》《男女脉位图说》等；地方志方面：《云南山川志》《南诏野史》《滇程记》等。

杨慎现存诗两千五百多首、词三百六十多首、曲令二百四十多首，编选评点前人诗文三十多种，时人诗集十四种。此外，杨慎还精通书法、绘画、雕刻、收藏，堪称明朝西南一带最著名的文化大家，被誉为"杨夫子""明代三百年第一人"。

某次，他买到一本唐诗集。这本诗集某页有首没有名字的诗，杨慎读罢，大呼过瘾，当即写下批注：这是一首超越魏晋风骨的绝代好诗。

> 前不见古人，后不见来者。
>
> 念天地之悠悠，独怆然而涕下。

杨慎大概也像八百多年前的陈子昂一样，渴望对着乌云满布的天空发声，渴望让远在千里之外的朝廷听到自己的呐喊，可朱厚熜从来不是一个懂得宽恕的皇帝，尽管已将曾经的仇人流放到蛮荒之地，朱厚熜仍是对其"念念不忘"。偶然想起时，他就会阴险地问侍臣："杨慎最近过得怎么样啊？"

所幸杨慎人缘很好，大家都乐意替他打掩护："别提了，杨慎自流放之日起就整天以泪洗面，自觉有负陛下隆恩，如今活得苦兮兮的，要多痛苦有多痛苦。"

朱厚熜听罢，心满意足地笑了。

笑归笑，仇还得记。朱厚熜在位期间六次发布特赦令，却始终没有杨慎的名字。

其实，朱厚熜希望听到的回答，应该是杨慎落魄颓丧，又身患重疾，早前已经死掉了。他觉得政治生命彻底终结又在蛮荒之地苟延残喘的杨慎，肯定承受不了身心的双重创伤，活不了多久，估计不是病死就是忧愤而死。可杨慎不但活了下来，还活出了一种非凡的姿态。

闲暇时，他红粉扑面，头上梳着少年郎常见的双丫髻，还插了一朵鲜艳的山茶花，在歌伎的搀扶下一边饮酒高歌一边闲逛，丝毫不以老迈为愧；他云游各地，安宁温泉、昆明滇池、大理苍山洱海……留下了一首首脍炙人口的诗篇。

国家有事时，他不顾危险，穿上戎装，率领仆从和步卒百余人扛着枪就去平乱了；①他不顾戴罪之身，愤然致书云南巡抚，揭露疏浚海口实为贪官污吏借机牟取钱财的恶行；他不辞辛劳，为云南有志于学的莘莘学子传道授业、答疑解惑。史载杨慎流放云南前，云南籍文人有成就者仅二十余人，著述四十多种；杨慎流放云南后百余年间，云南籍文人在各自领域取得突出成就者共计一百五十余人，著作二百六十余种，其中多与杨慎有关。（《新纂云南通志》）

中原人谈之色变的蛮荒之地，被杨慎活成了极乐净土，他看见了一个更好的自己被困在旧躯壳中，拯救的过程很难很累，但蝶变之后的光彩恰恰证明一切都是值得的。

---

① 嘉靖五年（1526）云南安凤土司之乱。

嘉靖三十八年（1559），七十一岁的杨慎在昆明病逝，终生未被嘉靖赦免，虽有遗憾，可杨慎早已著作等身，誉满天下，其中流传最广泛、最脍炙人口的当属这首《临江仙》：

　　　　滚滚长江东逝水，浪花淘尽英雄。是非成败转头空。青山依旧在，几度夕阳红。

　　　　白发渔樵江渚上，惯看秋月春风。一壶浊酒喜相逢。古今多少事，都付笑谈中。

　　这是杨慎遍尝人情冷暖、饱经世事无常、看透王朝兴衰的巅峰之作。青山依旧，夕阳依旧，古今兴亡，尽归笑谈。

　　一如人生，从来都是骄傲地奔跑，然后华丽地跌倒。跌倒受伤后，人生的曲线不再起起伏伏，而是以极快的速度向下俯冲，当无限接近坐标轴时，杨慎奇迹般地将曲线拉起，与坐标轴保持平行，向前延伸，永不归零。这位苦难的失意人，在看遍秋月春风中遗世独立，在阅尽是非成败中波澜不惊，然后饮下一杯浊酒，在泥淖里遥望满山花开，在悬崖边仰望蔚蓝苍穹。

归有光：屋外太冷了，赶快进屋吧

老话说出名要趁早，一点也不错，出名太晚，快乐也就不那么快乐了。

当年过六旬的归有光历经八次落榜终于三甲及第，即将奔赴贫困县——长兴县担任县令的前一天晚上，同榜进士中留在朝廷任职者攒了个局，为即将奔赴天南海北上任的同年送行。觥筹交错，杯盘狼藉，心情却不可相提并论，苍颜白发，颓然乎其间的归有光并没有丝毫喜悦，只是觉得堵在心里的石头终于落地了。但欣慰之余，这些风华正茂、鲜衣怒马的青年进士不可避免地让他心生感慨，年轻多好啊！如果年轻三十岁，他一样会对仕途充满幻想，一样可以在席间肆无忌惮地指点江山、放飞梦想，可如今只能端起尚温的酒杯，饮尽残酒，也把多年来科场蹭蹬、屡战屡败的苦涩咽下去，不再讲给任何人听。

初春的夜风依然冷峭，月光静寂又冷清，归有光以不胜酒力为由先行离开，他漫无目的地走在街上，寒风一吹，意识逐渐清醒，他望着月光下粉墙黛瓦的幢幢屋宅，耳边似乎有低低切切的读书声从远处传来，寒窗苦读，名登龙榜，不正是自己的夙愿吗？

归有光慢慢停下了脚步，发现自己正站在一处四面临风的十字路口，寒意似乎又重了几分，读书声依然忽远忽近，他不由得想起了当年在项脊轩束发读书的青葱岁月，还有那些永不磨灭的温情瞬间，那些熟悉而温柔的面孔。

昆山归家，虽不属豪门巨族，但也曾经阔过，家族世代都是读书人，入仕为官者不胜枚举，可惜从成化年间至今，归家引以为傲的科考基因突然流失了，近百年连举人都没考上一个。朝中无人家中就无势，甚至连祖茔都被人强占过，这仅是家道中落的一个方面，而归氏子弟品质素养的衰退，才是家族难以为继的真实原因。①

与好逸恶劳、蝇营狗苟的不肖子孙相比，归有光显得与众不同。小时候与伙伴们外出玩耍，伙伴们见到路边有堆枯骨，吓得一哄而散，他却在枯骨旁边盘桓许久，就近挖了个坑，把枯骨埋了不说，还为死者写了铭文。

它像是一个预言，预示着重铸家族荣光的责任，早早便落在这位聪慧而善良的少年身上。二十岁时，归有光以第一名的成绩录取为苏州府学生员，获得参加乡试的资格。其父

---

① 自吾祖及诸父之外，贪鄙诈戾者杂处其间。率百人而聚，无一人知学者；率十人而学，无一人知礼仪者。（归有光《家谱记》）

狂喜之余，更加坚信正在家中南阁楼里刻苦读书的儿子，日后必将光耀门楣、出人头地。

那间面积狭小、异常破旧的南阁楼，拥有一个高大上的名字——项脊轩，以归氏先祖曾在太仓县的项脊泾居住而命名。说它老破小，其实一点也不夸张，一丈余宽的小屋，只能容纳一人进出。每当下雨，雨水混杂着老屋顶上的灰尘哗哗而下，滴滴答答落到书桌上，想把书桌挪个地方，四下寻摸一圈，竟无任何空间可用。

由于家中无闲钱也无足够的扩建空间，归有光与其父因地制宜，尽力进行了整修。先前此屋只有一面背光的窗户，正午之后就没了光亮。父子二人整修屋顶，四面开窗，又在院子四周砌上围墙，用以反射日光，继而又在庭院里种上竹桂、兰花，把家中所有的藏书都摆满书架。平日，归有光在这里或高声吟咏，或低头沉思。最美好的时刻是月圆之夜，此时万籁俱寂，明月高悬，桂影斑驳，风吹影动，一切都可爱极了。

即便条件艰苦，有陋室铭可背，有圣贤书可读，享受读书之乐的氛围是浓厚的，但家道中落、分崩离析的窘境也让归有光徒增烦恼。原本其乐融融的大宅院，被长辈们用门墙割裂成条条块块，那些门墙分割的不仅是生活，更是亲情，名义上还是一家人，实际早已不进一家门。客逾庖而宴、东犬西吠、鸡栖于厅，杂乱无序的背后，隐藏着家族内部貌合神离、血脉亲情难以维系的深刻危机。

精神层面的压抑感越是强烈，归有光越不愿出屋，在项脊轩中，他可以享受纯粹的读书乐趣和屋外不可能感受到的温情与爱。如果说家中男性带给他的只是亲情日渐淡漠的感慨或重塑家族荣光、我辈义不容辞的责任，那家中女性便用真挚的感情和无私的付出，塑造了他的性格，影响了他的一生。

正德八年（1513），归有光的母亲周氏病逝，这一年，他只有八岁。当他和其余四个兄弟姐妹看着母亲双目紧闭，一动不动躺在床上，却并不理解家人为何要围在床前失声痛哭。

由于周氏早逝，归有光对生母的印象，只是一些残存的记忆碎片，拼接不成完整的画面。他似乎只记得每天早晨母亲唤他起床温习功课时的严肃神色，以及深夜还在床前缝缝补补、收拾房屋的忙碌身影，还有母亲病逝后不久请人来画遗像时父亲哀伤的话语：亡妻鼻子以上的部分可以照有光的样子画，鼻子以下的部分就照有光的大姐画。父亲那泣不成声的模样，让归有光意识到母亲可能永远不会出现在眼前了。

十多年后，当归有光用沾满情感的毛笔为生母撰文，却发现自己只能凭借残存的记忆留下简短的文字，忍不住放声恸哭："世乃有无母之人！天乎，痛哉！"（归有光《先妣事略》）

生母早逝带给归有光很深的遗憾，而祖母夏氏却是他生命中最重要的引路人。由于他经常把自己关在项脊轩中刻苦用功，一日三餐，甚至睡眠，几乎全在项脊轩中解决。虽然是一家人，祖母平时也很难见他一面。但每次与祖母相见的点点滴滴，总让归有光记忆犹新。

某一日，祖母似是很戏谑地调侃他，最近整天不见你露面，怎么越来越像个女孩子啦？祖母怕耽误他用功，总是待一会儿就走。那次祖母关门时，他清楚听到祖母在门外颇为感慨地自言自语：我们家好久没人获得功名了，我这个孩子，真是指日可待了！过了一会儿，祖母又返回项脊轩，还拿来了祖辈传下来的象笏给他看，说，这是我祖父太常公宣德年间拿着上朝用的物件，有朝一日，你也一定会拿着它上朝去啊！

祖母的祖父太常公夏昶，官居三品太常寺卿，又以擅长画竹留名艺坛，归有光暗暗下定决心，长大后一定要做一个太常公这样优秀的人。尽管弱冠之年尽通六经、三史、七大家之文，及濂、洛、关、闽之说，^①又在童子试中高居榜首，归有光实在不会料到，自己的科考之路居然如此坎坷。从二十岁开始参加乡试，五上南京，寒窗十五载，方才考中举人。

惨淡经营又乏善可陈的科考之路上，最值得铭记的回忆仍是在项脊轩。

---

① 六经：《诗》《书》《礼》《易》《乐》《春秋》；三史：《史记》《汉书》《后汉书》；七大家：韩愈、柳宗元、欧阳修、苏轼、苏辙、曾巩、王安石；濂、洛、关、闽：濂溪周敦颐，洛阳程颢、程颐，关中张载，福建朱熹。

嘉靖七年（1528），二十一岁的归有光成家立业，娶光禄寺典籍魏庠之女为妻。自嫁到归家以来，夫妻间的关系极为融洽，魏氏经常到项脊轩中咨询古事，或在一旁陪伴他读书，给归有光枯燥乏味的生活带来了许多快乐。可惜这段幸福时光只维持了短短六年，亡妻病逝之时，正是归有光仕途失意之际，以至于项脊轩日渐残破，也懒得去修整。

魏氏病逝那年，归有光在项脊轩庭前亲手种下一株枇杷树，原本只是夫妻间赌书泼茶式的消遣，却又承载了这段生离死别的悲情往事，枇杷树高高挺立，拼命地疯长，枝叶繁茂得像伞盖一般，百无聊赖的归有光时常独自站在枇杷树下感慨，树犹如此，人何以堪？

那些不断发生又不断湮灭的往事，有着太多的魔力，可以让你在最开心的时刻突然陷入沉默，也会在某个悲伤到不能自已的时刻提醒你记得振作。归有光决定重修项脊轩，他不能一直沉溺于这种浓得化不开的惆怅和思念之中。

此番修整，他稍稍改变了屋内的布置，可无论如何改变，亡妻的倩影总无处可寻，他久久凝望着屋内的桌椅窗牖，继而眺望屋外的一草一木，发现项脊轩不再只是日常读书的场所，而是内心深处构筑起的神圣殿堂，这殿堂是那么真实，又是那么缥缈，在真实和缥缈之间，温情架起了桥梁，让人无论在外受到多大的寒风苦雨，依然可以在屋中找到通体透畅的温暖和舒心。

颓丧的话说多了就成了矫情，生命的创伤注定要通过温情的生活来治愈。三十七岁时，归有光带着续娶的妻子王氏移居嘉定安亭世美堂，一边备考会试，一边讲学授业。

世美堂比项脊轩多了学馆的功能，续娶的妻子王氏也更善于持家。归有光在世美堂专心于教学，王氏则全力配合丈夫当好贤内助。这是一段双向奔赴的爱情，时时刻刻都显得那么和谐。

归有光发现，王氏的生存技能和业务水平简直满分，移居世美堂时，夫妻二人在周边买了四十余亩田地，日常全靠王氏带着家童精心打理，所收米粮供全家及弟子之食兼有余，即便是大灾之年，也能有不少收成。

王氏性情宽厚，每季稻子成熟，酿成甜酒，总是先给公婆送去，收获大麦、小麦制成酱料，也是先让公婆享用。至于祖先祭祀、款待宾客、婚丧嫁娶、礼节馈赠等事，更是毫无遗漏，妥善办理。正因如此，归有光那些生活失去依靠的姊妹纷纷前来投奔，各地学友来访，住宿饮食，无不得到妥善的安排。一切辛勤劳作，王氏从无怨言牢骚。

除了操持家务，王氏还给归有光提供了诸多帮助。由于授课备考均需大量书籍，新搬到此的归有光手头乏书，王氏敏锐地察觉到这一点，于是兼职当上了二手书商，十里八乡的古书、旧书，统统被她抢购一空。很快，世美堂中就多了几千卷书籍，其中竟有不少宋元时的旧版书。

每每收到好书，王氏都要加盖上归有光那方收藏图书专用的朱文方印：世美堂印。她还瞒着归有光偷偷给自己刻了两枚印章，一方"魏国文正公二十代女"，一方"世美堂琅琊王氏珍玩"，等归有光发现后，夫妻二人相视一笑，尽在情中。

夫唱妇随，是婚姻最理想的状态。凭借二人的默契配合，让小小的世美堂成了四方学子家喻户晓的求学圣地，归有光也因扎实的学识与踏实的作风，让"震川先生"的名号响遏海内。①

不过，生活的惬意中仍有科考落榜的烦恼，三十六岁首次参加会试以来，归有光屡战屡败。实际上，以他的学识，考中进士并不算特别困难，他只是对死板僵化的八股题材深恶痛绝，不愿削足适履罢了。而且进士录取的随意性也很大，八股文写得很好，未必能让考官满意，写得不好，又未必不能高中。他每次坐在考场里都异常纠结，文章得不到主考官青睐，功名就是一句空话，可文章如何全凭考官个人好恶评断，难免带有极大的主观性。

提起笔来就无所适从的归有光时常感慨，读书人没首濡溺于八股文中，不知有人生当为之事，终日吟诵，却不知圣人之书为何物，荣辱得丧，缠绵萦系，不可解脱，以至老死而不悟。（归有光《与潘子实书》）话虽如此，他却不得不承认，功名二字是读书人永远迈不过去的坎，面对这种巨大的诱惑，无数人皓首穷经，求而不得，自己只不过是其中一

---

① 四方来者常数百人，共推东南大师，海内称震川先生，不以氏名。（汪琬《拟明史归震川先生传》）

个罢了。

归有光四十五岁会试落榜那年，芍花盛开，王氏早早备好酒菜慰劳丈夫。归有光很是汗颜地说，你难道不感到遗憾吗？王氏微微一笑，说，此番我俩就能效仿汉代庞公①夫妻采药鹿门了，夫复何恨呢！

然而，次年王氏却突然病逝了。此时归有光才猛然发现，夫妻相伴的日子里，整个世界的风雨都越过自己，向她一个人倾泻。

会试接连落榜的苦涩，再也无人宽慰了，生活中遇到的种种不如意，再也无人分担了。后来，归有光再次续弦，续娶费氏，新婚妻子仍然像前两位一样体贴，善解人意，可时光也在不经意间催白了双鬓，空度了年华。

六十岁时，归有光终于考中进士，可功成的喜悦却是无处可寻，他为科考耗尽心血，仕途生涯也仅仅只有五年，官职从长兴知县、顺德通判仅仅做到内阁文学侍从，有实绩而无大功。

曾经，他与文坛领袖王世贞就诗文复古运动展开论战，王世贞批评他的文章如秋季因久雨而汇聚的大水，有时看上去汪洋一片，实则一泻千里。他立即反击，说当今文坛随便找了一两个模仿古人之学的庸才奉为巨子，争相附和，真是一言难尽。王世贞又果断回击声称自己年轻气盛，狂妄倒是有一些，

---

① 指庞德公，东汉末年名士、隐士，后隐居鹿门山，采药而终。

但要说平庸，那绝对是某某人刻意编排挖苦。（王世贞《艺苑卮言》）

作为唐宋派^①的领袖，归有光始终提倡唐宋古文，坚决反对摹古之风，秦汉文章虽好，但唐宋文章未尝不佳，两者本可相互融合，不必割裂。写文章只须出于意之所诚，直抒胸臆，非特求绘藻之工。

后来当王世贞意识到太强调效法古人，对于创作的法则规定得太具体、细致，必然会对个性、情感的自由表现和艺术的创新造成严重的束缚时，他又重新读了归有光许多文章，这些没有长篇大论，没有华丽辞藻，只是通过描述一些日常生活中的小事，运用朴实无华的语言勾勒出一个又一个鲜活的人物形象，注入个人真挚情感的文章，让王世贞不由得心生赞叹，自愧不如。

数年后归有光病逝，特别热爱为文坛豪杰撰写诔文的王世贞慨然为其写下《归太仆像赞》：

> 先生于古文词，虽出之自《史》《汉》，而大较折衷于昌黎、庐陵。当其所得，意沛如也。不事雕饰，而自有风味，超然当名家矣。其晚达而终不得意，尤为识者所惜云。赞曰：风行水上，涣为文章。当其风止，与水相忘。剪缀帖括，藻粉铺张。

---

① 唐宋派：嘉靖年间区别于复古派另一流派，反对以文采取代道统，主张文道合一，对后世散文创作影响深远。

江左以还，极于陈、梁。千载有公，继韩、欧阳。

余岂异趋，久而始伤。

归有光的散文，被誉为"明文第一"，他的文章没有横扫千军的气势，也没有跌宕起伏的转折，他那天然去雕饰、清水出芙蓉的文风，娓娓道来，隽永曼妙，无一不彰显着一个情字。亲情、爱情、柔情、温情，也贯串了归有光的一生。

人生有三大不幸：幼年丧母、中年丧妻、老年丧子。归有光都经历过了：八岁丧母，二十八岁丧妻，四十三岁丧子，四十六岁再丧妻。丧母失妻又亡子，他伤痕累累，感叹上天对自己如何恶毒、自己内心如何痛苦，可他又是幸运的，他一生从未经历过大起大落，这自然与其身边那些善良的人、柔情的人、只求付出不求回报的人息息相关。

生母、祖母、魏氏、王氏、费氏，这些温柔似水的女性用细腻的柔情撑起了归有光的人生。就像青春年少时，项脊轩门前那株枇杷树，总能让他体会到最纯粹的美好。直到步入中年，经过一段又一段曲折坎坷，心中魂牵梦绕、挥之不去的仍是最初的怦然心动。

他遇到的全是对的人，度过的全是充满温情的日子，落寞时总是被温柔以待，让他在久经科考折磨，受尽亲人逝去的悲伤中抚平内心的褶皱，用手中的笔，记录下一幕幕难忘的情景，用心中的情，把一切惨痛悲哀都转化为爱的清泉，凝结成一篇篇感人至深的文章：《项脊轩志》《世美堂后记》《寒花葬志》《先妣事略》《祭外姑文》……

纵然离家再远，总有人心中牵挂；即便屋外再冷，也总有人在家门口翘首等待，备好了饭，热好了酒，铺好了床，当你拖着疲惫不堪的身体走进家门时，有人会接过你的行李，轻轻说上一句：外面太冷了，赶快进屋吧！人生如此，夫复何求！

愿天下有情人都能被温柔以待。

▲▲ ————————————————————

附一：

项脊轩志

项脊轩，旧南阁子也。室仅方丈，可容一人居。百年老屋，尘泥渗漉，雨泽下注；每移案，顾视无可置者。又北向，不能得日，日过午已昏。余稍为修葺，使不上漏。前辟四窗，垣墙周庭，以当南日，日影反照，室始洞然。又杂植兰桂竹木于庭，旧时栏楯，亦遂增胜。借书满架，偃仰啸歌，冥然兀坐，万籁有声；而庭阶寂寂，小鸟时来啄食，人至不去。三五之夜，明月半墙，桂影斑驳，风移影动，珊珊可爱。

然余居于此，多可喜，亦多可悲。先是庭中通南北为一。迨诸父异爨，内外多置小门墙，往往而是。东犬西吠，客逾庖而宴，鸡栖于厅。庭中始为篱，已为墙，凡再变矣。家有老妪，尝居于此。妪，先大母婢也，乳二世，先妣抚之甚厚。室西连于中闺，先妣尝一至。妪每谓余曰："某所，而母立于兹。"妪又曰："汝姊在吾怀，呱呱而泣；娘以指叩门扉曰：'儿寒乎？欲食乎？'吾从板外相为应答。"语未毕，余泣，妪亦泣。余自束发读书轩中，一日，大母过余曰："吾儿，久不见若影，何竟日默默在此，大类女郎也？"比去，以手阖门，自语曰："吾家读书久不效，儿之成，则可待乎！"顷之，持一象笏至，曰："此吾祖太常公宣德间执此以朝，他日汝当用之！"瞻顾遗迹，如在昨日，令人长号不自禁。

轩东故尝为厨，人往，从轩前过。余扃牖而居，久之，能以足音辨人。轩凡四遭火，得不焚，殆有神护者。

项脊生曰："蜀清守丹穴，利甲天下，其后秦皇帝筑女怀清台；刘玄德与曹操争天下，诸葛孔明起陇中。方二人之昧昧于一隅也，世何足以知之，余区区处败屋中，方扬眉、瞬目，谓有奇景。人知之者，其谓与坎井之蛙何异？"

余既为此志，后五年，吾妻来归，时至轩中，从余问古事，或凭几学书。吾妻归宁，述诸小妹语曰："闻姊家有阁子，且何谓阁子也？"其后六年，吾妻死，室坏不修。其后二年，余久卧病无聊，乃使人复葺南阁子，其制稍异于前。然自后余多在外，不常居。

庭有枇杷树，吾妻死之年所手植也，今已亭亭如盖矣。

▲▲▲ ————————————————————

附二：

世美堂后记

余妻之曾大父王翁致谦，宋丞相魏公之后。自大名徙宛丘，后又徙余姚。元至顺间，有官平江者，因家昆山之南戴，故县人谓之南戴王氏。翁为人倜傥奇伟，吏部左侍郎叶公盛、大理寺卿章公格，一时名德，皆相友善，为与连姻。成化初，筑室百楹于安亭江上，堂宇闳敞，极幽雅之致，题其扁曰"世美"。四明杨太史守阯为之记。

嘉靖中，曾孙某以逋官物鬻于人。余适读书堂中，吾妻曰："君在，不可使人顿有《黍离》之悲。"余闻之，固已恻然。然亦自爱其居闲靓，可以避俗嚣也。乃谋质金以偿鬻者，不足，则岁质贷。五六年，始尽雠其直。安亭俗呰窳而田恶。先是县人争以不利阻余，余称孙叔敖请寝之丘、韩献子迁新田之语以为言，众莫不笑之。余于家事，未尝訾省。吾妻终亦不以有无告，但督僮奴垦荒菜，岁苦旱而独收。每稻熟，先以为吾父母酒醴，乃敢尝酒。获二麦，以为舅姑羞酱，乃烹饪。祭祀、宾客、婚姻、赠遗无所失，姊妹之无依者悉来归，四方学者馆饩莫不得所。有遘悯不自得者，终默

116

默未尝有所言也。以余好书，故家有零落篇牍，辄令里媪访求，遂置书无虑数千卷。

庚戌岁，余落第出都门，从陆道旬日至家。时芍药花盛开，吾妻具酒相问劳，余谓："得无所有恨耶？"曰："方共采药鹿门，何恨也？"长沙张文隐公薨，余哭之恸，吾妻亦泪下，曰："世无知君者矣！然张公负君耳！"辛亥五月晦日，吾妻卒，实张文隐公薨之明年也。

后三年，倭奴犯境，一日抄掠数过，而宅不毁，堂中书亦无恙。然余遂居县城，岁一再至而已。辛酉清明日，率子妇来省祭，留修圮坏，居久之不去。一日，家君燕坐堂中，惨然谓余曰："其室在，其人亡，吾念汝妇耳。"余退而伤之，述其事，以为《世美堂后记》。

徐渭：好运不会眷顾傻瓜，但霉运总是纠缠才子

自杀前，徐渭神情有些恍惚，总觉得还有什么心愿未能达成。

什么心愿呢？

徐渭躺在床上辗转反侧，纠结到后半夜，一遍又一遍条分缕析，不欠钱，不欠情，没有仇家，两个儿子有人照料，父母早已亡故，无牵无挂；接着又念叨起家中仅存的些许遗物：几千卷书籍，两块浮磬，几方砚台，几幅画谱，还有信手所著书稿诗文若干。值钱的物件已提前委托给一位同乡代为售卖，用以日后丧葬费用，书稿诗文则让朋友带走，以示留念。

天蒙蒙亮时，徐渭伸了个懒腰，从床上爬了起来。经过一夜思索，他终于搞清楚临死前最后想要达成的心愿便是自己给自己撰写一篇《墓志铭》。

一般来说，《墓志铭》本没必要自己写，可徐渭实在担

心死后无人代写，或是写不出想要的效果，还是自己动手比较保险。

于是，决心一死的徐渭又仔仔细细回顾过往四十五年的辛酸往事，提笔写下这样的遗言：人可以不死，死了会折损诚直；人也可以不活，活着也没什么依靠；我再三吟咏《诗经·烝民》，自愧于其中"既明且哲，以保其身"的人生哲理。（徐渭《自为墓志铭》）

反反复复读了好几遍，徐渭不禁长出一口气，心愿已了，我可以放心去死了！

可他马上又陷入另一种纠结，究竟选择哪种自杀方式比较合适呢？

徐渭首先想到了自家砍柴用的斧头，然后直接照着头颅给自己来了一下，瞬间头骨碎裂，血流满面，结果竟奇迹般地生还了。

伤养好了以后，徐渭跌跌撞撞地从房柱上拔出三寸长的铁钉，将铁钉刺入左耳，然后以头撞墙，把铁钉生生插进了耳内！他并没觉得有多疼痛，但过了十几天，伤口开始溃烂，大量流血，可骨瘦如柴的徐渭还是没死。

第三次，他又用锥子一寸一寸刺穿了自己的肾囊，结果依然没死掉。紧接着，用钢锯锯开脑壳、用匕首剜出肠子、用斧头剁掉脚趾……

就这么惨烈地自杀了九次，次次都没死成。

古人云：死生亦大矣，岂不痛哉！徐渭不是铁人，也没有九条命，脆弱的血肉之躯肯定难以承受刀劈斧砍，以上种种记述似乎当不得真，但徐渭尝试结束生命的强烈愿望，还是让"自杀"这两个常人谈之色变的恐怖字眼，显得如此单调而寻常。自始至终，他都没有心疼自己一秒钟。

一年后，疯疯癫癫的徐渭误以为继妻张氏与人私通，夫妻俩先是大吵，继而大打出手，徐渭一个不留神，失手打死了张氏，因故意杀人罪被逮捕入狱。

杀人犯徐渭在狱中身披枷锁，满身虮虱，隆冬腊月缺衣少食，冻得瑟瑟发抖。这种窘境，他是不太在意的，反正就快秋后问斩了。然而，等了一年、两年、三年，他并没有等来秋决的消息。

苦苦等到第七年，某日，徐渭见狱卒抬着一桌丰盛的饭菜进入牢房，激动得手舞足蹈，这送的应该是断头饭吧，终于可以死了！

狱卒蒙了，看管了一辈子犯人，从来没见过这么一心求死的主。他放下饭菜，当头给徐渭浇了一盆冷水："恭喜你，新皇登基，大赦天下，吃完这顿饭，你就可以出狱了！"

没有人一生下来就向往死亡，更不愿糟蹋宝贵的生命。但如果一辈子总走霉运，始终处在绝望之中，给一颗糖就要挨上几巴掌，前进一步就要被推倒一次，这种生存状态每一分每一秒都是煎熬。

徐渭的霉运似乎是从娘胎里带来的。他的出生（其父徐鏓与婢女所生）属于父母不一定真爱，孩子一定是意外，因此毫无地位可言。

徐鏓老来得子，可惜太老了点，徐渭刚生下百日，徐鏓就病逝了。徐渭十岁那年，徐鏓的正妻童氏以节约家庭开支为由，将徐渭的生母扫地出门。直到十九年后，徐渭才再次与生母重逢。

徐渭的情况显然也好不到哪里去，尽管童氏对徐渭视如己出，可他的两个亲哥却对他恶意满满。徐鏓死后，长子徐淮拿着家里的积蓄外出经商，常年赔得找不着北；二哥徐潞尝试科举入仕，可惜又没那个实力。这哥俩一事无成，反过来也不想弟弟好，经常拿徐渭开涮，几近嘲讽挖苦之能事。

他们嫉妒徐渭过人的天赋，六岁日诵千言，过目不忘，十岁仿照东汉扬雄《解嘲》自写一篇《释毁》，轰动整个绍兴，被誉为当世刘晏、杨修，只不过天分才华在出身面前毫无意义，十四岁时，嫡母童氏病逝，徐渭只得依靠长兄徐淮过活。

说好听点叫依靠，实际上只是寄食于人，动辄要看兄嫂脸色。家道中落，自己的家庭都经营不好，自然不会给庶出的弟弟什么好脸色。徐渭为此大发感慨，别人家的哥哥都希望弟弟能有稳定的收入来源，不至于吃不上饭四处奔波，我这个哥哥却希望我流落街头，与我断绝兄弟关系。

原生家庭的不幸，成为徐渭终生挥之不去的梦魇。家庭的频繁变故让他过早感受到人性的阴暗，由于缺少亲情的呵护、家庭的温暖，他的性格在原生家庭的糟糕环境中逐渐扭曲，变得孤僻忧郁且敏感脆弱。

二十岁时，徐渭考中秀才。为了尽快从原生家庭逃离出来，徐渭做了个相当丢脸的决定：入赘同县潘家为婿。

虽然尊严受挫，但岳父家优渥的生活条件，琴瑟和弦的妻子，让徐渭遍布阴霾的天空短暂地透出了阳光，稳稳的幸福看似到手，却终是造化弄人。仅仅五年后，潘氏病亡，在此期间，徐渭的两个兄长先后去世，徐家所剩不多的财产被豪绅无赖霸占，房产、田地荡然无存。

失去生活保障的徐渭只得拼命参加科考，但霉运显然不肯放过他，从二十岁伊始，连续参加八次乡试，一直考到四十多岁，次次名落孙山。

人生不如意十有八九，剩下的一二是特别不如意。四处奔波，无一所获，为了谋生，徐渭被迫在家乡开设私塾，收入微薄，勉强温饱。他从来没怀疑过生活是可以从困顿走向安逸，可社会是如此幽深复杂，他什么都能理解，也什么都无法相信。

忧伤，是徐渭性格中至为根本的东西，一点点痛楚，都会让他不自觉地舒展开身体的每个毛孔，吸收一切外界的负能量，然后在一个个独自舔舐伤口的寂寞深夜，无限渴望着有人关注，有人能送来温暖。

深陷忧郁的徐渭并不知道，正在东南主持抗倭大业的浙江总督胡宗宪，听说民间有个芳兰竟体的才子，很希望聘其出山，担任幕僚参谋。

相较而言，徐渭对得遇明主的渴望程度显然更加强烈，不过，他这个才子很有架子，在气质这块始终拿捏得死死的。

第一次，胡宗宪只是派人去请，徐渭操着一口流利的绍兴方言，让人从哪儿来就回哪儿去。胡宗宪倒没觉得徐渭坐地起价，真学着刘备三顾茅庐亲自去请。

双方就政治理想和江山社稷之类的话题进行了深入的交流，当徐渭得知胡宗宪真有扫平倭患的远大抱负后，他决定像高卧隆中的诸葛亮那样，助胡宗宪一臂之力。

可出山之前，徐渭又跟胡宗宪谈了很多条件，他说自己这人生性散漫，不能用军中的纪律约束，工作时间之外他想去哪儿就去哪儿，想干点什么也请不要过问。

这些条件，胡宗宪都一一允诺。

于是，当徐渭穿着粗布衣服大摇大摆进入总督府后，真是一点都不见外，每天吃饱喝足，就在总督府内四处溜达。他可以突然闯进胡宗宪的议事厅，当着浙江军政要员们的面悠然绕场一周、扬长而去；也可以在雨中头顶芭蕉叶大声吟诗，在雪天鬓角插着梅花出城赏景，对总督府的条条禁令视若无睹。

徐渭的怪异举动让人难以理解，只有他自己清楚，多年间积压的负能量太需要发泄了，太需要给生活换上一副合适的面孔了，他迫切地要向世人证明，自己答不及格的考题，只不过是意外拿错了试卷，其实他完全可以得满分。

身为浙江总督，胡宗宪对待下属一向比较严厉，可是对待这位看似不靠谱的幕僚，从来不肯批评，每次见面必笑脸相迎、嘘寒问暖。他看人确实很准，旁人大都认为徐渭只是个擅长诗书绘画的才子，胡宗宪却相当明白，徐渭真正的核心才能有二：一是写公文，二是谋划军事。

徐渭文笔极佳，句句切中要点，逻辑清楚，中心思想明确，胡宗宪的一切来往公文都由他一手包办，就连首辅严嵩都数次发文褒奖。至于军事谋划，徐渭更是多次出谋划策，为胡宗宪荡平汪直、徐海两大匪患提供了不竭的智力支持。

作为回报，胡宗宪大手一挥，为徐渭置办了房产，续娶了妻子，然得遇明主、衣食无忧的畅快背后，徐渭的内心一直很不安。

明主胡宗宪虽在平倭大业中功勋卓著，却是依附严党起家，在严嵩即将失势的情况下，胡宗宪迟早要被朝中的倒严势力清算，到那时自己将何去何从？

实际上，胡宗宪背负的心理负担比徐渭更重，抗倭大业已进入关键决胜期，他不甘心千秋功业付诸东流。十几年来，他不惜自污名声，阿谀奉承、卑躬屈膝投靠严党，为的就是荡平倭患，稳定海防。

此时，舟山的地方官给他送来一件礼物，让绝望的胡宗宪看到了扭转局面的机会。

这件礼物，是一只白鹿，送给常年沉迷修道的明世宗朱厚熜再合适不过。当然，光送不行，还得有说法。于是，胡宗宪找来了徐渭。

徐渭完全了解胡宗宪给皇帝献白鹿是为了获得皇帝的支持，只要皇帝满意，那谁也不敢随意对他下手。

胡宗宪拍着徐渭的肩膀，郑重其事地说道："天下虽大，这篇进献白鹿的献文非你不可。"说罢，他亲自为徐渭研墨。

当晚，徐渭穷尽一生才华，写下《代初进白牝鹿表》《代再进白鹿表》二表。

这是两篇刻意为之的马屁文，文辞华丽，极尽阿谀之能，但正是看似荒唐谄媚的献文，笔墨之间流淌着两个高尚的灵魂。

可惜，当戚继光、俞大猷等人基本荡平东南倭寇之患，严嵩一党倒台后，胡宗宪立时便暴露在刀枪剑戟的戕害之中。

最先跳出来弹劾胡宗宪的，是给事中罗嘉宾。他给胡宗宪定的罪名是私吞军饷，共计三万三千两白银。

这一次，胡宗宪安全过关。

所谓贪污军饷，其实大都用于抗倭支出。比如这三万三千两白银，分别用来赏赐立功士卒，抚恤伤亡家属，收买倭寇情报，离间汪直、徐海两大海贼集团，均有据可查。

嘉靖四十一年（1562）十一月，南京给事中陆凤仪再次上疏弹劾胡宗宪为严嵩一党，并犯奸欺贪淫十大罪。

这一次，胡宗宪被逮捕入狱。

审问了许久，朱厚熜选择出面干涉，毕竟抗倭劳苦功

125

高，无论胡宗宪是不是严党，是不是贪污腐败，都不要再争论了，看在他多年抗倭、平倭有功，及多次进献祥瑞的分上，罢免官职，回乡养老吧！

两年后，胡宗宪第三次遭到弹劾。

这一次，是灭顶之灾。

御史汪汝正以查抄严党信件查出一封胡宗宪假拟的圣旨为名，将胡宗宪再次送进监狱。

这一次，皇帝陛下不愿再保了。

胡宗宪在狱中上《辩诬疏》，细数个人功绩，却石沉大海。他万念俱灰，与其在狱中受辱，不如自行了断。五十四岁的他咬破手指，在狱中的墙壁上写下"宝剑埋冤狱，忠魂绕白云"的诗句，然后解下腰带，绕上房梁，自缢而死。

胡宗宪下狱之时，徐渭已回到山阴老家，他既对老领导的遭遇表示愤慨，但更多的还是对自身会不会被列为严党担忧，前途还是次要的，名节却绝不可失。

这一次，霉运似乎并未如约敲门，很快，礼部尚书李春芳便派人带着六十两纹银，聘请徐渭进京担任幕僚。

事实证明，并非人人都是胡宗宪，李春芳没有容忍徐渭那些臭毛病的肚量，不仅对其管束严苛，还让他不停地替自己撰写青词，好向皇帝交差。

徐渭干了三个月，最终忍无可忍炒了老板的鱿鱼。可李春芳却是个霸道总裁，立即派人去山阴责令其返京，势必要拔掉徐渭身上的锋芒。徐渭先是变卖家产将李春芳的佣金如数退回，后又被迫返京，求人劝解才勉强脱身。

次年，胡宗宪狱中自尽的消息传来，摧毁意志的最后一根稻草终于落在了徐渭的肩头。精神不堪重负的才子回想起四十余年一再碰壁、一再跌倒的倒霉人生，他不明白为何霉运总是追着自己，不想再对生活抱有任何热情。

于是，九次自杀，又入狱七年，按他自己的话说，叫作乐断难顿，得乐时零碎乐些；苦无尽头，到苦处休言极苦。片刻的欢愉只是对痛苦之墙的零敲碎打，凿不穿更推不倒，苦难之人只能在痛苦之墙下暗自叹息，毫无办法。

但出狱后被视为神经病的徐渭突然又不愿死了。他似乎意识到好时光总该被宝贝，因为有限，又或是已切身体验过死亡的"快感"，实在没什么意思。后续一段时间，他欣然游走在友人的幕府中，挣些生活费，顺带为身心疗伤。

六十岁时，徐渭返回家乡，从此闭门不出，他给自己取了好多绰号：青藤老人、青藤道士、天池生、天池山人、山阴布衣。门前也写上一副对联：几间东倒西歪屋，一个南腔北调人。

晚年的徐渭，愈发有些"不着调"。有人来访，他不想见，就在门内大声叫嚷，别敲了，屋里没人，我不在！由于生活贫苦，日常只能靠鬻字卖画为生。

作为"明代三才子"中最后一位，他的艺术造诣，早已在苦难的摧残下登峰造极。他笔下的墨竹、牡丹、海棠、桃花，高洁清爽，俯垂含情；他的狂草，气势磅礴，跌宕起伏，如狂风暴雨，纵横恣肆。

然而，他宁可饥寒交迫，也不愿把字画卖给权贵，更不屑与之为伍。相反，左邻右舍，一箪食一豆羹，一把青菜，却能换来一幅幅真迹。

某次，当地县令慕名求画，徐渭没有开门，只从门缝中递出一张字条，上面写着一首诗："传呼拥道使君来，寂寂柴门久不开。不是疏狂甘慢客，恐因车马乱苍苔。"（徐渭《山阴景孟刘侯乘舆过访闭门不见乃题诗素纨致谢》）

往事向藤蔓一样在他心里疯长、延伸，死死抓住他的心脏，心脏的每一次跳动，都在提醒着他人生经历过的苦与痛。这是一个被原生家庭深深摧残、被世道人情狠狠打脸却始终孤傲狂放、卓尔不群的"疯子"。

万历二十一年（1593），徐渭孤独地在家中死去，死前家徒四壁，睡的是稻草，身边只有一条老狗相伴。

一生坎坷，二兄早亡，三次结婚，四处帮闲，五车学富，六亲皆散，七年冤狱，八试不售，九番自杀。万事开头难，然后中间难，结尾会更难。活成这样，也是没谁了。

徐渭死后二十年，"公安派"领袖袁宏道无意中翻到一本破烂不堪、差点被拿去烧火的诗文集，他勉强挑了几篇还能看清字迹的文章，在灯下读了起来。

这一读，竟然读了整整一晚。

这一读，让袁宏道读成了徐渭的忠实粉丝，开始不遗余力推广宣传徐渭的诗文书画。

古今文人，牢骚困苦，未有若先生者也……先
生诗文崛起，一扫近代芜秽之习，百世而下，自有
定论。（袁宏道《徐文长传》）

后来，徐渭的粉丝越来越多，清代郑板桥愿做青藤门下
一走狗，现代大师齐白石恨不能早生三百年，为徐渭磨墨理
纸。可惜，身后名声再显，并不能为徐渭生前带来一丝宽慰
和温暖，活着的人只能在伤痛中踽踽独行，在夜深人静时孤
独地舔舐伤口，但伤口不会愈合，直至流尽最后一滴血，变
成一具冰冷的尸体，立成一个悲剧的符号。

附

自为墓志铭

山阴徐渭者，少知慕古文词，及长益力。既而有慕于
道，往从长沙公究王氏宗。谓："道类禅。"又去叩于禅。
久之，人稍许之，然文与道，终两无得也。贱而懒且直，故
惮贵交似傲，与众处不浣袒裼似玩，人多病之。然傲与玩，
亦终两不得其情也。

生九岁，已能习为干禄文字，旷弃者十余年。及悔学，
又志迂阔，务博综，取经史诸家，虽琐至稗小，妄意穷极。

每一思废寝食，览则图谱满席间。故今齿垂四十五矣，藉于学官者二十有六年，食于二十人中者十有三年，举于乡者八而不一售，人且争笑之，而已不为动。洋洋居穷巷，僦数椽、储瓶粟者十年。

一旦为少保胡公罗致幕府，典文章，数赴而数辞，投笔出门。使折简以招，卧不起，人争愚而危之，而已深以为安。其后公愈折节等布衣，留者盖两期，赠金以数百计，食鱼而居庐，人争荣而安之，而已深以为危。至是忽自觉死，人谓渭文士，且操洁，可无死。不知古文士以入幕操洁而死者众矣，乃渭则自死，孰与人死之？

渭为人，度于义无所关时，辄疏纵，不为儒缚；一涉义所否，干耻诟，介秽廉，虽断头不可夺。故其死也，亲莫制，友莫解焉。尤不善治生，死之日无以葬，独余书数千卷，浮磬二，研、剑、图画数，其所著诗文若干篇而已。剑、画先托市于乡人某，遗命促之，以资葬；著稿先为友人某持去。

渭尝曰："余读旁书，自谓别有得于《首楞严》、庄周、列御寇；若黄帝《素问》诸编，倪假以岁月，更用绎纽，当尽斥诸注者缪戾，摽其旨以示后人。而于《素问》一书，尤自信而深奇。"将以此岁婚子妇，遂以母养付之，得尽游名山，起僵仆，逃物外，而今已矣。渭有过不肯淹，有不知耻以为知，斯言盖不妄者。

初字文清，改文长。生正德辛巳二月四日，夔州府同知讳鐓庶子也。生百日而公卒，养于嫡母苗宜人者十有四年。而夫人卒，依于伯兄讳淮者六年。为嘉靖庚子始籍于学，试于乡，蹶。赘于潘，妇翁薄也，地属广阳江。随之客岭外者二年。归又二年，夏，伯兄死；冬，讼失其死业。又一年冬，潘死。明年秋，出僦居，始立学。又十年冬，客于幕，凡五年罢。又四年而死，为嘉靖乙丑某月日，男子二：潘出，曰枚；继出，曰杜，才四岁。其祖系散见先公大人志中，不书。葬之所为山阴木栅，其日月不知也，亦不书。铭曰：

杼全婴，疾完亮，可以无死，死伤谅；兢系固，允收邕，可以无生，生何凭？畏溺而投早噬渭，即髡而刺迟怜融。孔微服，箕佯狂。三复《烝民》，愧彼既明。

袁黄：我命由我不由天

袁黄很小的时候，父亲就病逝了。

不同于一般的失孤家庭，会鼓励孩子好好读书将来考个一官半职，笃信佛学的袁黄母亲脑回路相当惊人，丈夫下葬没几天，她就对儿子说，以后把四书五经扔了吧，多读点你爹留下的医书，子承父业做个大夫，既有口饭吃，还能治病救人。

袁黄很无奈：可是我不想学医呀！

袁母又给出了一个更决绝的理由：你爹临死时的遗愿就是让你学医，我听见了。

袁黄没话说了，只好开始钻研医书，时间一长，胸中那团科考的小火苗随着学医而慢慢熄灭，可十七岁那年慈云寺的奇遇，让袁黄的人生出现了意想不到的反转。

每个小孩，大概都梦想过哪天天上能掉块馅饼，或是来点奇遇。

比如张良，老老实实在街上正走着路，偶遇一老头（黄石公）故意把鞋扔在桥下，让张良去捡。张良很生气，本想动手揍老头一顿，怕碰瓷，又顾及尊老爱幼的传统美德，只好强忍怒火下桥捡鞋，跪着给老头穿上，然后稀里糊涂被老头收为徒弟，传授了一本上古秘籍《太公兵法》，由此练成一代智囊。

比如李白，小时候非常贪玩，某次翘课跑到河边，看见一个老婆婆，正拿着一根铁棒飞快地磨。小李凑到旁边询问状况，直接被老婆婆灌了一碗流传千古的鸡汤——只要功夫深，铁杵磨成针。这鸡汤不但美味而且深度保鲜，小李大受启发，刻苦用功，终成大唐一代诗仙。

袁黄的奇遇大抵类似。某次，他在慈云寺闲逛时，不知从哪冒出一仙风道骨的老者，身披宽大的道氅，手里还握着一把拂尘，胡子修长，身躯伟岸，走至袁黄面前突然停下了脚步。

袁黄刚准备上前问候，老者却拊掌笑了数声，道："年轻人，你这辈子注定做不成大夫，听我一句劝，抓紧时间复习，保你明年考中秀才。"

袁黄听罢，脸上不免露出几分狐疑之色："请问您是谁啊？我读书少，您可别骗我。"

老者悠然道："我姓孔，云南人，邵子①正传弟子。从运

---

① 邵子：北宋哲学家、易学家邵雍，有内圣外王之誉。

数上看，你我有缘，我才会对你吐露天机。"

袁黄震惊了，赶忙整理衣冠，拱手施礼道："您真是传说中那位每算必中，号称'天下第一神算'邵子的传人吗？"

老者点了点头。

袁黄心中狂喜，凑到老者身边，压低嗓音道："不瞒您说，我本就不爱学医，是我母亲逼我的，既然您今日不吝赐教，我请您跟我一道回家，只有说服我母亲，我才能重新入学。"

接着，袁黄便将老者带回家中，其母原本不信江湖术士所言，没承想老者又掐指一算，把袁黄从小到大的成长经历分毫不差地算了出来，这下就不得不相信了！

按照老者的推算，袁黄虽非大富大贵之人，一生却少有挫折，即便考不中进士，官亦可至知县。具体而言，参加县级考试①，得第十四名；参加府级考试，得第七十一名；参加院级考试，得第九名。后可补贡生，继而外放为四川某偏远地区担任知县，任期三年半离职返乡，成就寥寥，五十三岁那年寿终正寝，只不过命中注定无子无女，实乃遗憾！

无子无女的命数，让母子俩伤心了好久，袁黄只能故作淡定安慰母亲说，世间哪有如此神奇之人，能算准人的一生，母亲且放宽心，先生算得不见得准，走一步看一步吧。

---

① 明代童子试分为县试、府试、院试三级，院试通过者才能称为"生员（秀才）"，获得参加乡试的资格。

然而，袁黄此后每走一步，都与老者所算分毫不差。县试第十四名、府试第七十一名、院试第九名，然后开始吃上了皇粮。

当时，老者算出袁黄成为廪生①后，每月领取的禄米总量达到九十一石五斗时便可录为贡生，那年应该是三十四岁。

为此，老者特意嘱咐袁黄每月去领禄米时记下数目，以观后效。

当袁黄领到七十多石时，本地屠姓提学②欣赏袁黄品学兼优，决定提前将其选拔为贡生。袁黄暗自欢喜，看来先生的推算也不全准，命运哪能随意让人参透呢！

谁承想，屠姓提学突然奉命离职，一位杨姓代理提学不知何故驳回了屠姓提学的补贡批文。恰恰等到袁黄三十四岁那一年，刚上任的殷姓提学无意间看到袁黄的策论，不禁感慨道："见识广博、见解深刻，不可使其老于窗下。"

于是，袁黄的补贡申请获批下发，他回家一算，果然刚好领了九十一石五斗禄米。

这一下，袁黄彻底相信了命数，凡事皆由天定，凡人岂可强求。既然命运的小舟终究会有水来推动，那便只好随波逐流。

晋级贡生后，袁黄按规定到北京国子监读书。可精神一

---

① 生员按童子试成绩分为三等：廪生、增生、附生，其中廪生由公家按月发放禄米。

② 提学：院试主考官，由朝廷任命的主管一省学政的人员担任。

且懈怠，身体的疲惫感很快就会像病毒一样侵入免疫系统，成为难以根除的惰性。在京一年，袁黄每天只是静坐，也不读书，每每惹得国子监教授当众批评："整天不知道脑子里在想些什么，做不成学霸，偏要去做空想青年！"

只有袁黄心里清楚，好像做什么都来得及，又好像做什么都是无能为力，站在这样一个青黄不接的尴尬路口，失去了所有奋斗的理由，反正命数都被算明白了，努不努力真没什么所谓。

一年后，选择躺平的袁黄因挂科严重，自行申请转回南京国子监读书。

南京国子监开学前，袁黄抽空去了趟栖霞山，拜谒名声远扬的云谷禅师。

云谷禅师正在禅修，袁黄不敢打扰，便与禅师对坐，一连三天三夜，不曾合眼，也没说过一句话。

云谷禅师很讶异："凡夫俗子之所以不能成为圣贤，只因执着于各种执念，你在此整整坐了三天三夜，却未动一丝妄念，足见不同凡响。"

袁黄很尴尬地解释："大师，您误会了，我之所以没有一丝妄念，是曾经有位先生算清了我一生的荣辱祸福，给我安排得明明白白，我已经想无可想、念无所念了。"

禅师听后哈哈大笑："老衲本以为你是个有大智慧的人，没想到你比一般的凡夫俗子更俗不可耐。"

袁黄不解地问："大师何出此言？"

禅师答："人若做不到没有妄念，势必会被妄念束缚，最终难逃命运的流转。所谓命数，只能拘束那些凡夫俗子。至善之人心无旁骛，故命数难困；至恶之人随意妄为，命数同样约束不得，此皆为善恶结下因果，命运便扑朔迷离。你二十年来一直被命数所扰，不曾想过扭转命运，难道不是凡夫俗子吗？"

袁黄搔了搔头："莫非我可以逃脱命数的安排吗？"

禅师答："所谓祸福吉凶，全由个人造作而成。可求功名富贵，可求仁义道德，如果不能从内心深处自我省察，万事听天由命，那自然不能逃脱命数。佛经里也说，求富贵得富贵，求男女得男女，求长寿得长寿，说谎是释迦牟尼的大戒，众佛怎会骗人。"

袁黄继续询问："孟子云：求而得之，舍而失之。能求得的必须是自己做得到的，比如仁义礼智，功名富贵岂是我等想求就能得到的？"

禅师答："孟子所言不错，是你自己理解错了，六祖慧能曾说，一切福田，不离方寸，从心而觅，感无不通。人只要从心力求，力行善举，自然能够引来功名富贵，倘若我们不能从内心自我省察，而是一味追求身外之物，即便费尽心机，也是两头落空。"

袁黄若有所思，片刻后又自我剖析道："俗话说：地秽多生物，水清常无鱼。当年那位先生推算我考不中科举，一生无儿无女，这么多年来我愈发觉得推算很准。我这人天生福薄，做事又嫌麻烦，经常恃才傲物，口无遮拦，我有洁癖，爱发怒，恻隐之心不强，又过于爱惜名节，加上喜欢彻夜长坐不知养护元气，没有儿子，没有功名倒也理所应当。"

禅师笑着回道："照你这么说，世间不应得到的事还多着呢！岂独功名和后嗣。万事万物，皆不过一个德字。你积下百世之德，就会有百世子孙传承，如今你既然对自己既无功名、又无子女的原因分析透彻，日后务必要积德行善、待人宽容、保养精神，从前种种，譬如昨日死；今后种种，譬如今日生。这个新的你，一定可以扭转命运，必不被命数所拘。"

袁黄听罢，恍然大悟，跪求道："请大师教我摆脱命数之法。"

云谷禅师微笑着拿出一本《功过格》递给袁黄："从今天开始，将每日所行之事一一记录下来，每月月底总结善行恶行数量，反省检点，必有大进。我们对待命运，应当是勤勉修身，宁静致远，多行善事，累积功德。改掉一切有违于德行的错误，彻底斩断非分之念，这才是不动念的境界，也才是真正的安身立命之学。"

拜别云谷禅师，收获满满的袁黄当天便将名号由"学海"改为"了凡"，意为了悟立命之说，不落凡夫俗子之窠臼。

人只要一息尚存，就有机会逆天改命。袁黄决心把所有慵慵沉迷与踟蹰不前，统统归还给过去的那个旧我，今后注定变成一个精神焕发、昂扬向上的新我。他发誓用十年时间行三千善事，每做一件善事就用笔记录下来。他的妻子不识字，就用鹅毛管蘸着印泥在日历本上印上红圈，帮助丈夫计算善事数量。

一年后，袁黄参加礼部主持的国子监考试，按照老者的推算，袁黄应考第三名，结果袁黄考中第一。

孔先生的推算，终于不灵了！袁黄放下了一切命数的执念，尽心竭力多行善事、三省吾身。每晚临睡前，他总要回忆当日所做之事，是否做得还不够纯粹，是否好心办了坏事，是否出手相助时心存迟疑，是否清醒的时候能保持自律，酒醉的时候就放纵自己……

十年时间做完三千善事后，袁黄再以行善三千发愿，以求得一子，结果善事还没做完，袁黄就喜得一子。大彻大悟的袁黄立誓再做一万件善事，结果三年后就高中进士，授任宝坻县县令，这与当年孔先生推算将去四川偏远地区任职的命数再次违和。

甫一上任，袁黄便准备了一个小册子，取名为"治心篇"，时时警惕为官期间勿要心生邪念。每天早晨起来坐堂审案时，他便将"治心篇"交给下属，将自己每日所行善事恶事，不管大小，一一记录。到了晚上，他再翻阅记录，按照古代人礼敬上天的做法，在庭院设桌焚香，将一日所行之事一一向上天如实禀报。

做善事根本停不下来的袁黄，却因日常公务繁忙扰乱了节奏，他的妻子甚为担忧："以前在家我可以帮你一起做善事，三千件很容易就做完了，如今你定下做一万件的目标，却在衙门里整天忙公务，试问什么时候做得完呀？"

袁黄突然很慌："应该做不完了吧？"

妻子抿嘴一笑："自信点，把应该去掉，你肯定做不完！"

听闻此言，袁黄整个人都不好了。当晚，他做了一个梦，梦到一位天神，他备感惆怅地对天神说："我很惭愧，又要忙公务，又要做善事，两者很难兼顾，无法取舍，一万件善事的目标看来不能实现了。"

天神笑道："看待问题不要那么迂腐，既然数量达不到，那就力求把质量提上去。如今宝坻百姓过得很艰苦，你只要想办法给他们减粮减税，便足以抵一万件善事了，何必如此在意数量呢？"

按照官府规定，宝坻县每亩田地赋税为两分三厘七毫，相比其他州县负担较重，袁黄便如实上奏朝廷，获批将赋税下调至一分四厘六毫，顺带还取消了本地各种额外摊派。

由于宝坻县那时常闹水灾，袁黄带领百姓兴修水利、疏通河道、修筑堤坝、植树种林；宝坻县土壤贫瘠，袁黄又尝试改造盐碱地种水稻，通过培育良种、深耕细作、引水灌溉，竟然真种出了黄澄澄的稻谷。

袁黄逐渐发现，实实在在为全县百姓谋福利，确实比纠结行善数量更有意义。只要行善之心真诚无杂念，一件也抵得一万件。

万历十六年（1588）八月初十，是袁黄这辈子最重要的一天。这一天，袁黄沐浴净身，端坐家中静静等待。孔先生当时测算，他将死于今日。

可八月初十静静地来，又悄悄地走，端坐一日的袁黄无病无痛，一点意外都没有发生。四年后，袁黄又被提拔为兵部主事，再次打破孔先生曾经预言只能做到知县的推算。

此时，日本正侵略朝鲜，兵部右侍郎宋应昌举荐袁黄为军中参赞，协同提督李如松领兵东征。军中参赞，本就是个出力不讨好的职务，李如松又是极难伺候的主，平壤大捷后，李如松上表向朝廷请功。

请功这种事，全看个人素质。毕竟朝廷不清楚前线杀了多少倭寇，伤亡了多少将士。李如松恰恰属于那种没"素质"的统帅，他希望朝廷多拨些赏银、抚恤金，并未如实上报战果。

袁参赞审核奏章时，发现李如松上报朝廷的数据有误，当场跟李如松吵了起来："瞒报数据是违法的，违法是要被治罪的，您可不能知法犯法！"

极不耐烦地听袁黄说了一大堆，李如松反手就给袁黄凑出十项罪名，再加上朝中又有御史弹劾袁黄宝坻县令任上纵容百姓偷税漏税，袁黄就这么稀里糊涂被革职罢官。

早已通透人情世故的袁黄平静地接受了一切，收拾行囊返回了老家嘉兴。

晚年的袁黄，每日依旧雷打不动诵经持咒、修习止观、多行善事，他自觉这辈子与命运抗争的经历甚是不凡，于是提笔写下四篇文章，分别取名为：《立命之学》《改过之法》《积善之方》《谦德之效》，通篇命名为《戒子文》。

《戒子文》，就是流传至今、被誉为"中国历史上第一善书""东方励志奇书"的《了凡四训》。

命数总无常，人生别来无恙。万历三十四年（1606）七月，袁黄安然病逝于家乡，终年七十三岁，比当时孔先生的推算，整整多活了二十年。

两百多年后，清朝有位名叫曾国藩的青年，读罢《戒子文》，顿觉豁然开朗，便给自己重新取了字号：涤生[①]，并将《戒子文》列为曾氏后辈必读的第一本人生智慧之书。后来，他还模仿《了凡四训》，写了一部更加著名的《曾国藩家书》。

《了凡四训》《曾国藩家书》在历史上并称为"一书一训"，激励了后世许许多多迷惘无助、不知前途的青年人。

袁黄以抗争命运的人生经历验证了一个道理：命数，或许确实存在，但命要自己立，福要自己求。（求则得之，是求在我者也。）

自我修炼、自我提升、自我积福，一切因果皆由个人所种，祸福吉凶也皆由个人所得。一言以蔽之，没有人能定义

---

① 涤者，取涤其旧染之污也；生者，取袁黄之言"从前种种，譬如昨日死；从后种种，譬如今日生也"。

你的人生，老天爷也不能。所谓圆满人生，皆以个人信念所起，皆以个人奋斗所成，失望中不要自怨自艾，得意时也不可松懈骄纵，抬头望着天，低头看着路，破除心魔，丢掉顾虑，多年以后的你，一定会感谢现在拼命奋斗的自己！

汤显祖：岂不罹凝寒，松柏有本性

农历二月的夜，寒风劲吹，剥夺了枯枝上最后一片残叶。身着锦帽貂裘的张懋修默然看着灯下一言不发的汤显祖，就像看着一棵冰天雪地中傲霜斗雪的松柏，倔强而孤独地挺立在悬崖边上，任它漫天冰霜、寒风彻骨。他叹了口气，无奈告辞而去。

身为内阁首辅张居正的三公子，张懋修曾无数次见到那些高官贵胄在父亲面前卑躬屈膝、满脸堆笑，父亲只须冷眼一觑，他们立时便面如土色、抖似筛糠。他不由得感慨，在绝对权势面前，坚贞不屈这种话说的人多，能做到的很少，汤显祖绝对算一个，但他也非常清楚，不听招呼的汤显祖，本次科考注定又是榜上无名。

时间倒回三年前那场春闱，全国各地的举子齐聚北京，客栈酒楼生意兴隆，诗酒唱和之余，不免三三两两聚在一起，吹牛打赌，品评优劣。

众人并不知道，不远处正有一双机敏的眼睛紧紧盯着他们，比他们更关注这届考生的优劣。此人，便是内阁首辅、大明王朝实际操盘手张居正。夜半时分，他正用那支处理烦冗政务的湖笔，在考生名册上重重圈出了两个名字：宣城沈懋学、临川汤显祖。

张首辅并非单纯想为国纳贤，他的内心深处隐藏着一个巨大而精致的阴谋。万历二年（1574），他的长子张敬修会试落榜，张居正大失所望，他心心念念要复制前朝杨廷和、杨慎父子科考美谈的梦想成了泡影。

强人遇到障碍是要流血流汗拼命跨越的，但聪明的强人总能在制度允许的范围内寻找到各种合理有效的办法轻松规避障碍。为了让次子张嗣修像杨慎那样名列"三鼎甲"，大权在握又私心满满的张首辅费尽心机寻找高质量陪考，最终替儿子圈定了沈懋学、汤显祖二人。尤其是汤显祖，老早就得了句"汤家宁馨儿，文昌小神童"的美称，弱冠之年饱读诗书、诸史，精通乐府、五七言诗；旁通天文地理、医药卜筮，还出版过个人诗集《红泉逸草》《雍藻》，绝对是陪考的理想人选。

可以想象，当张居正的亲信以慰问后辈的名义将这个精致到极限的利己主义计划向沈汤二人和盘托出后，会对懵懂无知又向往入仕的后辈们造成多大的心理冲击。

圣人说，大道之行也，天下为公，选贤与能。书中读到的圣贤之道，在现实面前竟如此苍白无力。莘莘学子寒窗数十载、呕心沥血，终究阻止不了权贵子弟不费吹灰之力，染指他们心中神圣无上的荣耀：三鼎甲。

亲信说得很直白，只要服从安排，配合工作，就算发挥失常，首辅大人也会捞你，不但捞你，三鼎甲其余两个位子，非你俩莫属！这样张公子的名次就不会显得太突兀，你俩自然也稳赚不赔。

沈懋学不敢得罪张居正，又觉得三鼎甲的诱惑实在太大，于是欣然接受陪考的安排，但汤显祖却坚决不愿向权贵低头，朝廷的名器，成了权贵徇私舞弊、笼络读书人的筹码，何来公平可言！这种龌龊的勾当干不得！再说凭自己的才学考中进士完全不成问题，根本没必要攀附张居正。

汤显祖还是太年轻，过高地估计了张首辅的胸怀。此次春闱选择配合的沈懋学高中状元，张嗣修位列探花，汤显祖却榜上无名。

三年后，同样的剧情再度上演。张居正三公子张懋修的陪考，依然锁定汤显祖。这一次，张首辅选择让张懋修直接出面，态度依旧豪横。潜台词更直白：听我的，你就是本届状元；不听招呼，就让你永远中不了进士！

连堂堂抡才大典都跟着社会一起腐败堕落，汤显祖依然不愿松口。张懋修从头到尾跟汤显祖聊了很多，但汤显祖只有一个态度：吾不敢从处女子失身也！然后再次落榜。汤显祖当真是要在张居正的时代永远落第了。

本届科考，张懋修中了状元，此前名落孙山的张敬修也顺带进了二甲。至此，张居正的六个儿子，除老六年纪尚小外，老大二甲，老二探花、老三状元，老四、老五不用参加科考，蒙恩荫直接授官。

离京前，汤显祖怔怔地望着澄净的天空，眼里却是无尽蔓延的黑，漫无边际的黑，他想到了在汨罗江边被发行吟、形容枯槁的屈原，想到了梦游天姥山的李白，也想到了得罪曹操被罚去采石场做苦工的刘桢。屈原说："亦余心之所善兮，虽九死其犹未悔。"（《离骚》）李白说："安能摧眉折腰事权贵，使我不得开心颜！"（《梦游天姥吟留别》）刘桢也说："岂不罹凝寒？松柏有本性。"（《赠从弟》）他虽然内心苦涩，总还是记着这些先辈受尽摧残依然不愿磨平棱角，他们留下的不只是璀璨的诗章，更是一股浩然荡于古今的正气。

所幸汤显祖还年轻，还有大把的时间可以等待。万历十年（1582）张居正病逝，次年会试，三十三岁的汤显祖终于榜上有名。后续担任内阁首辅的张四维、申时行纷纷向他抛出橄榄枝，以包进翰林院的筹码招揽其加入己方阵营。汤显祖笑了，他说自己全身的骨头都很硬，没有一寸柔弱之骨，不可能向他们卑躬屈膝。当年炙手可热的张居正都不可使其折损气节，又何况张、申二人呢。

不屑于仰人鼻息，便只好身居下游，汤显祖在吏部挂名挂了很久，才勉强得到一个南京太常寺博士^①的职务。

正如"太子洗马"不洗马，"六部郎中"不看病，"博士"也不搞科研。太常寺本就属于清闲衙门，南京又是留都，工作就更清闲了。汤显祖的日常状态，就是骑着驴子四处游山玩水，足迹踏遍各大著名景点：雨花台、秦淮河、莫愁湖、燕子矶……

游览之余，汤显祖致力于研究诗文，尤其是词曲创作，经常通宵熬夜、乐此不疲。以"复古"为己任的文坛领袖王世贞时任南京刑部尚书，江南的众多文人雅士自发聚集在王世贞周围，既拜宗师，又蹭热度。

汤显祖与王世贞同处南京，王世贞胞弟王世懋又是其顶头上司，但他非但不愿与王氏兄弟结交，还与一些志同道合的朋友，把前七子、后七子^②特别是李梦阳、王世贞等人的诗文搜集起来分析、解剖，将诗文中模仿、剽窃汉史唐诗的字句一一标明，然后公开发文调侃复古派画虎不成反类犬，滑天下之大稽！（汤显祖《汤显祖全集·答王澹生》）

南京的文化气场足够强大，文学批判的包容性也强，可一旦涉及政治领域，冷雨寒霜便会扑面而来。

万历十九年（1591）三月，彗星惊现于西北天际，太湖沿岸也遭遇百年不遇的灾情，赤地千里、白骨蔽江，朝廷拨

---

① 太常寺博士：太常寺属官，七品，负责礼乐祭祀事宜。
② 前七子：李梦阳、何景明、徐祯卿、边贡、康海、王九思、王廷相；
后七子：李攀龙、王世贞、谢榛、宗臣、梁有誉、徐中行、吴国伦。

发的数十万两赈灾银却被宣抚特使杨文举贪墨，首辅申时行非但不予治罪，居然还对其加官晋爵，并将一些勇于揭发贪污腐败案情的御史夺官贬斥。

汤显祖气愤不已，连夜起草了一道《论辅臣科臣疏》递送进京。在该疏中，汤显祖尖锐地指出，当前言官们噤若寒蝉，皆因申时行专权所致，陛下经营天下二十年，前十年被刚而有欲的张居正败了朝纲，后十年又被柔而有欲的申时行坏了风气，可惜可叹！

这道奏疏，等于全盘否定了明神宗朱翊钧在位二十年来的执政成果，勃然大怒的皇帝以汤显祖对职务不满，假借国事诬陷首辅为由，将其贬到雷州半岛的徐闻县任典史。

不畏权势的硬汉，从来都是像杨慎和汤显祖这样疯狂地奔跑，然后华丽地跌倒，拍拍尘土，继续上路。仲秋时节，赴任徐闻的汤显祖登上梅岭，写下一首《秋发庾岭》：

> 枫叶沾秋影，凉蝉隐夕晖。
> 梧云初暗露，花露欲霏微。
> 岭色随行桌，江光满客衣。
> 徘徊今夜月，孤鹊正南飞。

秋雨迷蒙，山岭早已敛去辽阔的胸襟，只把灰褐色的脊背袒露在天地之间，南飞的孤鹊杳然岑寂，在凄清的秋夜落寞徘徊。被贬徐闻，汤显祖并不感到失落。半辈子的跌宕起伏都经历了，振聋发聩也好，默默无闻也罢，总归说出了自己想说的话，做成了自己想做的事。

岁月的沉淀和不经意间流露出的少年感在他身上结合，投射出棱角分明、清新俊逸的重重光影。年轻时候的火暴脾气可以在时光的磨砺下变得深沉、内敛，但忠贞不屈的气节仍在无数次裂石穿云中保持着最初的模样，永不改变。就像当年被贬后足迹遍布南北的苏轼，放眼四海，无一处不可建功立业；飘零八方，无一处不可造福百姓。

尽管徐闻地处雷州半岛最南端，属于蛮荒中的蛮荒；尽管徐闻东有倭寇侵扰，西有蛮夷窥伺，气候恶劣，民风彪悍；尽管徐闻典史位居县丞和主簿之下，属于编外人员，连住房都不给安排，汤显祖却按照自己的意愿，把人生的风景打造得旖旎多彩。

他亲自选址，自掏腰包，建了一所"贵生书院"，并将书院的十二间教室分别命名为审问、博学、慎思、明辨、笃行、格物、致知、诚意、正心、修身、齐家、治国。

工作之余，他还抽出时间专门到书院讲学，当地求学者络绎不绝，争相拜师学艺。

一年后，汤显祖调任浙江遂昌知县。

在遂昌，他仿照在徐闻的工作经验，建起一所"相圃书院"，又配套修建图书馆"尊经阁"及学生宿舍，为偏远地区的学子提供寄宿就读的方便。此外，他将原属城隍庙和寿光寺的二十余亩租田拨给书院，并带头捐献官俸，为家境贫寒的学子提供奖学金和助学金。

振兴教育的同时，汤显祖格外重视农业生产。每至农忙时节，他就停止派夫征税，暂缓办理日常诉讼，亲率衙役带着酒水送到田间地头，热热闹闹开展"班春劝农"活动。

山也清，水也清，人在山阴道上行，春云处处生。

官也清，吏也清，村民无事到公庭，农歌三两声。

（汤显祖《劝农》）

一幅勤政爱民、官民同乐的画卷悄然在偏远的遂昌小城铺展开来。

某年除夕，汤显祖到牢房巡察，看到众囚犯一个个孤苦伶仃，喜庆节日却不能与家人团圆。他于心不忍，命人打开囚室，召集全体囚犯当众训示："新年要有新气象，本官甘冒风险，放尔等回家过年，切记，正月初三务必按时返回。"

正月初三，囚犯们如约而归，无一人不至。元宵节当晚，汤显祖再次释放囚犯出狱，任凭他们上街观灯赏月。逛到半夜，囚犯们心满意足，仍是如约返回。

汤显祖不经请示自行减免百姓徭役，还坚决抵制朝廷征收矿税[①]，每当接待巡视官差，他只提供一盘炒辣椒、一碗家

---

① 万历中后期，神宗朱翊钧为应付庞大的宫廷开支，开始派遣宦官在全国各地开矿收税，给民间造成巨大危害。

常豆腐，外加一盆丝瓜汤，爱吃不吃，不吃滚蛋！

爱民如子、勤政务本的汤显祖，把遂昌治理得路不拾遗、夜不闭户，受到当地百姓一致好评。可减免赋税、私放囚犯的妄为之举，还是要受到朝廷处分，汤显祖显然不愿再次忍受屈辱，在考核官员到来之前便挂印辞官，回到家乡临川。

宦海沉浮，恍如一梦，落寞是必然的，经过短暂的休整，汤显祖发现一些曾在他脑海中停留过的片断正神奇般地逐渐聚集起来，那些纵横交错的思路也纷纷活跃起来。于是，一个个瑰丽异常、唯美多姿的场景出现了！激动不已的汤显祖重修住宅，取了个高端的名字：玉茗堂。从此闭门不出，潜心创作《临川四梦》——《紫钗记》《牡丹亭》《邯郸记》《南柯记》。

也许冥冥之中自有天意。在世界的西方，一个名叫莎士比亚的英国人几乎与他同时拿起纸笔，开始思想的起舞，这位做过马夫、杂役，被牛津剑桥一干高才生贬损为"混迹于白鸽群中的乌鸦"的人，同样身处低谷，也同样拥有坚刚不可夺其志的高尚品行。

《临川四梦》，当属《牡丹亭》最为知名。

《牡丹亭》剧情梗概并不复杂，贫寒书生柳梦梅某次梦到一处花园的梅树下站着一位佳人，佳人声称与其有姻缘，引得柳生时时思念；南安太守杜宝之女杜丽娘，某次梦到一书生持半枝垂柳前来求爱，二人便在牡丹亭畔幽会。

杜丽娘醒来后倍感惆怅，一病不起，弥留之际，她嘱咐母亲将其葬在花园梅树下，嘱咐丫鬟将其自画像藏在太湖石底，其父又托人为其修建"梅花庵观"。

三年后，柳梦梅进京赴考，借宿梅花庵中，无意间在太湖石下拾得杜丽娘画像，杜丽娘魂游后园，与柳生相认。随后，柳生至梅树下掘墓开棺，杜丽娘起死回生，两人喜结连理，完结撒花。

有学者考证，明朝是提倡妇女守节最为严苛的时代。《明史》中为节妇烈女立传的人数冠绝二十四史，而入选正史、留名后世的节妇仅是现实世界的冰山一角。封建礼教、伦理纲常剥夺了妇女自由寻找爱情的机会，更让无数人在极难极苦的守节中了却余生，只留下一座座冰冷无情的贞节牌坊，向后世诉说着一个个刻板僵化的人性悲剧。

正因如此，与宣扬贞节背道而驰的《牡丹亭》一经问世，立时热销全国。汤显祖让柳梦梅和杜丽娘自由恋爱，爱得感天动地，爱得死去活来，如此童话般的浪漫剧情，怎不让现实中的才子佳人心动。

不仅剧情吸引人，《牡丹亭》中那些经典唱词："良辰美景奈何天，赏心乐事谁家院""情不知所起，一往而深，生者可以死，死亦可生"，更是流传千古，成为一代又一代痴情儿女追求爱情的永恒宣言。

《临川四梦》奠定了汤显祖的历史地位，正如唐诗有李杜，宋词有苏辛，元杂剧有关王（关汉卿、王实甫），明传奇的时代则属于汤显祖。

万历四十四年（1616），汤显祖病逝于玉茗堂，同年，莎士比亚去世，东西方两大文艺巨匠的人生又奇迹般同时画上句点。

只不过，自莎士比亚写出一生中最著名的喜剧《驯悍记》后，很快便摆脱了窘境，他所属的剧团成为国王御用剧团，他创作的剧本蜚声社会各界，他购置了三处豪宅安度余生。

汤显祖显然没那么好运，孤独落寞，家境又陷入困顿，时常要卖文章赚钱补贴家用。他的心境在《牡丹亭》有很好的暗示，杜丽娘早早病死，表明她追求的爱情是不可能实现的，她注定要被爱情毁灭，汤显祖让她还魂，给她圆满的结局，这只是汤显祖浪漫的理想或者幻想，恰恰说明现实中有太多的不圆满，有太多不能实现的美好，对现实越绝望，梦就做得越唯美，笔下的故事就越真挚。

说出口的伤痛都已平复，绝口不提的才真正触及心底。汤显祖还是注定要从对现实的失意中陷入更大的失意，他并没有放下文人胸怀社稷的志向，还在反复念叨着天下忘吾属易，吾属忘天下难，也不能放下早已失去的诗和远方，还会独自站在岔路口，迎着寒风望向来来往往的人群。

没人知道他在想什么，也不知道他是否有什么话要对行人说，人们只远远看到，站在寒风中的汤显祖，像是一棵遗世独立的松柏，即便垂垂老矣，但那动人心魄的青，那百折不屈的姿态，还是让人相信，无论雨疏风骤，寒冰恶雪，松柏的本性是改不了的。纵然气息奄奄，行将就木，可坚贞不屈的气节仍然散发着耀眼的光芒，从古至今，直刺灵魂。

且向山海孤勇行

施耐庵：世道凉薄，也要活得热气腾腾

世道不太平，人心也变得很歹毒。有权有势的横行无忌，没权没势的仇富仇官。元朝末年社会黑暗，政治腐败，上级欺压下级，下级盘剥百姓。有识之士为免受统治阶级挤兑、迫害，大都躲进小楼或遁入深山谈文论道，剩下的一小部分只能继续泡在充满铜臭的污水中，掩鼻遮口，尝试搅动这潭绝望的死水，结果依然腥风徐来，水波不兴。

在王朝更替的历史铁律面前，个人的力量都是微不足道的。时代的惊涛注定要冲刷尽尘世间一切污秽，但在狂风巨浪呼啸袭来前，施耐庵已经悄悄爬上了岸，他望了望远处势不可挡的滔天风浪，转身走向了人生的莽原。

施耐庵从钱塘县尹任上主动退下来时，县衙内一片欢声笑语，在本县一干僚佐眼中，施耐庵这人太不好沟通，做事从不考虑影响，常常跟上级部门正面硬杠，自己不想"进步"，也断了别人盘剥百姓的财路，前不久竟敢依法惩治强

抢民女的顶头上司之子，差点连累大家一起完蛋，这种另类的人怎么能在官场上混得下去？

施耐庵不得不挂印而去，尽管他家境极差，家族世代以捕鱼为生，好不容易出了个做官的，一路走来却是磕磕绊绊。官场上下沆瀣一气，同僚之间虚与委蛇，人前对你称兄道弟，背后恨不得捅你一刀，把你狠狠踩在脚下，毫无情义可言。可施耐庵偏偏又是个重情重义之人，从小到大，他唯一的爱好就是到瓦肆、勾栏听书，尤其酷爱北宋末年梁山好汉的忠义故事，耳濡目染之下，施耐庵性情豪爽，对锄强扶弱、匡扶正义的事业心向往之。

然而，冷漠无情的世道却给了他狠狠一闷棍。郓城县训导任上，临县富豪吴林想让施耐庵帮他亲戚安排工作，遭到施耐庵严词拒绝，吴林怀恨在心，转身就在县令面前告了施耐庵一状，并联合各级官吏一同孤立他，施耐庵颇感艰难，于是愤然辞官。

紧接着，他又在钱塘县尹任上不听上级安排，抵制官府向民间摊派赋税，严厉打击不法行为，引起内部强烈不满，县衙吏卒阳奉阴违，处处使绊，施耐庵深感无奈，再次辞官离去。

官场之外的情形则是另一种触目惊心。官与民之间存在一条无法填合的裂痕，官员从不忌惮以最坏的恶意揣测百姓，更乐以极大的热情肆意盘剥搜刮，毫无怜悯之心。生存的压力让民众变得谨小慎微，遇到欺压只能忍气吞声，作奸犯科、欺行霸市之事层出不穷，百姓们避之唯恐不及，几乎无人敢于伸张正义，除暴安良。

现实的苍白让热血澎湃的内心失去了跳动的意义，小时候一直畅想着要做英雄好汉，长大后却发现社会的土壤并不能孕育忠义的幼苗。施耐庵深刻认识到社会缺乏普遍意义上的温情与友善，得意时遭人嫉妒，失意时受人讥讽，心肠恶毒者如鱼得水，芝兰玉树却毫无生存的空间。

摆在施耐庵面前的有两种选择，要么忘掉那些虚无缥缈的好汉情怀，努力融入黑暗的官场，让内心变得冰冷，换取向上爬的渠道；要么依旧我行我素，与残酷的现实对抗，绝不低头。

施耐庵几乎想也没想，就选择了后者，胸中热气腾腾的斗志不允许他退缩。他和他颇为崇拜的好汉武松一样，饮它十八碗烈酒，提上一根哨棒，只身独上景阳冈，向这个世道凉薄、人心不古的社会宣战，用自己的方式与现实死磕到底。

社会缺失的温度，可以用文字的热度来弥补，施耐庵感到内心深处充斥着创作的激情，像浩荡的洪水行至堤坝处那气吞山河的一击。既然现实中不存在英雄好汉，那就去创造，去讴歌，去弘扬。他天分极佳，记忆力惊人，还具备极强的想象力，一些平淡无奇的故事在他笔下脱胎换骨，变得生动传神、酣畅淋漓。

告别官场，施耐庵决定再去一次郓城，在这个偏僻贫瘠的县城，屹立着他心驰神往的圣地——水泊梁山。

没有了俗事的打扰，远离了官场的尔虞我诈，他得以用一种闲适从容的心态欣赏梁山的一草一木。花红柳绿，芳草碧天，俨然一幅水墨长卷铺展于天地之间，勾勒出饱满多彩的秀丽风光。他或是徒步，或是乘船，或是在梁山脚下的客栈一住数日，或是在渔船上与老翁促膝长谈。

他搜集了大量梁山好汉的传奇故事，武松打虎的阳谷县，智取生辰纲的黄泥冈，三打祝家庄的祝口镇……施耐庵都实地做过调研，并对梁山一带的风土人情、衣食住行、方言土语进行了细致考察。

比如《水浒传》第十五回写阮小五腰围一条间道棋子布手巾，阮小七身穿棋子布背心，正是郓城乡间百姓的日常穿着。小说中频频出现的"这厮""鸟人"等绝味土话，也都是民间极接地气的惯常用语。

梁山的自然、人文景观和梁山好汉奋勇反抗压迫的事迹深深感染着施耐庵，他暗自许下心愿，即使穷尽一生，也要写出一部歌颂梁山好汉的鸿篇著作。

结束梁山采风后，施耐庵继续四处考察，为创作搜集素材。这一去，就是整整二十年。纵然前方一片漆黑，总有心灵的明灯指引路途。施耐庵风尘仆仆，从未停下跋涉的脚步。

为了生存，施耐庵一边游历，一边在当地开设私塾。他的作息很规律，上午教学生读书写字，下午闭门，潜心写作；他的写作风格也很特别，写人物前先画画，把好汉一个个画成人像贴在书房墙壁上。每个人像服饰不同，相貌各异，手中的兵器更是五花八门。

为了体现人物特征，施耐庵大费脑力，给每位英雄各起一个彰显性格的绰号：及时雨宋江、智多星吴用、豹子头林冲、黑旋风李逵、小李广花荣……写到哪个人物，施耐庵总要先对着人像凝视许久，直到这个人物在脑海中完全成形，他才落笔，写不好决不罢休。

创作是一个极其艰苦的过程，灵感总会有意无意地隐藏在思维的某个角落，越想抓住就藏得越深，思维变得更加混乱，大脑也被看似熬不到头的脑力劳动折磨得疲惫不堪。久寻难至的思路、时时枯竭的灵感，让独坐桌前的施耐庵经常陷入两难的境地，踌躇半晌而纸上不得两行，他很想放下笔，又舍不得搁置写作计划，多数时候，他只能借由体内经久不散的一点点热气，苦苦地独撑过去。

为了获取灵感，施耐庵不得不海量阅读史籍，从中为人物故事寻找演绎的可能。

比如《水浒传》中第一个高潮剧情：拳打镇关西。花和尚鲁智深虽然是虚构的，但原型却能找到，而且还是作为正史载入史册的。正史的版本叫——后周太祖郭威刀捅悍屠夫（《旧五代史·周书·太祖纪一》）。

剧情其实相当类似：却说那一日，军中小兵郭威闲来无事，就到集市上闲逛，集市有户杀猪宰狗的人家，这家的屠夫宰得一手好猪，剁得一手好肉，却也仗势欺人，恃强耍横。可郭威比他还横，站在肉摊前大吵大嚷，点名要屠夫给自己切肉。那厮见郭威孔武有力，又是兵卒打扮，心里不免怯了三分，只好满脸赔笑，亲自给郭威切肉。在屠夫切肉的过程中，郭威对其进行了一轮又一轮的无情嘲讽，说什么肥肉太多了，刀法太糙了，无良商家卖注水猪肉，等等，言语甚是难听。屠夫平日奉承话听多了，哪里受得了这般羞辱。切着切着，他突然把刀砍在案板上，袒露出肚子对郭威嚷道："你这厮是什么鸟人，敢在老子的地盘撒野，有种就往大爷这儿捅！不捅不是好汉！"屠夫话还没说完，就被郭威一刀捅翻，顷刻间一命呜呼。来自史书的记载就这么被活灵活现地演绎在"鲁提辖拳打镇关西"的剧情之中。

化正史为剧情，只能为写作提供些许灵感，真正支撑小说主体部分的还是来自亲身经历后的思考和感悟。

比如写《水浒传》中最精彩的剧情之一——打虎。为了写好武松打虎和李逵杀虎这两段剧情，施耐庵翻山越岭在深山老林中走访猎户，向他们请教老虎的捕食动作、神态及猎手们与老虎搏斗的情形，甚至打算亲自深入老虎出没之地，实地观察老虎的一举一动。施耐庵多方打听老虎经常出没之处，并多次前往林中探察，终于在一个傍晚等到了猛虎出动。

那日，施耐庵悄悄爬上树，借助树的枝叶隐蔽起来。突然一只野鹿从树下窜过，紧接着，树林间响起一阵高亢的虎啸，霎时从树丛中跃出一只斑斓猛虎，分分钟将野鹿掀翻在地。

等老虎吃饱离去后，在树上目睹猛虎捕食野鹿全过程的施耐庵，赶忙从树上溜下来跑回家中，凭借记忆反复在脑海中重现猛虎捕食的动作和神态，这才把景阳冈上那只吊睛白额大虫描写得格外生动传神。

元至正十三年（1353），归隐二十多年的施耐庵，投入元末农民起义领袖之一张士诚的幕府，这既是张士诚礼贤下士、盛情邀请的结果，更是施耐庵放不下黎民百姓，渴望解救苍生于水火的夙愿。

然而，仅三年后，张士诚败亡，施耐庵只得再次归隐。

这段经历，让施耐庵描写战争场面时更加得心应手，比如"两败童贯""三败高俅"，比如"五虎将""八骠骑"，比如行军作战的各种阵法。

同时，在小说中有些极其隐晦的细节，都彰显着施耐庵对张士诚的追忆之情。

比如，隐藏真实身份的好汉，都要姓张。

第二回中，王进因得罪高俅，带着老母借宿史家庄。史庄主问："你们是哪里人氏？到此何干？"王进回答："小人姓张，原是京城人。"

第十一回中，朱贵盘问前来投奔梁山的林冲："你好大胆！你在沧州做下迷天大罪，却在这里。见今官司出三千贯信赏钱捉你，却是要怎的？"……林冲道："我自姓张。"

第五十四回中，李逵下山去接老娘，在官府张贴告示处凑热闹，被朱贵拦腰抱住，故意嚷道："张大哥，你在这里做甚么？"李逵一脸蒙道："你这朱贵，谁是你张大哥！"

偶然写一个假冒张姓也就罢了，但小说中这种情况一再出现，绝对是施耐庵有意为之。

再比如《水浒传》中两个罪大恶极的女人：潘金莲、潘巧云。之所以都姓潘，大概有两层用意：一是据说施耐庵曾被一潘姓女子欺骗过感情，导致人财两空；另一种解释是朱元璋和张士诚在苏州决战时，张士诚的女婿潘元绍和其兄潘元明二人，在攻城战最紧要关头率众开城投降，直接导致张士诚战败被俘。

张士诚败亡于朱元璋后，施耐庵坚决不入朱元璋的阵营。故交刘伯温曾先后两次向朱元璋举荐："施耐庵才能胜臣十倍，若他出山，必会有一番大作为。"

施耐庵始终不愿出山，甚至因此锒铛入狱。这是他对张士诚知遇之恩的报答，更是他一贯恪守忠义之道的体现。

明洪武二年（1369）十月，这是施耐庵人生中最后一个生日。他再三拒绝子孙们的祝寿请求，只吃了一小碗寿面。传说，他写了一副对联。

上联：尊祖宗一脉传流克勤克俭
下联：教子孙两派正路唯读唯耕

此时，鸿篇巨制《江湖豪客传》（后改称《水浒传》）已撰写完成，提前交由门人罗贯中代为保管。四个月后，施耐庵突染重疾，二弟施彦才特地从故乡白驹场赶来探望，见兄长虚弱至极，不禁泪流满面。施耐庵见到二弟，吃力地拉着施彦才的手说："为兄毕生都累在这部书上，我死后，子孙男耕女织，有口饭吃就行，切勿再学为兄。"话没说完，施耐庵就疲惫地闭上了双眼。洪武三年（1370）三月，施耐庵病逝，终年七十四岁。

施耐庵的一生，起于《水浒传》，亦终于《水浒传》。需要强调的是，施耐庵在口述文学、宋元民间艺术话本、元人戏曲基础上创作出的《水浒传》之版本问题，共有三种说法：

其一，七十回本，至《忠义堂石碣受天文 梁山泊英雄惊恶梦》为止；

其二，一百回本，即梁山大聚义后，包括招安、征辽、征方腊，以宋江等人被毒死为止；

其三，即目前市面上流行的一百二十回本，由罗贯中增添征田虎、王庆的内容二十回，这个版本也解释了为何征方腊死了那么多梁山好汉，征田虎、王庆却没死，因为这一段是后续添写的。

虽然人生中大部分时间都在潜心著书，除去短期从政的苦涩经历，施耐庵的生活并不冷清，更不缺少热血和激情，他曾赤手空拳狂揍妄图夺人茶园的恶霸，提起哨棒教训当街调戏妇女的恶少，发文抨击过很多笑里藏刀、绵里藏针的小人；他可能上过结义兄弟的恶当，也可能被水性杨花的女人伤害至深；他曾为张士诚出谋划策、擘画大业，也因立场问题被朱元璋投入监牢，连耗尽心血写成的著作也差点被付之一炬。可千帆过尽，施耐庵人生观、价值观的坐标始终指向热气腾腾的忠义二字，虽久历艰辛却从未折损一丝一毫的光辉。

施耐庵病逝之后的许多年里，《水浒传》都因"倡乱"色彩浓厚被朝廷列为禁书，无法在市面流传。直到嘉靖年间，一位姓罗的年轻人怀揣着厚厚的书稿，千里迢迢赶到当时全国的刻书中心福建建阳，直奔福建提学副使宗臣府上。

年轻人开门见山，表明来意："先祖罗贯中曾是施耐庵先生门人，先生临终前，将此书稿托付于先祖。二百年来，我罗家先人多次尝试将此书稿刻印，无奈世道坎坷，至今未能问世。听闻大人祖籍兴化，与施公同乡，今特来拜望，并献上施公遗著。"

宗臣阅后，不由惊叹："如此巨著，尚流散民间，实乃我等官员之过。"于是他当机立断，上奏朝廷据理力争，终将这部几经辗转的书稿，在坊间刻印问世。

书稿印制后，最先在东南沿海抗倭部队里风靡。书中一百单八位忠义豪情的梁山好汉，迅速成为将士们集体崇拜的偶像，潜移默化下，抗倭斗志被大大激发。后又经说书人大力推动，书中的精彩故事在民间广泛流传开来。

在历史的长河中，许多不合时宜的事物，必然会被岁月遗落。当时代的浪潮拍岸而来，一切人和事都将被挟裹着向前推进，一如光阴流转，让深的东西越来越深，让浅的东西越来越浅。王朝交替之际，施耐庵挥手告别旧时代，却没有拥抱新时代，他在新旧时代的夹缝中独自游走，上不愧于天、下无怍于人、中无悔于事业，他苦心孤诣地用文字连成的精彩故事弘扬忠义，用毕生心血树起一面替天行道的大旗，试图温暖这人心浮躁、冷漠凉薄的世道。

在人生的莽原，谁也难以叩开孤勇者的心扉，但孤勇者由内向外散发出的精神力量，足以让悲剧的成分收敛至无穷小，让豪迈的气魄发散至无穷大。一如箪瓢屡空、茕茕孑立的施耐庵，路见不平一声吼，该出手时就出手，纵然心里藏着万千苦楚和疲惫，却仍在热气腾腾地活着。

吴承恩：当命运的紧箍从头顶摘去时

子女教育问题，始终是淮安杂货铺老板吴锐的一块心病，他时常坐在门前兀自感慨，如果自己当年能有这么好的学习条件，早就考中进士、光宗耀祖了。

吴锐家境很差，祖上从未出过像样的人物，先辈留给后世子孙的遗产，仅仅是一间不甚宽敞的杂货铺。吴锐进社学①那年，早已过了适读年龄，在班上属于大龄学生，被同学们各种调侃。性格要强的他从未浪费来之不易的读书机会，社学毕业时，其他同学能背诵的《大学》《论语》《孟子》《孝经》，他背得更熟；该掌握的基础知识，他一点也没落下。

然而，他的科考梦想还未真正生根发芽，就被贫寒的家境扼杀在土层之下。父亲病逝后，他不得不早早辍学，独自

———————————
① 社学：元明清三代地方公办小学。

经营杂货铺的生意。

这种生活不是吴锐想要的，可他只能咬牙含泪向生活低头。多年来，店铺生意不温不火，吴锐的性格也愈发沉默，平时总是一副读书人的装扮，爱侍弄花草，尤其喜爱菊花，他自称"菊翁"，市井中人却笑他痴傻，毕竟像他这样每日雷打不动坐在柜台后面忘我读书，时常怠慢顾客的老板，实在算不上精明。

没有文人的命却得了雅士的病，面对质疑和非议，吴锐表面上不以为然，心里却一直对过早辍学耿耿于怀，他热爱读书，渴望入仕，只因生活所迫做个了无意趣、锱铢必较的商人。他憋着一口气，于是对宝贝儿子吴承恩的教育下了血本。

吴锐盼望将来会有那么一天，儿子骑着高头大马，身披大红官袍，在锣鼓声和众人的簇拥下来到杂货店门前，父子温情相视，流下两行热泪。他痴痴地想，如果真能看到这个场景，自己这辈子就没什么遗憾了。

可期望与失望之间，往往都是期望捷足先登，失望后来居上。吴锐很快发现，培养儿子科举入仕的美好设想，完全是自己一厢情愿。

虽然吴承恩天分出众①，酷爱读书，吟诗作赋、绘画歌舞

---

① 据《淮安府志》记载：（吴承恩）性敏而多慧，博极群书，为诗文下笔立成；省里派来主持童子试的督学赞其天资聪颖，日后科举必得第一。

样样精通，可就是不喜欢钻研四书五经。还在童子社学接受基础教育时，他就开始背着父亲偷偷阅读《搜神记》《玄怪录》《酉阳杂俎》等志怪小说，平常上课，书桌上摆着四书五经，下面却永远是"不正经"的闲书。

吴锐实在想不明白，多年来的叮嘱、鼓励、责备，怎么就没能让儿子体察到自己的良苦用心，就像运行流畅的原装系统，独独少了醉心科考的程序，可惜又没有一键重装的功能。学已至此，只能听之任之。

嘉靖三年（1524），二十岁的吴承恩与同窗好友沈坤、李春芳、朱曰藩前往南京贡院，首次参加乡试。

三场[①]考罢，吴承恩迷之自信，与考友们有说有笑地等待放榜。结果，几位同窗都顺利考中举人，榜单上却唯独没有他的名字。吴承恩有些郁闷，大家都是同样的试题、同样的考试时间、同样的铃响交卷，怎么就他名落孙山呢？

说来其实并不奇怪，别人考前都在熬夜通宵拼命复习，他却在瓦肆有说有笑地听人说书；别人早就对科考内容了然于心，他心里装的却是四海八荒、神魔鬼怪的传奇故事。面对复杂困难的考题，他根本达不到不点也通、不学也会的层次。郁闷的吴承恩觉得自己年纪轻轻就已跌入人生的谷底，但实际上他还有很大的下降空间。

此后十余年间，吴承恩又连续六次参加乡试，一次次满

---

① 明代乡试分三场，第一场考四书五经及各家注疏，第二场考议论文及诏、诰、表等公文写作，第三场考时务策论。

怀希望，一次次落寞而归。他的三位挚友，沈坤成为淮安府历史上首位状元，李春芳后续同样高中状元，朱曰藩考中进士，只有吴承恩一直原地踏步。

第三次落第之后，吴锐在极度失望中去世，宣告应试教育彻底失败。吴承恩跪在父亲坟前，突然明白了许多，父亲压抑一生只为向卑微的命运争口气，可他咽气时无力摇头、垂泪闭目的样子，让吴承恩陷入了深深的自责和悔恨之中，他恨自己不够优秀，又不够努力，父亲含恨而逝，留给吴承恩刻骨铭心的痛，那是一种久难弥补又永存遗憾的痛。

他不顾俗制，亲自为父亲撰写墓志铭，字里行间满是自责："呜乎！孤小子承恩不惠于天，天降严罚，乃夺予父。然又游荡不学问，不自奋庸，使予父奄然殁于布衣，天乎？痛何言哉！天乎？痛何言哉！呜乎！有父生不能养，今没矣！"（吴承恩《先府宾墓志铭》）

人是在一瞬间长大的，也是在一瞬间决定戴上曾经不用或是不愿戴上的紧箍。紧箍一旦套在头顶，就不再有那么多无拘无束的快乐，人生便只有一个既定的方向，如果心生妄念，紧箍会在头上越收越紧，时时刻刻提醒着你，不得懒散，不准跑偏，不能贪图享乐，不能消磨时光。

当吴承恩自愿戴上科举入仕的紧箍，注定要暂时放下爱不释手的稗官野史、志怪传奇，拿起枯燥无趣的儒学经义，可鬼魅神怪的故事仍然不停在脑海中浮现，挥之不去。他拼命地集中精神，精神却始终将意识导向另一个光怪陆离的世界。

在意识的自我抗争中，吴承恩逐渐发现自己的人生注定要走向悲剧，他无法集中精力复习备考，又必须在爱与不爱的选择中备受煎熬，于是只能继续落榜。

日复一日地焦虑、恐慌，关于前途的迷茫，切割着吴承恩的灵魂，一种无法言说的烦躁情绪，时常萦绕在心头，让他分不清自己到底是清醒的还是糊涂的。

嘉靖二十九年（1550），年近五十的吴承恩深知科考已经没有奇迹了，整个人都麻木了，他看着老母亲佝偻的背影还有那充满遗憾的眼神，仿佛在无声地对他诉说，不管你用什么方法，必须得让你爹瞑目，得让我死后有脸去见他！万般无奈之下，吴承恩选择含泪做了岁贡①生。

贡生与贡士仅一字之差，分量却天差地别。

乡试、会试连续考中者称为贡士，下一步就是进士；贡生，是明清时代专门为考不中举人的资深老秀才们提供的另外一条出路。根据朝廷惯例，各地秀才中成绩优异者可受地方官府推荐进京，参加吏部遴选，优异者酌情选拔为不入流的小官。

即便是小官小吏，一样能挤破门槛，那时候又没有系统摇号，暗箱操作空间极大，有钱有势的优先安排，没钱没势的只能排队等待，不一定要排到哪年哪月。

---

① 明清时代，朝廷每年或每两三年从各州、府、县选送生员入国子监读书，称为岁贡。

从淮安一路北上途经济宁时，内心苦闷的吴承恩特意登上太白楼写诗留念，他自认为和李白一样洒脱狂傲，只是没有李白那样令人殷羡的际遇，仰天大笑出门去，可以让圣人调羹，贵妃捧砚，力士脱靴。站在太白楼上，颓丧失意的吴承恩仿佛看到李白就在眼前，他对着一个根本不存在的影像自言自语道，你一定认识我吧，正如我认识你一样，因为我们都是于世不容的狂夫啊！（吴承恩《太白楼》）

吴承恩学着李白那样喝得酩酊大醉，对着苍天发出阵阵狂笑，但笑声里却完全没有李白诗成笑傲凌沧洲的从容自信，只有不满现状的孤独呐喊和含悲咽苦的心灵悸动。吴承恩觉得自己飘忽得像风中的落叶，没有远方，更谈不上归宿，他承认自己是那么不堪一击，在科考的挫折前脆弱、颓废，像是被风吹起的沙尘塞满了整个天空。

贡生遴选不出意外地没有结果，独生子吴凤毛却在此时意外死亡，身心俱疲的吴承恩被编入南监学籍，一边在南京国子监读书，一边继续在吏部挂号排队，一直排了好几年，官至礼部尚书的好友李春芳才替吴承恩谋得一个长兴县丞的职务。

悲剧的命运在这里显示出难得的喜剧色彩。据说，吴承恩的顶头上司就是赫赫有名的文坛泰斗归有光，两人都是首次为官，这俩老书生虽无官场进阶的志趣，心境却是难得的契合。可惜，这段乏善可陈的官途却在归有光离职进京、吴承恩被人诬陷贪赃时戛然而止。多年后，吴承恩又转任荆王府纪善官^①，但很快便告老还乡。

首次科考失利时，吴承恩认为小鸟飞不过沧海，是小鸟没有振翅翱翔的勇气，如今他发现，不是小鸟飞不过去，而是沧海的那一头，早已没有了繁花似锦的极乐世界。

科考失意、仕途失意、穷困潦倒、年过花甲，吴承恩自觉一事无成，当璀璨的星光不再闪耀，未来的路，究竟在何方？

失望与愤懑之中，吴承恩翻出五十岁前匆匆写出的十几回小说章节，这是一些关于石猴大闹天宫的故事。从小到大，吴承恩都酷爱听书，《大唐三藏取经诗话》《西游记平话》是他的最爱，翻江倒海、大闹天宫的猴子，一直让他心驰神往。

他曾经不理解，石猴为什么要采用流氓式的手段大闹天宫？失败后又为何要被如来佛祖压在五指山下五百年？如今他心中似乎有了清楚的答案。当青年时代的记忆由清晰到模糊，再由模糊到清晰时，他发现头顶的紧箍已经戴了很久了，心中的压抑和烦恼也积压得够多了，是时候把紧箍摘下了。

连回音都没有的空谷，不值得纵身一跃。人活一世，就是要彻底摆脱别人的期待，不再需要通过别人的认可来证明自己的价值。没有了完成父亲遗愿的压力，那些神魔鬼怪的

———————————

① 荆王府，位于蕲州；纪善官，类似于王府教师，八品。

故事重新在吴承恩脑海中鲜活起来，万念俱灰也好，自我救赎也罢，他决定将人生中所有经历过的辛酸苦辣，用文字肆意释放，让那种心痛的感觉，在字里行间蔓延，绽放出一种极致的美丽。

吴承恩给这个光怪陆离的神魔世界，取名为《西游记》。

与《水浒传》《三国演义》情况类似，《西游记》同样取材于民间说书艺人的口口相传以及类似古籍的代代记述，不过说书艺人讲出的故事只为渲染剧情，古籍的记述也只是零零星星，妖魔鬼怪、神通法力，都只是表面，吴承恩通过整合与再创作，构建起一个庞大的故事体系，他真正的意图，并非仅仅追寻故事的离奇玄幻，而是以志怪小说的形式抒发内心的愤懑，抨击社会的黑暗。

比如小说中有关道士的剧情。除太上老君、太白金星、镇元大仙等几位德高望重的道教高层代表之外，地上的道士几乎没什么好鸟，不是来路不正就是为非作歹。

第四十四回，师徒行至车迟国，发现国王兴道灭佛，僧人都被罚做苦工，悟空三人与虎、鹿、羊三大仙斗法，还恶搞着让三大仙在三清观喝了尿。

第七十三回，盘丝洞蜘蛛精们的师兄，给师徒四人弄了几杯毒枣茶，幸有毗蓝婆菩萨相救，还用绣花针让妖道显原形，原来是一条七尺长的大蜈蚣精。

第七十八回，师徒路经比丘国，比丘国国王病了，他听信国丈的妖言，要用一千一百一十一个小孩的心肝做药引，这国丈化身道士，其真身为南极寿星的坐骑——白鹿精。

悟空、八戒、沙僧，本也都是道教背景，后续统统弃道入佛，才得以修成正果。吴承恩虽长期钻研佛学经义，本身并不信佛，之所以这么写，完全是对明朝统治者一种隐性的批判。

吴承恩生活的时代，明世宗朱厚熜沉迷修道，喜怒无常，残害宫人，二十多年不上朝，以致朝政被严党把持，搞得国家乌烟瘴气、江河日下。批判朱厚熜修道，才是吴承恩的本意。

再比如《西游记》中妖怪们毕生的追求：吃一口唐僧肉，然后长生不老。实际上，长生不老并非妖怪们的终极目标，他们渴望的是借助唐僧肉的功效提升社会地位，甚至位列仙班。

对此，平顶山莲花洞二洞主银角大王最有发言权："若是吃了他的肉就可以延寿长生，我们还打甚么坐，立甚么功，炼甚么龙与虎，配甚么雌与雄？只该吃他去了。"

社会地位，才是神仙妖魔共同追求的目标。

神仙为什么不觊觎唐僧肉？因为他们不需要。玉皇大帝、王母娘娘自不必说，太上老君（金丹）、镇元大仙（人参果）、南极仙翁（紫芝瑶草）等属于自带修仙法宝，不需要他物加持。

天庭剩下的食禄者，就算没有金丹、人参果，也有资格经常参加蟠桃会、金丹会等大型修仙活动。

地上的妖怪可就不一样了。孙悟空当年闹来闹去，无非就是想迫使天庭承认自己，于是被骗上天庭当了个不入流的芝麻官——弼马温，不明真相的猴子屁颠屁颠地跑去给玉帝养马，天真地认为自己已位列仙班，其实人家对他根本不屑一顾。

想快速修仙，就得吃唐僧肉。可吃唐僧肉，又何尝容易——近处有三个徒弟舍命相保，远处还能请来各路神仙出手搭救。

《西游记》中还有个更明显的倾向，天上有背景的妖怪统统保住了性命，每当妖怪濒临死亡之时，就会从云层里冒出某某某神仙，高喊一声："大圣，手下留情，这是我那不成器的孽畜！"

地上没人脉的妖怪呢，统统死在猴子的棒下，没人搭救，更无人可怜。

神仙妖怪，代表着固化的社会阶级。妖，永远是妖，做不成神仙。普通人，想晋升上位，更是难上加难。

《西游记》临近终章，吴承恩还特意设计了一个特别深刻的剧情：阿傩、迦叶索贿。

唐僧师徒历经艰险到了灵山，结果看守藏经阁的阿傩、迦叶两位尊者却公然向唐僧索要人事。唐僧师徒以为二人在开玩笑，只是不停地解释说路途遥远，不曾备得，然后阿傩、迦叶就给师徒传了无字经书。

回头换经时，如来非但没有斥责阿傩和迦叶，反而啰里啰唆给唐僧师徒讲起了大道理："他两个问你要人事之情，我已知矣。但只是经不可轻传，亦不可以轻取。向时众比丘圣僧下山，曾将此经在舍卫国赵长者家与他诵了一遍，保他家生者安全，亡者超脱，只讨得他家三斗三升米粒黄金回来。我还说他们卖贱了，教后代儿孙没钱使用。你如今空手来取，是以传了白本。"

师徒无可奈何，只得将太宗皇帝送的紫金钵盂交了出去。如此庄严神圣的取经大业，居然要以物易物，脸都不要了，想想的确有些不可思议。

其实，吴承恩是借此向世人传递一个现实问题：财富分配。

利益集团从不讲道义，更不讲情怀，在财富面前，从来没有免费的午餐。佛教的兴盛，从来都伴随着社会资源的占取，金碧辉煌的寺庙、吃喝无忧的僧侣，哪一个没有消耗普罗大众的血汗？高高在上的统治阶级，又何曾真正关心平民百姓的疾苦？

作为古代第一部浪漫主义章回体长篇神魔小说、四大古典名著之一，吴承恩借助志怪神话的形式，折射出渴望建立"君贤神明"王道之国的政治理想。

《西游记》的创作，耗尽了吴承恩全部的心力。九九八十一难，是一场漫长的苦行，吴承恩的人生经历又何尝不是如此，身陷泥沼，毕生辛苦，身上挑着重担，头顶还戴着束缚行动的紧箍，他在挫败中一次又一次奔赴向前，在最深切的苦难中，感受着无处安放的孤独和被暗夜层层包裹的寂寞。

热泪千行各有千种不同的疼痛，人生总会走过无数个驿站，也总会遇到陌生或熟悉的风景，需要铭记的不多，铺就在记忆深处的对与错、成与败，无非是当暮色沉沉、夕阳向晚、结局来临之际，向时光诉说着全部的待续。

可吴承恩终于还是将头顶的紧箍摘下了，卸掉了所有的负担，然后踏着一地细碎的月影，重新走进这片艰险与神魔交织的山河。写完了，封笔了，人生应该就如求取真经一般无怨无悔了。

李贽：且视他人之疑目如盏盏鬼火，大胆去走你的夜路

　　袁宏道二十三岁那年，从家乡公安长驱一千三百里，前往麻城龙潭拜访素以离经叛道自居、被世人痛斥为异类的李贽。

　　当他千里迢迢赶到李贽寄居的芝佛院门前，正琢磨怎么进去时，突然看见一个个子不高，身形有些佝偻的光头老者正微笑着朝门口走来。

　　老者的笑容，明明只是简单的嘴角上扬，却有一种让人说不出的舒服。不过最令袁宏道感到好奇的，还是老者那颗锃光瓦亮的光头，此人必是李贽无疑了。

　　袁宏道走上前去自报家门，眼睛不时瞄一下那颗光头，这个不经意的举动并没有逃出李贽的视线，他笑了笑，随口解释说："两年前的夏天格外炎热，某一日我头皮奇痒难耐，搔出皮屑四处飞扬，我想彻底解决头屑烦恼，就给自己

剃了个光头，从此不再蓄发，只保留胡须，于是成了一个半真半假的老和尚（僧不留须）。"

袁宏道还没想好该如何接话，李贽又继续说道："我知道你心里可能会想，所谓身体发肤受之父母，不敢毁伤孝之始也。那我可以告诉你，我这人平生最不喜受人管束，不信学，不信道，不信仙释，当今俗人与一切假道学，都以异类视我，我不如自行戴上'异端'的荆冠，免得他们再以虚名加之于我，怎么样呢？我看你骨骼清奇，真世间英灵男子，不知你是否也以异端视我呢？"

袁宏道哑然一笑，尴尬地摇了摇头。

结识当天，袁宏道向李贽诉说心中的不快，科考落榜、诗文创作陷入瓶颈，终日郁郁寡欢，他很苦恼，希望寻得突破之法。李贽哈哈大笑，说他自姚安知府任上辞职以来，就剪断了人生万千烦恼丝，所以，他彻底摆脱了世俗礼教的束缚，想干什么就干什么。他带袁宏道参观了自己的住所，又给袁宏道看了自己近年来笔耕不辍的《藏书》《焚书》《说书》三部著作，还给袁宏道讲了许多令人瞠目结舌的往事。

李贽原本是不屑于入仕的，更不屑于写那些枯燥死板的八股文，可贫寒的家境还是让他不得不踏入考场，并于嘉靖三十一年（1552）高中举人。中举后，李贽内心毫无波澜，按他自己的话说，科考中举根本没什么难度，无非是提前背熟三五百篇范文，考试时根据考题随便默写一篇上去就行了。

考上举人，足以养家糊口，对继续奋战毫无兴趣的李贽并没有进京参加会试，而是勉勉强强开始了一段煎熬且枯燥的官宦生涯。在近二十年间李贽目睹了无数官场的尔虞我诈，以及满口仁义道德的假道学们种种恶劣行径，阳为道学，阴为富贵，被服儒雅，行若狗彘。

仁义道德，不过是他们掩盖卑鄙龌龊的空壳，读书而求高第，居官而求尊显，无一厘为人谋，口口声声说天下为公、勤政为民，实际上比谁都自私自利。李贽生性刚正，不肯阿谀奉承，不肯花钱求官，仅靠微薄的收入果腹，他痛恨圣贤之道不幸成为假道学们无往不利的工具。他很悲哀，又备受折磨，在这千折百转的纠结和痛苦之中，五十四岁的李贽终于逃离樊笼，辞职回家，他选择余生为自己而活，并开始以种种离经叛道的言行，单枪匹马向世俗礼教宣战，为争取个性解放和思想自由而斗争。

他做的第一件振聋发聩的事，就是把万世师表孔子请下神坛。

天不生仲尼，万古寂寞如长夜，那么仲尼出生之前，每天都只是黑夜吗？学了孔孟之道，人才算得上是人，那么孔孟出生之前，人就不是人了吗？

李贽说，圣人不曾高，众人不曾低。圣人之言，都是后世刻意吹捧拔高的。孔孟也和凡人一样，没有高低之分。世上根本没有圣人，又或者人人都可成圣人，没必要以所谓圣人的标准为标准。孔孟之学，非道冠古今的万世至论；四书五经，不过是道学之口实，假人之渊薮。

紧接着，李贽又开始猛烈批判"存天理、灭人欲"的程朱理学。他主张穿衣吃饭，即是人伦物理；除却穿衣吃饭，无伦物矣。（李贽《焚书·答邓石阳》）那些所谓正统人士闭口不谈私欲，却心存高官、志在巨富，干得全是私欲泛滥、损人利己的勾当。

李贽主张解放个性，承认人人皆有私欲，所谓士贵为己，务自适。如不自适而适人之适，虽伯夷、叔齐同为淫僻；不知为己，唯务为人，虽尧舜同为尘垢秕糠。（李贽《续焚书·答周二鲁》）人，本来就有私欲，为何不承认呢？难道孔子就没有私欲吗？

两千年来，没有人敢如此诋毁至圣先师，诋毁儒家思想，认为其不足为万世典范。实际上，李贽却是一位真正尊崇孔孟的儒士，他想让孔子回归到人本身，反对统治阶级利用程朱理学神化孔子，通过禁锢思想来禁锢个性的发挥，让群体中的每一个个体完全束缚在思想禁区之中，失去自我判断是非曲直、价值取向的能力。

为解放个性，破除封建礼教的束缚，李贽提出"童心说"：

> 夫童心者，真心也。若以童心为不可，是以真心为不可也。夫童心者，绝假纯真，最初一念之本心也。若失却童心，便失却真心；失却真心，便失却真人。人而非真，全不复有初矣。（李贽《焚

书·童心说》）

所谓童心，就是保持本心本质。该吃饭吃饭，该生娃生娃，自然界是"我妙明真心的一点物相"，无理无物，一切物质和精神都存在于童心之中，即最初一念之本心，不受外界干扰影响。童心主宰一切，是一切之本源，万事万物只有在此一念之中，才是真心的显现。

闻所未闻的主张，让李贽成为众人眼中叛逆、孤僻、奇怪的异类，以至于批评讽刺层出不穷，可李贽却始终保持着旺盛的斗志，他曾不屑地向世俗回击：幸好我天生胆大，不然自己都要被自己吓死！

他确实很胆大。

在黄安天台书院讲学时，他公然收女性为徒，更极力宣称男女平等。

别人强调说话要轻声、仪态要端庄，非礼勿言、非礼勿听、非礼勿视、非礼勿动，他却任凭学生在教室追逐打闹，尽情释放人性。

别人坚持白天上课，他却偏偏改成晚上，决不屑于所谓阴阳颠倒，于理不合的抨击。

别人坚持教授儒家仁义礼智思想，他却统统改为教授衣食住行各种实用之学。

别人教导学生要无私奉献、造福社稷，先天下之忧而忧，后天下之乐而乐，他却教导学生耕田而求食，买地而求种，架屋而求安，读书而求科第，属官而求尊显，博求风水以求福荫子孙，皆为自己身家计虑。

别人褒奖历代忠孝节烈人物，他却有理有据统统推翻：所谓篡国危主的乱臣贼子，他列为智谋名臣；所谓暴虐之君秦始皇，他盛赞其是千古一帝；所谓篡位称帝的武则天，他盛赞其是"政由己出，明察善断"的圣后。

别人主张男子生下来就是为学成文武艺，货与帝王家，女子生下来就是要无才为德，居家相夫教子，夫君死后还必须终生守节，恪守妇道，他却极力反对三纲五常，封建纲常把人伦顺序排列为君臣、父子、兄弟、夫妇、朋友，他却认为夫妇才是第一等伦理，其他都要往后排，甚至提倡婚姻应当自由恋爱，失偶也可以再嫁，没有必要去枯守空屋。

为了贯彻主张，李贽毅然决然削发，甚至麻城知县亲自登门恳请其重新蓄发，以至泣涕甚哀，李贽仍不为所动。他主张论才不问性别，只要才智过人，女子不必自觉低人一等，做父亲的也不能重男轻女。为此，李贽打破世俗界限，毫不避讳地与女性交往。

麻城当地有位名为刘毛氏的老寡妇，能写诗，有才气，李贽慕名求见被拒，又写信希望得其作品一观，仍求而不得。后来，李贽收了一名年轻的梅姓寡妇为徒，二人时时写信交流佛法。写信向他请教佛经的，还有麻城许多士绅人家的姑娘媳妇，一时闹得满城风雨，李贽却自我解释说，我心上无邪，身上无非，形上无垢，影上无尘，古人口中仰不愧于天，俯不怍于人，说的正是我这种人！

事实上，李贽与异性的交往冰清玉洁，光明磊落，但却根本无法阻止卫道士们用最恶毒的语言诽谤、耻笑、讥讽、侮辱、抨击李贽的行为是冒天下之大不韪，是可忍孰不可忍！甚至污蔑李贽勾结士人妻女入庵讲学，实则行淫欲之事。李贽并不辩解，也劝与其有书信交流的女徒弟们不用辩解：今我等既为"出格"之事，而想要世人知我信我，岂不糊涂！世人既不知我，不信我，与他们去辩论，枉费口舌那就更糊涂了。

袁宏道在芝佛院逗留月余，听李贽讲了很多往事，其中也包括他的家庭和他的妻子。李贽告诉袁宏道，与他患难相扶四十余年的妻子在老家病逝了，他为亡妻写过很多诗句，可亡妻生前却不是他的知己，根本理解不了他的志趣，李贽只好让妻子留在家中照顾老幼，自己抛妻弃家，寓居他乡。如今每每思之，深感羞愧。除了妻子，他的祖父、父亲、儿女都先后病故，自己举目无亲，身体时好时坏，却始终找不到知己，也不可能有知己。

李贽说，自己势单力孤又年迈多病，却不得不强打精神，揭露假道学的虚伪面目，有时不得不刻意为之，放纵恣睢实属无奈。他不屑与其主张不合者交往，日常只有三种待人方式：嫌弃鼻息臭秽者，令其远坐；嫌弃俗不可耐者，驱之出门；嫌弃心窍不通者，一言不发。可他对弟子及求教于己的普通人，又是那么随性率真，看不到一丝一毫私念。

　　李贽还说，他悲哀地看到人们如此轻易地走进了世俗的阴影之下，愚蠢地聒噪不休，还坚信这就是人生的追求和价值所在。如今不屑于随波逐流的自己寄宿麻城，因观念冲突结仇不少，很多人都想将他除之而后快，但他并不后悔，也绝不退缩。可惜的是，在麻城收的一干弟子天赋出众者寥寥无几，无人可以继承自己的学说，但袁宏道识力胆力，皆迥绝于世，必然可以传学弘道，延续薪火。

　　于是，相聚的日子里，李贽与袁宏道宴饮游乐，一起读书交流，他们交流的内容很广泛，从四书五经到诗文创作再到小说点评。当袁宏道说他陷入了诗文创作的瓶颈时，李贽告诉他读书应是为了养护童心而非窃取片段冒充圣贤，更不能循规蹈矩、拾人牙慧，创作发于本心而成于真心，临摹古人的假文章不必做，妄图窃取成就的假文章更不必做，做了便要坏掉童心。

　　李贽的悉心传授，让袁宏道醍醐灌顶，后来，袁宏道以"独抒性灵，不拘格套""存真去伪，讲求真声"的系统创作理论，成为"公安派"领袖。可李贽对袁宏道的影响，也仅仅只停留在文学创作领域，他视为可以继承其衣钵的袁宏道，并不能真正像李贽那样为个性解放无畏斗争，甚至不惜丢掉性命。

　　李贽的担忧并不是杞人忧天，孤身与整个社会的绝大多数为敌，危险的脚步注定会一步步逼近。

　　万历十九年（1591），李贽在袁宏道的陪同下游览黄鹤楼，却被一群人叫嚷着驱逐而去，还痛骂李贽左道惑众。回到麻城后，素来对其视若仇雠的耿定向不停教唆门生发文攻击李贽，甚至一些官员都想利用手中权力对其进行迫害，还扬言要烧了芝佛院，将李贽绳之以法。

万历二十五年（1597），李贽被迫离开麻城，以七十岁的高龄前往山西大同，此番出行，既为避难，也为讲学。避难的心情很苦涩，李贽知道，饱受愚昧思想禁锢的人们根本不需要自己的学说，只想继续没心没肺、心安理得地活着、信奉着、享受着，愚昧的人必须将异己的思想扼杀禁锢，彻底消灭，否则便会寝食难安。可百姓的热情又很高涨，在哪里开坛讲学，哪里就是万人空巷，就连平日里不敢踏出闺门的女子，也会勇敢推开房门，跑来听李贽讲课。

面对目不识丁却秉性善良的芸芸众生，李贽多希望让更多的人听到自己的理念，多希望能有人肩负起薪火相传的使命，批判假道学，推崇真本心。可他身边没有弟子，前来听讲的百姓多数只是好奇大于思考，启蒙的成效并不理想。这是李贽的悲哀，也是时代的悲哀。

四年后，饱受漂泊之苦的李贽回到芝佛院，真正的迫害随即而来。一个冬日的夜晚，芝佛院燃起熊熊大火，整座院落顷刻间便化为灰烬。这是整整二十年仇恨累积的结果，火焰吞噬了一切，火光之中，一群人在狂笑，在高歌，在欢呼，狂热的假道学们似乎捍卫了心中的道学，并用这把火向世界宣示：任何挑战名教礼法的异类，都将被烧成灰烬。

芝佛院这场大火，并没有烧死李贽，在火焰燃起之前，他已提前离开。可他的境遇显然只会更加危险，由于放火者没找到李贽的尸骨，便开始四处搜寻，必欲除之而后快。七十五岁的李贽只得亡命山中，后侥幸逃至顺天府通州马经纶家中避难。

恰恰就在此时，李贽的动态受到朝廷的密切关注，多年来他只沉迷于著书讲学，只希望在民间激起水花，没想到已在高层引发海啸。

万历三十年（1602）春，礼部给事中张问达上疏弹劾李贽妖言惑众，罪大恶极，一向不理朝政的明神宗朱翊钧却对此表示高度关注，立即派出锦衣卫将李贽抓进诏狱，将其著作一律销毁。朱翊钧还特意说明，如有徒党曲庇私藏，你等一并参奏，一并治罪。

思想领域的挑战，是统治者最不能容忍的，也是必须斩草除根、不留余地的。

李贽就这么平静地走进囚室，平静地接受审讯，又平静地听到遣返原籍、羁押看管的诏令，只是他都这么大把年纪了，实在失去了苟活下去的兴趣。

某日，他要求狱卒给他剃头，趁其不备，夺下剃刀，割向自己的脖子，顿时鲜血淋漓。狱卒慌了神，他哪里见过这种紧急情况，只能呼天喊地，着急地问道："和尚痛否？"

李贽已不能出声，只是忍痛在掌心写下两字：不痛。

狱卒再问："和尚为何要自杀？"他又写道：七十老汉

何所求！

李贽死了，死得悲壮，一如他受尽磨难而坚决不服管束的一生，就是以大地为墨，树木为笔，也难以写尽其中的波澜壮阔和坎坷流离。正如他削发时回击反对者的言论：英雄汉子，无所泄怒，既知无知己可死，吾将死于不知己者以泄怒也！

别为那些不属于你的观众，演绎虚假做作的剧情。李贽死在反对者的愤怒之中，也死在捍卫自由、追寻个性解放的孤独里。他为自己的思想殉道，也为自己的言行买单。

志士不忘在沟壑，勇士不忘丧其元，纵然世人以异端视我谤我轻我辱我笑我，又何妨！他活着时被无数人视为异类，但正是这些诽谤、轻视、侮辱和嘲笑，让李贽越挫越勇，终以坚强不屈的性格淬出一身刀枪不入的钢筋铁骨，用血肉之躯为毕生追寻的信仰铸成一座屹立不倒的长城。

附

童心说

龙洞山农叙《西厢》，末语云："知者勿谓我尚有童心可也。"夫童心者，真心也。若以童心为不可，是以真心为不可也。夫童心者，绝假纯真，最初一念之本心也。若失却

童心，便失却真心；失却真心，便失却真人。人而非真，全
不复有初矣。童子者，人之初也；童心者，心之初也。夫心
之初，曷可失也？然童心胡然而遽失也。

　　盖方其始也，有闻见从耳目而入，而以为主于其内而
童心失。其长也，有道理从闻见而入，而以为主于其内而童
心失。其久也，道理闻见日以益多，则所知所觉日以益广，
于是焉又知美名之可好也，而务欲以扬之而童心失。知不美
之名之可丑也，而务欲以掩之而童心失。夫道理闻见，皆自
多读书识义理而来也。古之圣人，曷尝不读书哉。然纵不读
书，童心固自在也；纵多读书，亦以护此童心而使之勿失焉
耳，非若学者反以多读书识义而反障之也。夫学者既以多
读书识义理障其童心矣，圣人又何用多著书立言以障学人为
耶？童心既障，于是发而为言语，则言语不由衷；见而为政
事，则政事无根柢；著而为文辞，则文辞不能达。非内含于
章美也，非笃实生辉光也，欲求一句有德之言，卒不可得，
所以者何？以童心既障，而以从外入者闻见道理为之心也。

　　夫既以闻见道理为心矣，则所言者皆闻见道理之言，
非童心自出之言也，言虽工，于我何与？岂非以假人言假
言，而事假事、文假文乎！盖其人既假，则无所不假矣。由
是而以假言与假人言，则假人喜；以假事与假人道，则假人
喜；以假文与假人谈，则假人喜。无所不假，则无所不喜。
满场是假，矮人何辩也。然则虽有天下之至文，其湮灭于假
人而不尽见于后世者，又岂少哉！何也？天下之至文，未有

不出于童心焉者也。苟童心常存，则道理不行，闻见不立，无时不文，无人不文，无一样创制体格文字而非文者。诗何必古《选》，文何必先秦，降而为六朝，变而为近体，又变而为传奇，变而为院本，为杂剧，为《西厢曲》，为《水浒传》，为今之举子业，皆古今至文，不可得而时势先后论也。故吾因是而有感于童心者之自文也，更说什么六经，更说什么《语》《孟》乎？

夫六经、《语》、《孟》，非其史官过为褒崇之词，则其臣子极为赞美之语。又不然，则其迂阔门徒、懵懂弟子，记忆师说，有头无尾，得后遗前，随其所见，笔之于书。后学不察，便谓出自圣人之口也，决定目之为经矣，孰知其大半非圣人之言乎？纵出自圣人，要亦有为而发，不过因病发药，随时处方，以救此一等懵懂弟子，迂阔门徒云耳。医药假病，方难定执，是岂可遽以为万世之至论乎？然则六经、《语》、《孟》，乃道学之口实，假人之渊薮也，断断乎其不可以语于童心之言明矣。呜呼！吾又安得真正大圣人童心未曾失者而与之一言文哉！

朱载堉：酷酷的王子玩音乐

郑王朱厚烷这辈子，多数时候都很低调，可他却在嘉靖二十七年（1548）干了件很狂很酷的事：上疏批评皇帝。

藩王妄议朝政，属于高度敏感的政治问题。自成祖朱棣发动靖难之役夺取帝位以来，各地藩王成了皇帝重点盯防的对象，兵权、参政权、属地管理权统统被收回，甚至连出个城都要经过层层审批，百无聊赖的王爷们只能窝在富丽堂皇的王府里纵情享受，然后不停生娃。

百余年间，藩王们骄奢淫逸，开枝散叶，庞大臃肿的皇族队伍，给国家财政造成了巨大的负担，成为大明王朝走向衰亡的一大痼疾。

郑王朱厚烷却是个另类，平时吃的是蔬菜，穿的是布衣，乍一看就不像个藩王。嘉靖中期，明世宗朱厚熜单方面宣布无限期缺勤，整天躲在西苑潜心修道、斋醮、炼丹，远在河南的朱厚烷对皇帝沉迷玄修嗤之以鼻，决心碰一碰高压线，让朱厚熜警醒警醒。

他的奏疏是这么写的：陛下，您看历史上那些沉迷修道的皇帝，有哪个真正羽化登仙了？您再看那些偷偷服食丹药的皇帝，一个比一个死得早，又有谁长命百岁了呢？所以说，修道有什么用啊！您还是多花些精力修德理政比较靠谱。为了让您更好地理解臣的意思，臣特意附上《居敬》《穷理》《克己》《存诚》四箴，《演连珠》十章，希望您有空读一读！

朱厚熜没想到，同族兄弟中居然隐藏着这么个老愤青，但愤青是没有好下场的（参见杨慎）。他先将为朱厚烷呈送奏疏的使臣关进大狱，然后向各地藩王发布公告：朝廷对某些非议朝政的皇室宗亲总是过于宽容，以至于出现朱厚烷这种吃饭砸锅、目无君上的混账，此番必须严肃批评！如若再犯，朕必严惩不贷！

事情原本到此就算结束，然而两年之后，同属郑王一脉的朱祐橲把朱厚烷告了。因失去郑王之位的继承权[1]，一直耿耿于怀的朱祐橲曾拜托侄子朱厚烷帮忙上奏朝廷，藩王当不了我认命了，郡王总得给安排一下吧。

不知是朱祐橲人品太差朱厚烷不肯帮忙，还是朱厚烷压根没把这事放在心上，总之拖了许久，事情都没办成。按照

---

[1] 郑王朱祐枟无子，按照宗法制度本应长弟朱祐橲继位，但朱祐橲之父朱见濿此前获罪被革为庶人，朱祐橲不再具有继承权，于是王位传于次弟朱祐橰（朱厚烷之父）一脉。

朱祐檡流氓般的逻辑思维，肯定是侄子没帮忙。

既然你不用心帮我，我就要认真告你了！于是，朱祐檡趁朱厚烷得罪朱厚熜的当口，绞尽脑汁，为朱厚烷编织了四十条大罪，强烈建议朝廷以谋反罪论处。

很好！等的就是群众举报！朱厚熜立即责令有关部门展开调查，结果查了一圈，朱祐檡列举的罪名全无真凭实据，最多只能给个书面批评，或是罚俸、降低待遇的纪律处分。

可以想象，这种判决结果到了爱记仇的朱厚熜手里肯定通不过，得罪过他的人，基本都要被整到天荒地老。于是，他提出要求：回去继续查证，查不出就一直查！

于是相关人员只好继续加班加点，终于找到一条看上去比较靠谱的罪行：郑王府部分房屋、车马规格超标，违反朝廷礼制。

罪证找到了，最终判决书也随之下发了：郑王朱厚烷出言不逊，讥讽天子，在藩镇傲慢无礼，违背礼制，此乃大逆不道之罪，着削去王爵，贬为庶人，押送凤阳囚禁。

原本安宁祥和的郑王府，顿时乱成一团。然而，与王府上下哭哭闹闹形成鲜明对比的，是朱厚烷的世子朱载堉异常淡定的表现。父亲被押送当天，朱载堉平静地走出王府，在外面盖了一间小土屋，然后当众放出狠话：父亲一日不出狱，我就一日不回府！

这一年，朱载堉十五岁，就像一只羽翼未丰的雏鸟，当蒙在头顶的黑布被掀起一角，刺入一束耀眼的天光时，青春瞬间被唤醒了，心灵也被刺痛了。

最初一段时间，大家都没把朱载堉的抗议行为当回事，毕竟小伙只是个意气用事的愣头青，没准过几天就撑不住了。结果一年之后又一年，三年之后又三年，剧情却丝毫没有反转。

作为只有享乐权没有参政权的藩王之家，朱厚烷上疏批评皇帝的行为已经很酷了，可他儿子的做派居然比他更酷。不哭不闹、不言不语，朱载堉就这么酷酷地坚守在土屋里，对外界发生的一切不闻不问，皇帝陛下想看我家的笑话，我偏偏不让你如愿！

时间一长，身边的亲友们都来劝他，年轻人宁可去社会上碰壁，也不要宅在家里面壁，这样很容易自闭。但朱载堉独守土屋并非无事可做，相反他整天忙得不亦乐乎。由于童年时代曾在外舅祖父何瑭身边接受过天文、算术、历法、音律等方面的启蒙①，如今正好静下心来深入钻研。

一边坚持不进王府，一边沉迷科研日渐消瘦，朱载堉的母亲觉得儿子的选择虽然很酷，却实在有些跑偏。

为了把儿子拉回正轨，尽快肩负起家庭的重担（毕竟不知朱厚烷何时会被释放），朱母不止一次想为儿子寻一门亲事，然而无一例外都会得到这么一句回复：父亲一日不出狱，我就一日不娶亲！

---

① 据《河南通志》记载：载堉儿时即悟先天学。稍长，无师授，辄能累黍定黄钟，演为象法、算经、审律、制器，音协节和，妙有神解。

话说到这个份上，母亲只能由着儿子的性子来。可朱载堉真不是说说而已，他在土屋里整整待了十七年，也是嘉靖朝最后的十七年。

十七年间，朱载堉穿着粗布衣物，吃着杂粮蔬菜，待在土屋里没日没夜钻研自己感兴趣的学问。隆庆元年（1567），朱载堉终于熬死了朱厚熜，迎来了新皇帝。明穆宗朱载坖登基不久，下令释放一批在押的政治犯，被关押十七年的朱厚烷终于沉冤昭雪，被无罪释放。

已过而立之年的朱载堉长出一口恶气，宣布结束土屋生活，然后愉悦地搬回王府，接受父母的安排，以三十二岁的"高龄"娶妻生子。

言信行果，说到做到，朱载堉没有忘记这段恩怨，也不屑于向皇帝低头，他苦守十七年，为的就是一个结果。皇权可以折磨人的肉体，却不能消灭人性中最硬核的部分，这个部分叫斗志。

十七年仿佛一闪而过，一切就像没发生过一样，却又在无声无息中改变了朱载堉的人生轨迹。朱载堉是寂寞的，这种苦苦守望的寂寞像是心灵深处盛开的罂粟，让他久久沉迷在与灵魂对话、与时光对饮的静谧之中，孤独也在此时用恰到好处的力度，延伸着认知的视角，拓展着思想的领域。

在土屋里，朱载堉乐律领域的处女作《琴谱》问世，自序中，他给自己取了两个很酷的绰号："狂生""山阳酒狂仙客"。

之后，遇赦回府的朱厚烷非但没有指责儿子不务正业，反而欣然加入儿子的音乐研究团队，以个人在音律、历法方面的造诣①，与儿子携手并肩，共同撰写《操缦古乐谱》《旋宫》等乐谱。

父子俩长期从事高强度的乐律理论研究，身体时常处于亚健康状态，甚至某段时间父子二人均身患重病，不能朝祭行礼。②

万历十九年（1591），朱厚烷病逝于郑王府，作为嫡长子，朱载堉理所应当继承王位，延续宗族血脉。参考朱载堉此前的良好表现，大家相信他继位后必能成为一个是非分明、仁义正派的"贤王"。

结果，朱载堉又干了一件令人瞠目结舌的怪事——放弃继承权，将王位让给先前恶意陷害老爹的朱祐橏家族。

放着锦衣玉食的生活不要，朱载堉究竟想干什么？

一开始，明神宗朱翊钧并不批准朱载堉的请辞，毕竟国家宗法制度就是这么规定的，王位本来就属于你，你不能让，否则岂不乱了祖宗礼法。如果你非要让，那也可以，你不当就让你儿子当。

可朱翊钧显然低估了朱载堉的决心，他能住在土屋里十七年不回王府，就能一次又一次上疏坚决放弃王位。终

---

① 朱厚烷精通历法、乐律。
② 据《明神宗实录》记载：万历十年十月己未，郑王厚烷有疾，世子载堉亦久病，朝祭行礼不便，请以世孙翊锡代行。

于，在连续七次上疏后，朱翊钧不得已降诏，将郑王王爵转给朱祐橏嫡孙朱载玺，朱载堉仍保留郑王世子的待遇不变，其子孙降一级，封郡王。

朱载堉想做的事，谁也不能阻止；不想做的事，谁也无法强求。达成心愿不久，他就搬出了郑王府，独自一人来到沁阳九峰山隐居，并自号"九峰山人"，余生再没回过王府。

这一番闻所未闻的怪异选择，让朱翊钧由衷地给出了八个字的超高评价：让国高风，千古罕见。朝野上下更是盛赞朱载堉为"天潢中之异人"。

其实，早在搬进土屋的第一个夜晚，朱载堉就清醒地认识到，所谓荣华富贵，远没有有趣的人生更值得追求。在皇室宗亲疯狂追求物质享受的现实世界里，朱载堉却在散曲《山坡羊·钱是好汉》中对这种拜金主义进行了辛辣的批判：

世间人睁眼观见，论英雄钱是好汉。有了他诸般趁意，没了他寸步也难。拐子有钱，走歪步合款。哑叭有钱，打手势好看。如今人敬的是有钱，蒯文通无钱也说不过潼关。实言，人为铜钱，游遍世间；实言，求人一文，跟后擦前。

金钱至上的价值观，早已不入朱载堉的法眼，一如他特立独行的酷酷作风：洒脱坚定不盲从，说过的话掷地有声，要做的事绝不含糊。

爱钻研又天赋过人的朱载堉，凭借登峰造极的个人潜能和数十年如一日的不懈努力，为世界留下了一项影响深远的成就——十二平均律。

十二平均律，又称十二等程律。用现代音乐学的专业术语，就是将一组八度音分为十二个半音音程的律制①，其核心就是使八度内的十二个律，每个律与相邻律之间的音程都相等。

这一划时代的创新性发明，是朱载堉运用开平方、开立方的复杂计算推导出来的。它回答了音律学领域长期存在的关键问题——相邻两律之间的长度差如何平均，更解决了音乐史上遗留千年的学术难题：如何实现乐曲演奏中的旋宫转调。

这只是朱载堉在音乐领域迈出的一小步，却也在世界音乐史上迈出了一大步。朱载堉去世后不久，十二平均律就被传教士带到了欧洲，随即引发了巨大的轰动。

欧洲近代创造的各种新乐器，基本都是以十二平均律定音，它被西方普遍认为是"标准调音"。钢琴即是根据十二

---

① 英国科学技术史专家李约瑟曾说："中国人以极高的准确性调谐他们的琴。他们只要将第一音的弦长除以 2 的 12 次方根，就得到第二音的弦长，然后再除以 2 的 12 次方根，就得到第三音的弦长，依次类推 13 次，就得到了一个完全八度。"

平均律来定音的，朱载堉也被誉为"钢琴理论的鼻祖"。

此外，德国著名物理学家赫尔姆霍茨等人都是朱载堉的拥趸，由于十二平均律的诞生运用了烦琐的开平方、开立方等方法，将数学理念引入音律创新，对欧洲的科学家们产生了强烈的启迪，助推了近代欧洲天文物理等多项成果的诞生。

仅凭十二平均律一项发明，朱载堉就被誉为"东方文艺复兴式的圣人""对世界有杰出贡献的中国科学家"。

实际上，十二平均律只是朱载堉科研历程中比较具有代表性的一项发明而已。

在数学方面，朱载堉首创利用珠算进行开平方，研究出了数列等式，顺带解决了不同进位制的小数换算问题。

在计量学方面，他创造性地开发了一系列管口校正的计算公式，还准确测出了水银的密度。

在天文历法方面，他成功推导出计算回归年长度公式，对万历九年（1581）回归年长度的计算结果与通过现代高科技测算的结果仅有21秒误差，还在中国历史上第一次精确计算出大明都城北京的经纬度数，与现代经纬度毫厘不差。

除了以上科研成果，朱载堉的成就包括但不限于：

制造出世界上第一架定音乐器——弦准；

在世界范围内最早提出"舞学"这一名词，为"舞学"制定了大纲，奠定了理论基础；

编创"天下太平"字舞谱，首开大型团体操的先河；

......

朱载堉一生共完成《乐律全书》四十卷、《嘉量算经》三卷、《律历融通》四卷、《历史新说》二卷、《万年历备考》二卷及散曲七十余首等，内容涵盖音律、天文、历法、数学、舞蹈、文学等各个领域，足以称得上百科全书式的伟大学者。

特别需要强调，在中华世纪坛面向世界推出的四十位中华文化名人中，朱载堉成为唯一入选的古代音乐家。

万历三十九年（1611）四月，朱载堉在九峰山下安然病逝，实现了他在自己的著作《醒世词》中描述的那样：生前有一院，死后有一丘，足矣！

正是由于父亲含冤被囚的缘故，独居十七年的朱载堉对人生有了脱胎换骨的终极思考，他沉默了，也觉醒了，富贵又如何，享乐又如何，到头来还不是一堆黄土。

在世人眼中，想干嘛干嘛、爱干嘛干嘛的朱载堉确实很酷，经历酷、性格酷、选择酷。只有朱载堉自己知道人生应该追求什么，放弃什么。正如他最著名的一首《山坡羊·十不足》：

逐日奔忙只为饥，才得有食又思衣。

置下绫罗身上穿，抬头却嫌房屋低。

盖了高楼并大厦，床前缺少美貌妻。

娇妻美妾都娶下，又虑出门没马骑。

将钱买下高头马，马前马后少跟随。
家人招下十数个，有钱没势被人欺。
一铨铨到知县位，又说官小职位卑。
一攀攀到阁老位，每日思想要登基。
一朝南面坐天下，又想神仙下象棋。
洞宾陪他把棋下，又问哪是上天梯。
上天梯子未做下，阎王发牌鬼来催。
若非此人大限到，上到天上还嫌低。

人生总是要不停地做着选择，在一切看上去都很重要的东西里面，仍然会有一些更重要的东西。你笃定重要的，就要努力去争取；微不足道的，就丢在一边吧。

作为世界上第一个推算出十二平均律，终生为音乐学、律学、舞学三大艺术学科不懈奋斗的“天潢异人”，淡泊名利的品性与醉心科研的激情在这位天潢贵胄身上构成一部隽永迤逦、驷马仰秣又奇妙无穷的华美乐章。他视名利如土苴，在世态炎凉中自愿淡泊；他忘我探寻，在逐梦路上尽情挥洒热情与本色，用一个个美妙的音符串联起一段酷酷的人生。

整个社会充斥着金钱的铜臭和对权力的向往，随处可见争名夺利、攀附权贵，这些，都被朱载堉统统丢在身后，像是把垃圾丢进垃圾桶，然后在众人讶异的目光中推门而出，双手插兜洒脱行走，走了就不回头。说起来还有谁能比他更酷一点吗？

李时珍：谁能掬起一捧月光，又能听到钱币落袋的声响

　　嘉靖二十八年（1549）夏，蕲河两岸洪灾泛滥，大水过后地表湿热，一种恶性传染病迅速在蕲州蔓延开来。老天要收人，家家户户闭门不出，早早熄灯睡下了。半夜时分，一阵急促的敲门声突然响起，惊醒了刚刚入睡的李时珍。

　　大门打开，只见一满头大汗的中年男子身背老妇人闯了进来，叫嚷着要找李言闻大夫救命。李时珍一边领着男子往前厅走，一边解释说家父近几日外出行医，不知何时才能归来。

　　男子听后，失望得连连跺脚，他说老母常年腹泻，久治不愈，傍晚时症状突然加重，八成是被感染了，听人说李言闻大夫医术高超，这才连夜从乡下赶来治病。

　　李时珍看着男子背上奄奄一息的老人，心中顿生波澜，他跟随父亲行医已有数年，但父亲从未允许他独自坐堂问

诊，毕竟人命大于天，容不得半点闪失。可老人如今正游离在生死边缘，李时珍不敢过多犹豫，当即告诉男子，我父亲虽然不在家，若你信得过，就让我来为老夫人医治！

男子沉默了，他不确定眼前这位年轻人的医术到底如何，也很难估测母亲的病情究竟支不支持他另寻医馆，思之再三，他还是选择将母亲扶进问诊室，焦急地在旁观察着年轻人的一举一动。

男子很快发现，年轻人脸上有一种从容自若的镇定，诊脉的手法相当专业，笔直的坐姿不动如山，那双子夜寒星般的眼眸极少眨动，仿佛连时间都静止了。

进入忘我状态的李时珍自动屏蔽了外界传来的一切声响，他集中精神感受病人的脉搏，尝试在这微弱的跳动中寻找病症的根源，脑海里飞速模拟着各类药材的适用性、配比。不一会儿，李时珍轻轻抬起手指，微笑着朝男子点了点头，显得格外平静又成竹在胸。男子瞬间读懂了其中的含义：尽可放宽心，老人家有救的。

这是李时珍一辈子最难忘的经历，他以前从未想过自己会成为一名大夫。

十四岁那年，李时珍中了秀才，摆在他面前的只有唯一的选择，科举入仕，踏进官场。那是一种朦朦胧胧又飘飘忽忽的感觉，每每思之便令人心神驰荡。

作为远近驰名的本地乡医，李言闻从未打算让儿子李时珍子承父业，当年李言闻的父亲就是整天背着药箱、手里摇着串铃、走村串户为百姓治病的铃医。

四处行医，风餐露宿，勉强赚得几枚糊口的铜钱，其中的艰苦只有经历过的人才能深切体会。李言闻当年也不愿当大夫，怎奈天分有限，不得不弃文从医，在蕲州开了个医馆。

尽管如此，李言闻却是个医术高明、医德高尚的好大夫，从来都是先开药、后收费，如果患者实在没钱，那就带点家里自产的粮食、鸡蛋、蔬菜、瓜果充抵药费。

先人后己的李大夫，把自己搞得很累，日子却没有变得很甜，治病成了体力活，又没多少收入，坐堂问诊之余，还得时常划船捕鱼补贴家用，或是跋涉于深山密林中寻找草药。正因如此，他不希望儿子将来像自己这样卑微而忙碌地活着，改变命运的唯一出路就是刻苦读书，参加科考。

父亲的良苦用心，李时珍并非不体谅，可家庭环境对人的熏陶从来都是在潜移默化中进行的，李时珍从小闻着草药味长大，平日里经常跟父亲一起上山采药，还偷偷读了不少医书，特别是看到疑难杂症患者经过父亲的调治药到病除时，内心有种说不出的喜悦和羡慕。潜意识里，他并没有科举入仕的原始欲望。

后续参加三次乡试不第的惨痛经历恰恰证明，考中秀才只是意外，落榜才是正常。父亲为他描绘的辉煌未来，的确让他心生向往，轻松考中秀才的喜悦，也让他踌躇满志。可现实却是冰冷残酷的，命里没有的东西，绝不会让人如愿获得。九年间三次失败，彻底摧毁了李时珍的信心，其间断断续续的劳热病又折磨得他身心俱疲，他发现行医的欲望正在他的心里疯长，充满不安和躁动。

其实，科考在李时珍眼中只是一个符号，缺乏深度认识，他大概知道考中会很快乐，做官会很风光，可也仅限于此，不足以支撑起强大的信念，更不能孕育出穷尽余生只为做官的执着。当失败的苦涩夹带着疾病的折磨向他袭来时，当李时珍开始思考科举本身是否有意义时，一切积极的因素都会在悄然之间迅速溃败。

与其说李时珍不愿入仕，倒不如他不想一而再再而三忍受这种无意义的失败。青春本身即具有一种不停修正、思辨的力量，会推动个体基于历史与现实的逻辑规划适合的生存方式，而人生恰恰是一场负重的奔跑，需要不停地在每一个岔路口做出选择。

李时珍知道自己不可能边学医边备考，所以他毫不犹豫地选择了学医，这也许是家族自带的基因，或是他自认为没有考中的希望，虚无缥缈的目标根本不值得继续追求，总之他终于跪在了父亲面前，苦苦哀求说自己真心不想再考了，更不想再读那些枯燥死板的八股文了。

看着郁郁寡欢的儿子，李言闻纠结了好多天，最终还是略带遗憾地点了头。

这一年，二十三岁的李时珍正式悬壶，跟随父亲学医。

天才，就是强烈的兴趣和极度的痴迷；教育，就是有针对的指导和有效的点拨。

苦读儒学经义，李时珍并非没有花心思，可他毕竟缺少兴趣，积极性不高，如今终于可以毫无负担地钻研《伤寒杂病论》《金匮要略》《千金方》《黄帝内经》，整个人顿时神清气爽，大脑皮层里每一个细胞都被彻底激活，读起书来废寝忘食，效率奇高。

当坐堂看病时，李言闻负责诊左手，李时珍负责诊右手；李言闻负责观气色，李时珍负责看舌象；李言闻负责讲病情，李时珍负责开药方。

药方开好后，李言闻对照药方悉心讲解，一一研讨，向儿子传授不同药剂的匹配用量、药物间相互的影响、如何抑制药物毒性等专业知识。

数年之间，李时珍进步飞快，他的脸上时刻洋溢着灿烂的笑容，这种不知疲倦追求精进的感觉让他心潮澎湃，就像痛饮一杯甘醇的美酒，酒精恰到好处的浓烈刺激着口腔、食道和肠胃，足以消融体内一切低迷和郁结。李时珍知道自己做对了选择，收获了通透的快乐，这是千金也难买到的。

随着医术愈发娴熟，李时珍开始像父亲那样时常外出行医，劳累之余更多的是对未来的笃定。不出意外，他将超越父亲，成为蕲州城最有名的大夫，专治各类疑难杂症，妙手回春，药到病除，安安稳稳在无数患者诚挚的感谢声中度过余生。

直到有一天，李时珍正准备上山采药，忽有一年轻人奔进医馆，焦急万分求他出诊救命。

　　李时珍提起药箱，让年轻人在前带路。途中，年轻人告诉李时珍说他妻子刚刚临盆，产后出现便秘的症状，一游方郎中恰巧经过，开了一味名叫芒硝的药丸，结果服用之后，症状却变得更加严重。

　　李时珍感到很讶异，按照医书记载，芒硝确有促进排便通畅的药效，怎会加重症状呢？等他来到病人家中，把郎中开的药丸放在鼻尖一嗅，发现气味不对，赶忙让年轻人取来炉火，药丸在火焰的炙烤下瞬间冒起青烟，居然噼里啪啦燃烧了起来。

　　这哪里是芒硝，明明是硝石！芒硝性寒，硝石性热，虽然外形上不易区分，味道也都是苦的，但芒硝不会燃烧，硝石却是制作火药的原材料，为何会被误用呢？

　　回到医馆，李时珍特意翻开《证类本草》，找到硝石那一栏，他惊讶地发现《证类本草》居然引用了另一本名为《名医别录》的医书记载，上面赫然注明六个大字：硝石，又名芒硝。

　　李时珍丢下医书，陷入了深深的思考，药名混杂的问题，多年来不止一次遇到过，每次都要查阅多种医书才能最终确认。李时珍意识到，放任医书记述之错贻害于后世，岂不违背医者悬壶济世的初心？

　　数日后，李时珍告诉父亲，他想重新编写一部医书。

　　任何伟大的想法最初听起来都是荒谬而不切实际的，李言闻大惊失色，从古至今流传下来的医书还不够用吗？你才几斤几两，竟要效仿古人编医书！

李时珍似乎预料到父亲会是这种反应，他把父亲拉进书房，指着用笔密密麻麻标记过的几本医书说道："父亲您看，这本书称此为卷丹，另一本却写为百合；这是南星，俗称虎掌，本是一物，可这本书却将其记载为两种属性不同的药物；这是兰花，书上却写成兰草；这是葳蕤，书上却写成女萎……"诸如此类错误，不胜枚举。

李时珍又拿出一些笔记递到父亲面前，说前段时间在夷陵山跟随一颇懂土方的樵夫上山采药，亲眼看到樵夫砍柴时割伤了手指，用三七药草研磨成粉敷在伤口上立时止住了血，如此有效的药方却未流传于世，难道不是很可惜吗？

李言闻默然无语，他的思想领域所能触及的地方，无非是问诊用药，医治病患，其余种种皆不挂心，岁月的沉淀让李言闻在内的大多数人主动放弃了试错的权利，他们习惯了平凡且平庸的生活节奏，模糊了职业与梦想的边界，路上偶然出现的新奇景色看看就好，不会过多留恋，甚至在对现状不满时，也只会在心里默默对自己说一声：洗洗睡吧，梦里啥都有的。

可李时珍并不愿止步于此，他想为后世有志于学医之人留下一本更精确、更系统、更全面的医书，更要为后世寻医问药的患者提供更快速、更有效、更合理的医治。李时珍从不觉得做出这个选择将会给人生带来多大的困扰，也不

212

会在问诊与编书之间产生冲突时后悔当初的决定。因为在他忙碌一天熬夜翻阅相关书籍时，他的心境是愉悦的，脑海里沉积的不是枯燥和煎熬，而是波澜壮阔的山海和璀璨闪耀的星光。

志之所趋，无远弗届，一条迈向千古"药圣"之路，已悄然在李时珍脚下铺开。

嘉靖三十年（1551），李时珍因医好富顺王朱厚焜之子的怪病而医名大显，被楚王朱英㷿聘为王府奉祠正①。嘉靖三十五年（1556年）李时珍又被举荐，进京入职太医院。

李时珍之所以选择进京，绝非贪图官位，而是为积累编书素材。任职期间，李时珍经常出入太医院药房、御药库，仔细比对各种珍稀药材，查阅皇室珍藏的各类医书典籍，又抓住一切机会研究平时难得见到的药物标本。

一年后，李时珍抱着厚厚一大摞笔记，毫无眷恋地离开了令无数人心驰神往的京城。多年以来，他见过最贫困的百姓，也见过富有四海的天子；到最破旧的屋舍看过病，也给尊贵的皇族诊过脉；体会过寻常人家的温情生活，也见识过太医院一干医师钩心斗角、相互使绊。

黄金万两，养不起最简单的快乐，人生就是这样穿越纷扰后归于平静，还原成一种执着而朴素的纯粹。如果他愿意，完全可以在东璧堂②挂起一块太医院资深医师的金字招

① 奉祠正：明朝藩王府属官，掌管王府祭祀、乐舞等事务。
② 东璧堂：李时珍返乡后创立的堂号。

牌，广收门徒，日日坐收千金；如果他愿意，也可以放弃关山难越的编书任务，让日子变得轻松简单。

避难趋易、富贵安闲并非李时珍的志向，往后余生，他背起药箱，只身踏遍大明的山山水水，只为寻找那些尚未写进《本草纲目》的新奇药物。

为了弄清药物药效，他效仿神农遍尝百草，好几次差点一命呜呼。

他不惜跋山涉水，寻找一种高四五尺、如茄叶、似牵牛花、早开夜合的曼陀罗花。为验证此物是否具有麻醉的药效，他甘冒风险，亲自服下，身体顿觉麻痹，味觉丧失，数日后方才恢复。

为了弄清蕲蛇入药的药性，他冒险跟随捕蛇人进入深山密林捕蛇，亲眼观看捕蛇全过程，并将捕蛇方法、毒蛇习性及毒性药性等一一记录。他还曾深入观察穿山甲如何吃蚂蚁，到危险山洞中寻找奇花异草，测试水银的毒性……

湖广、安徽、河南、河北、四川等地都留下李时珍的足迹；渔夫、樵夫、农民、车夫、药工、捕蛇人都做过他的老师；历代流传下来的八百余本医药书籍，也都留下他密密麻麻的笔记。

读了数十年医书，学了数十年医术，亲身实践了数十年，无一日不劳累，却无一日不有所收获。奇人与凡人，正是在这种数十年如一日的艰辛探索中慢慢拉开了距离。万历六年（1578），《本草纲目》初稿完成，又经十年三次修改，这部共计五十二卷、近两百万字、载有药物近两千种、收集药方一万余个、附药图一千余幅的鸿篇巨制最终定稿，并在李时珍病逝后三年在南京正式刊行。

读遍千卷医书，踏遍万里河山，李时珍穷尽一生，终于登上了千年以来药学典籍的巅峰。这部被誉为"东方药物巨典"的专著囊括了医学、植物学、动物学、矿物学、地质学、化学、物理学等自然科学及历史学、哲学、民俗学等社会科学①。

自问世以来，《本草纲目》先后被译成日文、拉丁文、意大利文、法文、德文、英文、俄文等，成为中国有史以来被译成外文最多的医药学专著。

世上从来没有完美无缺的选择，你不可能同时拥有春风和秋雨，也不能同时拥有明月和繁星。李时珍若是执着于科考，就不会有悬壶济世的光辉履历；如果他满足于在自家医馆坐堂问诊，就不会留下"药圣"的美名。

海明威说，我为自己喜爱的东西大费周章，所以我才能快乐如斯。快乐的方式多种多样，有人追名逐利，只为满足口舌耳目之欲；也有人胸怀国之大者，执着于造福人类、泽被后世的崇高理想，关键在于选择是否真正发自内心，是否能挺起重压之下的脊梁，是否有足够的勇气跳入夜海，打捞

---

① 英国科技史专家李约瑟编撰《中国科学技术史》时，对李时珍给予了最高评价：明代最伟大的科学成就，是李时珍那部登峰造极的著作《本草纲目》。

遗失的繁星。

　　踔厉奋发、栉风沐雨的李时珍，正是在这场漫长又艰辛、充实且快乐的人生旅程中以梦为马，向着远方坚定而去。

徐霞客：世界那么大，我想去看看

投胎是门技术活，这话用在徐霞客身上再合适不过了。

他出生时，父亲徐有勉已年过四旬，属于老来得子，注定更受父母宠爱；他一生下来就家财万贯，想怎么折腾都不会太差钱；他出生在一个相对太平的年岁（万历十五年，即1587年），家庭和睦，无病无灾，未来的他，自然会成为一个幸福的富家子弟。

当徐有勉从产婆手中接过哇哇大哭的幼子，欣喜之余，内心却陡然萌生一股危机感，他看了看从小到大锦衣玉食、一事无成的长子徐仲昭，又想了想年近半百，依旧碌碌无为的自己，长子这辈子是没指望了，自己也没希望了，如果不好好督促一下次子，会不会真有点对不起列祖列宗？他们可是一个个在天上盯着后世子孙，看究竟到哪一代才能打破科考魔咒呢！

大明初年，徐氏先祖徐麟白手起家，奋战商界，历经数十年辛勤拼搏，终将江阴徐氏打造成江南一带的望族，最鼎盛时期坐拥良田上万亩，堆金积玉，足够几代人吃用不尽。

经济基础打牢后，徐麟的后代们开始涉足科场，尝试由商入仕，走上正途。

然而，悲剧就此降临了。徐家百年科考史，堪称一部前赴后继、无限落榜的血泪史。

第一代：徐元献（徐麟重孙），乡试第一（解元），首次会试落榜后回家闭关，结果用力过猛，英年早逝。

第二代：徐经（徐元献之子），与大才子唐寅结伴进京赶考，结果卷入科场舞弊案，被判终生不得参加科考，郁郁而亡。

第三代：徐洽（徐经之子），为洗刷父亲和家族的耻辱，从小刻苦读书，结果从青年考到老年，愣是连续七次落榜，终无所成。

第四代：徐衍芳（徐洽之子），为继续洗刷爷爷和父亲的耻辱耗尽心血，结果连续六次落榜，还没等到第七次便含恨病逝。

大概是看透了徐氏家族缺少科考基因，第五代徐有勉比较机智，为了不再延续四代先祖的悲剧，他选择了一个一劳永逸的做法：不考！读书只为陶冶情操，不想陶冶就不读；科举功名乃是浮云，不想考就不考。老老实实当个富家子弟难道不香吗？

更绝的是，徐有勉非但拒绝参加科考，连达官显贵都懒得结交。平日里若是听闻官府中人前来拜访，他要么闭门不见，要么赶紧收拾包袱，叫上三五家童，驾一叶扁舟，往返于苏杭之间游山玩水。

除了说走就走的旅行之外，徐有勉还热衷于收藏，不外出时，他就闷在家中摆弄从各地收购到的珍稀木石，扩建自家园林。大概是老徐常年过于放纵，没有树立榜样，长子徐仲昭也学着父亲那样满足于富裕闲适的生活，始终没有长进。

自己废了，长子也废了，次子不能再像父兄这般野蛮生长了。徐有勉给次子取了个很有寓意且正能量满满的名字：徐弘祖①，字振之，然后不惜重金投入教育，让儿子读最好的私塾，用最贵的笔墨纸砚，结果辛辛苦苦培养了十几年，徐霞客居然连科举入门关童子试都没考过。

事后一打听，徐有勉才得知儿子平时在私塾出口成诵、执笔成章，可惜就是学习态度有问题，上课不认真听讲，对儒学经典毫无兴趣，偏偏爱看闲书，私塾先生不止一次从儿子的抽屉里搜出过《山海经》《尚书·禹贡》《水经注》……这些书全是儿子平时偷偷从书房里拿走的，有时在市面上看到这类闲书，还会瞒着自己用零花钱偷偷地买。

看来，科考的魔咒还要接着延续呀！尽管心有执念，徐有勉却是个非常开明的父亲，他不愿看到儿子像历代先祖

① 徐弘祖：徐霞客本名，因其父评价"是儿眉庭霞起，读书好客，可以竟吾志，不愿而富贵也"，故自号"霞客"。

那样呕心沥血，耗尽大好青春，最后在遗憾和绝望中抑郁而终。

徐有勉叫来儿子谈心，先自我剖析说自己这辈子没认真读过书，更无意于仕途，圣人云"己所不欲，勿施于人"，自己都不愿意做的事，哪能把意愿强加于你，人嘛，活得开心就好，但不入科场，并不意味着人生可以碌碌无为，一辈子究竟如何度过，你必须有自己的打算。

徐霞客望着窗外绕园而过的涓涓细流，心里想的全是天南海北的名山大川，层峦叠嶂的高山、飞湍瀑流的险峰、烟波浩渺的江海、怪石嶙峋的洞穴，这些书中记载的雄奇峻秀之景，一次次在他脑海中浮现，让他思绪飘荡，心向往之。

世界那么大，我想去看看。

这就是徐霞客说给父亲的打算，也是他留给人生的答案。

万历三十二年（1604），徐家遭当地盗匪打劫，徐有勉被打成重伤，不幸病逝。徐霞客守孝期间，广泛阅读了大量历史、地理古籍，越读越觉得某些书本的记述存在误差。

比如某本书中描述太湖林屋山上林屋洞的空间面积时，夸张地用了"东至王屋、西达峨眉、南接罗浮、北连泰岳"十六个字。区区一个山洞，哪能如此辽阔？诸如此类的质疑，始终在徐霞客心中挥之不去，守孝期满后，他很想去实地查证一番，可又放心不下家中年迈的母亲，一直未能将想法付诸行动。

徐母见儿子整天闷闷不乐，若有所思，实在于心不忍，对于儿子一直以来的出行计划，她是一百个支持，她对儿子说，好男儿志在四方，记住你爹对你说过的话，家中不必挂念。

徐霞客还是不放心："古人说，父母在，不远游。"

徐母笑了："我身子骨硬朗着呢！你只须行前算好远近距离和往返期限，如期返回不就得了，我哪能让你困在家中当藩中雉、辕下驹呢？"

临行前，徐母给儿子戴上亲手缝制的远游冠，切切叮嘱道："等你游览名胜古迹归来，一定要给我讲讲旅程中的趣闻，放心去吧！不必担忧我。"

这是一顶很轻又很沉的帽子，让二十出头的徐霞客浑身充满了力量。

徐霞客是幸运的，他不像多年前那位被父母逼迫参加科考，以致长期郁郁寡欢，最终在科考梦、从政梦双双破碎的绝望中创作《西游记》，孤独而疯狂地发泄人生苦痛的吴承恩。父亲的开明，母亲的支持，成就了这段披荆斩棘、一往无前的"霞客"行！

大丈夫当朝碧海而暮苍梧！出发吧！他将踏遍青山绿水，看尽江河湖海，让所有走过的路，都成为人生最精彩动人的故事！

徐霞客的游历，是独辟蹊径，不走寻常路的游历。

每次登临高山险峰，徐霞客总会让仆人先挑着行李走大道上山等候，自己则沿着怪石林立的曲折小路艰难向上攀爬。由于悬崖陡峭，攀爬时多次遇上崖石碎裂，直落而下，隆隆声响彻山谷。徐霞客面无惧色，终登顶峰。

某个冬季，徐霞客趁大雪放晴兴致勃勃地攀登黄山，由于山体背阳冻雪成冰，路面坚滑，难以行进，众人不敢攀爬，只有徐霞客独自上前，以手杖凿冰，凿出一小窝先置左脚，再凿一小窝跟上右脚，就这样生生凿出一条小道。行至天都峰，观赏峭壁间千姿百态之奇松；行至天海，俯瞰如波涛翻涌之苍茫云海。徐霞客不禁感叹："薄海内外之名山，无如徽之黄山，登黄山而天下无山，观止矣。"

徐霞客的游历，是详搜细查、探勘地理实貌的游历。

每次攀登绵延不绝的山脉，徐霞客总会事先对整座山脉进行合理分割，然后一部分一部分细细考察，不同季节观察不同之景。

游览鸡足山，徐霞客光是住所就换了九处，对每处有价值的景点，更是反复游览，绝不放过细枝末节。同时，每一游都有侧重点，或上眺，或俯瞰，或远观，或近察，由表及里、由宏观到微观考察鸡足山的山水沟壑。

经过长期实地勘察，历经无数艰难险阻，徐霞客最终将鸡足山的自然地理要素重新厘定为十六大类，即峰、岩、洞、台、石、岭、梯、谷、峡、箐、林、泉、瀑、潭、涧、温泉，全面概括了鸡足山复杂的地理面貌，细致讲述了鸡足山壮美的自然风光，为日后鸡足山旅游风景的开发奠定了坚实基础。

徐霞客的游历，是崇尚科学、探究自然奥秘的游历。

探寻长江源头，徐霞客先至三秦，再及五岭，后至金沙江，详细记述金沙江两岸的山川地貌。他断定比岷江长一千余里、发源于昆仑山南麓的金沙江才是长江的源头，此番论断打破了"岷山导江"的传统观念。徐霞客的这一论断一直沿用至二十世纪七十年代。

此外，他还一一辨明大盈江、澜沧江、二盘江等多处水道的源流，纠正了《大明一统志》对各处水道的混乱记载。

再比如对石灰岩地貌的考察，徐霞客没有任何测量仪器，全凭目测步量，在广西、贵州、云南等地考察了一百多个石灰岩洞。他断定，岩洞是由流水侵蚀而成，石钟乳则是由石灰岩溶水凝聚而成。

作为世界上最早对石灰岩地貌进行系统考察的地理学家，徐霞客对岩洞大小、深浅，洞内复杂结构的考察，比欧洲最早考察石灰岩地貌的爱士培尔早一百多年，比欧洲最早对石灰岩地貌进行系统分类的罗曼早二百多年。

徐霞客的游历，是自掏腰包、历尽艰辛的游历。

二十年间，徐霞客遍游三山五岳、天南海北，说是历尽艰险，绝对不夸张。

相较于其他知名旅行家，他们或是受朝廷派遣，或是服务宗教需要，或是满足商业开发，徐霞客却只是单纯出于对祖国壮美河山的热爱和以地理研究为己任的热忱。

由于得不到国家资助，徐霞客只能靠变卖家产、沿途向友人借贷维持开销，有时甚至花光盘缠，被迫卖掉随身衣物，才换得一顿饱饭。

别人出行骑马乘舟，他却经常徒步跋涉。渴了，就饮山泉；饿了，就吃干粮；困了，就席地而睡。

连徐霞客自己都记不得，游历途中遭遇了多少次危险和磨难。

游嵩山万岁峰，他从嵩山西壁攀缘而下，滑到谷底，双手早已被藤条磨得皮开肉绽。

游雁荡山，他用仆人的裹腿布当攀岩绳，中途却被碎石磨断，差点摔下百丈悬崖。

游湖南麻叶洞，入洞前行数百米，洞内越来越窄，他只能一手拿着火把，匍匐在地向前爬行，洞内空气混浊，好几次差点窒息昏倒。

探寻长江源头，又差点被激流冲走。

在密林中，他数次险些丧生虎口；在荒野上，他数次几乎饿昏；在深山中，他数次被强盗洗劫，差点命丧刀下。

在广西，徐霞客睡在四面漏风的驿站，如坠冰窟，时而腹痛难忍，时而因疮病呻吟。

在贵州，徐霞客连续遭遇脚伤、担夫盗取路费的困境，他只好与仆人共抬行李，举步维艰，忍痛游览了白水河瀑布，即我国最大的瀑布——黄果树瀑布。

正是历经万般磨难，他发现了诸多奇景：嵩山西沟、麻叶溶洞、金沙江、香格里拉……

无论行程多么疲劳，跋涉多么艰辛，无论是露宿荒野还是住在破庙，无论是寻访人迹罕至的恶山恶水，还是荒凉萧索的穷乡僻壤，每晚临睡前，他都会点起油灯，坚持用笔记下一天的所见所闻。

这些珍贵的地理考察记录，就是被后人誉为"世间真文字、大文字、奇文字"的《徐霞客游记》。

崇祯九年（1636），游至丽江，打算前往越南境内游历的徐霞客终于停下了脚步。常年的跋山涉水让徐霞客患上严重的足疾，他再也站不起来了。

四年间，无法行走的徐霞客开始整理三十多年来的文稿，坚持编写《游记》和《山志》，基本完成了《徐霞客游记》（原有二百六十万字，后遗失二百万字），内容涉及地貌、水文、地质、气象、物产、政区、交通、地名等各个方面。

崇祯十三年（1640），徐霞客足疾加重，云南地方官员只得用车船将徐霞客送回故乡江阴。回到家乡后，徐霞客仍然时时挂念着旅游事业，他把从外地带回的各种怪石放在床头，摩挲相对，不觉潸然泪下。

他还想继续走下去，在给好友的信中他写道："当年我辞家远游，历尽艰险，本以为我这把老骨头再也回不到江阴了，现在我终于回来了，但因病魔缠身，只能卧游病榻，我多么希望能尽快康复，好与你再次同游雁荡山啊！"

江阴的官员听说徐霞客病重，纷纷前来探望，并问了个一直困扰众人的问题："你走了一辈子的路，却从未想过做官，最后连命都快搭进去了，你真心不后悔吗？"

徐霞客是这样回答的：汉代张骞、唐代玄奘、元代耶律楚材，这三人都曾受皇命游历天下。而我只是江阴一介布衣，无意功名，竹杖芒鞋，一蓑烟雨，就做到了这三人曾做到的事，我对得起自己一生走过的路，试问还有什么好后悔呢？

崇祯十四年（1641）春，徐霞客病逝于家中，享年五十四岁。

从二十一岁至五十四岁，他的足迹遍布两京十九省，祖国壮美多姿的河山，像一块巨大的磁石，深深吸引着徐霞客踏上征途，激发他以全部的热情、毕生的经历去感受、去探索、去讴歌。

他不问前路，不念归期，游尽天下佳山水。

他全面探索，不走寻常路，即便走错亦无怨无悔。

他喜欢创新，不留遗憾，一个景点若有遗漏必想方设法弥补。

他重在坚持，每日记录，即便露宿野外也要借篝火留记。

别人视旅游为消遣，他却以此为事业，达人之未达，探人之未知。三十多年游历生涯，考察了无数名山大川，他成了中国洞穴探测之父、中国喀斯特地貌研究之父、中国地理学之父。

他的著作被称为"古今中外第一游记"，他也被后世尊为"东方游圣"。

但故事到这里还没有结束。我们需要回答一个问题：徐霞客这辈子到底是为了什么？这个问题在徐霞客一生中经常被提及。

游历过程中，徐霞客多次囊中羞涩，很多朋友劝他返乡："我们可以资助你路费，赶紧回乡吧，干吗非得受这份罪？"

徐霞客大笑："我随身带着铁锹，若死，便埋我。"

朋友们再问："天地有何用，不能当席被。风月有何用，不能饱汝腹。你游历天下，究竟有何意义？"

徐霞客给他们讲了一个故事：那一年，我游历黄山，恰逢大雪封山，我沿绝壁攀缘而上，途中几次打滑险些跌落悬崖。可当我爬上黄山绝顶，深刻体会到什么叫"五岳归来不看山，黄山归来不看岳"的壮丽景色，我就觉得虽九死也无悔了。

人嘛，活得开心就好，如果家中不差钱，那就能活得更开心。有人说抛开影响深远的《徐霞客游记》，徐霞客的游历，只是一场满足耳目之娱的狂欢，这场狂欢不计成本，也不计后果，若非《徐霞客游记》流传后世，徐霞客也只是个好逸恶劳、毫无作为的纨绔子弟罢了。

实际上，如果物质需求都存在危机，确实谈不上满足精神需求，可是生活在一个功利社会，多数人总是在苦苦追求所谓意义和价值，似乎只有事后见到成果才能让事情本身变得有意义，这种功利的评价机制会让人在兴趣爱好与追求志向之间产生冲突，在理想的丰满与现实的骨感面前裹足不前，然后痛苦地在两种截然不同的选项中勾选充满功利色彩的那一项。

其实，只有内心的感受才是最真实的，在人生众多选项中，总有一种最纯粹的内心需求激发着你的动机，影响着你的思考，社会普遍意义的价值导向并不意味着人生的方向是一道单选题，而应是多选题，你想努力活成什么样子，你想追寻什么意义，你想前行在哪条道路上，都应该有自己的衡量标准。

按照自己的想法去选择、去付出、去收获，不选择就别后悔，选择后就别遗憾，也许这就是徐霞客留给我们的答案。

宋应星：像种子一样，一生向阳

宋应昇是个聪明的小孩，父亲宋国霖布置的背诗作业，他读了一会儿就能一口气连背七八首。可弟弟宋应星比他还要聪明，连书本都不用看，只是在一旁听哥哥读了几遍，就能一字不差把这七八首诗流畅地复述出来。

大明立国二百余年，聪颖早慧的神童少年层出不穷，能顺利通过科考检验的却极少，这是个天时地利人和缺一不可的残酷战场，实力、运气、人脉资源统统都要投入战斗，哪个环节出了问题都将直面惨痛的失败。于是，五行缺考、自带挂科体质的祝允明、文徵明要落榜，沉迷神魔世界无法自拔的吴承恩要落榜，试卷答案不入考官法眼的归有光要落榜，甚至不满首辅大人暗箱操作拒绝配合的汤显祖也要落榜。

宋氏兄弟的情况显然也好不到哪里去，虽然在万历四十三年（1615）江西乡试中哥哥宋应昇位列第六，弟弟宋应星位列第三，还得了个"奉新二宋"的美誉，可后来兄弟俩连续六次北上，从三十岁左右一直考到奔五，终究还是被科考虐得体无完肤，身心俱疲。

科考的水很深，深得能吞没无数留不下姓名的莘莘学子；科考的水也很浅，浅得装不下一个个朴实无华的梦想。人生总有一些特殊的时间节点，或早或晚，或是自愿或是被迫让你登上不适合的舞台，演出一幕幕蹩脚的剧情，你无法改变，只能把它归结为命运的安排，然后无奈地顺其自然。

接受现实的哥哥宋应昇妥协了，自愿参加组织遴选，被分配至浙江桐乡担任县令；弟弟宋应星也像哥哥那样扔掉了所有复习资料，可他并没有选择直接步入官场，而是默默拿出一部近些年热销全国的《本草纲目》细细研读，尽管科考的路途已荒芜成一片戈壁，宋应星站在路口，眼见风云千樯，漫天的黄沙穿身而过，但前进的方向却逐渐清晰，他要学李时珍那样去人生的沙漠中寻找一汪清泉，安放心灵的绿洲。

和李时珍多年间跋涉山川访名医、寻百草的情况类似，宋应星的心中其实也早早埋下了一颗金色的种子。小时候除了背书快，他还养成了一种留心观察的好习惯，读书之余，经常去附近的田地、纸坊、油坊、砖窑观看原料制成成品的整个过程，对农业、手工业生产产生了浓厚的兴趣。

几乎没人理解一个饱读诗书的才子为何会养成这种极接地气的爱好，在他们看来，农活是寻常百姓家的事业，手工业生产是工匠们赖以生存的技艺，胸怀天下的读书人不应去关注这些东西。但兴趣恰恰是最不需要质疑的，也是没有理由可以解释的，大概宋应星自己都不清楚，他为什么不爱风花雪月，不爱壮美山川，唯独喜欢泡在农田工厂，欣赏基层最真实、最火热的劳作场景。

在往返京城参加科考期间，宋应星就一直在用双眼和双手感知基层发生的一切，乡土民情在他眼中涂满了鲜活的色彩，民生所用也在他手中注入着蓬勃的动能。宋应星愈发察觉到，每一段辛酸的坎坷跋涉都有它最诚挚的理由，每一棵苗壮成长的幼苗也都有它天生向阳的本性。只有置身其中，才能尽情领略世间万物真实的风采。

同一时期，徐霞客也在四处游历，但人生志趣的差异让踽踽独行的两人呈现截然不同的姿态，徐霞客真像个飞檐走壁的侠客，而宋应星真不像个饱读诗书的书生。

在蓟州，他来到遵化铁厂，观看冶铁工艺，为近距离观察生铁水烧成熟铁的全过程，他强忍高温炙烤，爬上冶铁炉的支架，详细将整个操作流程记录下来。

在开封，他将大马车开到野外加速狂奔，体验驾驶过程，并详细试验马车的承重、速度、耐久，精确测算出马车载物行驶的极限里程。

在杭州，他特意去造船厂调研船体结构，记录各部件名称、尺寸大小、造船所用原材料，并自掏腰包上船体验驾船技术，了解如何在风浪中控制风帆、船舵。

在上饶，他调研楮皮造纸、金石开采；在苏州，他亲手试用织布机制丝；在淮安，他到盐场考察海盐提炼技术；在太湖流域，他观察稻农种植水稻、稻米加工和稻田灌溉技术……

别人登山涉水，只为留下一些感动自我的诗句，别人混迹于烟花巷陌，只为舒展被现实揉搓得皱皱巴巴的心灵，大概没有人比宋应星更接地气。每次会试落第而返，对宋应星来说又是满载而归。他曾经十分豪横地说，生在这盛世之中，滇南车马纵贯辽阳，岭徼宦商衡游蓟北，万里锦绣河山，何事何物不可见见闻闻？（宋应星《天工开物·序言》）足下这片黄土，正是大有可为之地，不能让辛勤付出的汗水配不上自己的初心，又辜负了曾经受过的苦难。

常年在外游历，体验民生百态，宋应星逐渐意识到支撑国家运转的全部社会财富，无一不是通过工农业生产创造出来的，所谓科举入仕、位列朝堂，与关乎国计民生的工农业生产相比，简直不值一提，居庙堂之高也根本不如处江湖之远更实在，更有意义。

兴趣升华为志向，需要坚韧不拔的毅力，人生的价值更需要在开阔眼界中不断提升。于是，披星戴月的宋应星挥一挥衣袖，与功名利禄说了声拜拜。他坚定了走李时珍编修《本草纲目》的道路，力求把几千年流传下来的工农业技术经验进行系统汇编、总结，真正给后世工农业生产者提供经验借鉴。

这是对读书人千百年来信奉的"万般皆下品，唯有读书高"认识论的一大飞跃，也是对追求功名利禄人生观、价值观的一大突破，谁说站在庙堂才是关心社稷，身处基层感受百姓点滴生活难道不是胸怀天下？

宋应星即将要动手编修的这本书，就是被誉为"中国十七世纪的工艺百科全书"的《天工开物》。

崇祯八年（1635），四十八岁的宋应星出任分宜县教谕（其兄宋应昇同年升任广东恩平县令），一边挣钱养家糊口，一边利用工作之余辛勤编书。

由于县学教谕没有品阶，年俸仅有三十六石米，勉强够全家几口人开销，编书开支只得一减再减。由于白天要在学校上课、坐班、答疑解惑，宋应星只能长期熬夜，在昏暗的油灯下奋笔疾书，无论严寒还是酷暑，他总是雷打不动完成每日写作计划，然后匆匆安歇，养足精力明日再战。

生活的贫困、编书的辛苦让宋应星在《天工开物·序言》中悲哀地写下：

伤哉，贫也！欲购奇考证，而乏洛下之资；欲招致同人商略赝真，而缺陈思之馆。随其孤陋见闻，藏诸方寸而写之，岂有当哉！

买不起昂贵的书籍资料用来参考，图书出版又全靠自费，况且这种介绍工艺知识的普及类书籍，埋头于四书五经的读书人根本不屑一顾。

种种困境下，宋应星从未想过退缩，同样在《天工开物·序言》中，他特意表明：

> 卷分前后，乃贵五谷而贱金玉之义……丐大业
> 文人，弃掷案头，此书于功名进取，毫不相关也。

这句话让宋应星与士大夫彻底划清了界限，五谷乃民生之本，比金玉更加珍贵，沉迷功名之人意识不到，自然不用去看，这本书不是写给他们的，他们也不必关注！

由于书籍本身并不具备成为畅销书的潜质，囊中羞涩的宋应星没有能力独自将《天工开物》刊印发行，万般无奈下，他带着自己呕心沥血写就的原稿，前往乡试时结识的好友涂绍煃家中，希望获得出版资助。

涂绍煃佩服宋应星的情怀，答应自掏腰包帮好友完成心愿。崇祯十年（1637），《天工开物》正式刊行，尽管并未像《本草纲目》那样迅速在国内流传，但向阳而生的种子，已然在土壤贫瘠、沟壑纵横的地表生根发芽，迎着凄风苦雨、严寒霜冻顽强生长。

宋应星在序言中说，此书与功名进取毫不相关，其实的确一丝一毫都不相关。《天工开物》全书共十八章，内容涵盖农作物种植、采盐制糖、纺织染色、矿物开采、金属冶

炼、榨油造纸等十八个领域，没有一个与功名、科考有关。①

原本《天工开物》初稿中还有《观象》《乐律》两章，但在书稿正式刊印时，宋应星却忍痛将此二章剔除，唯一的理由就是与关注民生、崇尚实用的理念不符，将《珠玉》放在最后一章，同样也是出于这种现实的考虑。

这是一本绝对意义上的实用范本，取名"天工开物"，其中"天工"代表自然界的功能和自然力；"开物"代表人类从自然界有意识、有目的开发出有用之物的行为。"天工""开物"结合起来，恰恰就是人与自然的和谐统一，以天工补人工开发万物，以自然力配合人力开发物产。

宋应星强调，农业、手工业生产要顺应天时、地利，按时令节气耕种收获，根据自然原材料的属性加工处理，掌握正确的方法，使用合适的设备，才能有效发挥人力，避免因技术失误导致资源的浪费。

作为首次将工农业诸多生产领域约定俗成的技术经验，

---

① 第一章《乃粒》：谷物种植、栽培技术；第二章《乃服》：衣料纺织技术；第三章《彰施》：染料作物种植、提炼染制技术；第四章《粹精》：谷物收割、加工技术；第五章《作咸》：食盐开采加工技术；第六章《甘嗜》：制糖、酿蜜技术；第七章《陶埏》：砖瓦、陶瓷烧造技术；第八章《冶铸》：金属器皿、铜钱铸造技术；第九章《舟车》：水陆交通工具制造、驾驶技术；第十章《锤锻》：工农业生产工具锻造、淬火技术；第十一章《燔石》：煤、矿石开采、烧炼技术；第十二章《膏液》：植物油制造技术；第十三章《杀青》：造纸术及造纸工具；第十四章《五金》：金属用途、冶炼技术；第十五章《佳兵》：武器制造技术；第十六章《丹青》：朱砂和墨技术；第十七章《曲蘖》：酒曲、药曲技术；第十八章《珠玉》：珠玉采制技术。

总结成系统而完整知识体系的历史第一人，《天工开物》中记述了当时各行各业诸多先进的技术成就。

比如《五金》篇，宋应星在世界上第一次描述了锌和铜锌合金（黄铜），首次记载了锌的冶炼方法。在很长一段时间内，中国都是世界上唯一有能力大规模炼锌的国家。他记载的金属锌代替锌化合物(炉甘石)炼制黄铜的技艺，更是人类历史上利用铜和锌两种金属直接熔融炼制黄铜的最早记录。

比如《燔石》篇，宋应星记载着竖井采煤的方法，提倡井下用巨竹管疏导有毒气体并安装巷道支护等措施，使中国很长一段时间在采煤安全领域领先世界。

再比如《粹精》篇，宋应星记载着各类先进的农业机械工具：立轴式风车、水碓等使用方法，对后世农耕机械的发明起到极高的借鉴价值。

以浸种法育稻秧，以石灰中和土壤酸性，以白雄配黄雌培育蚕种，以水银硫黄炼制硫化汞……从科学技术角度衡量，《天工开物》涵盖着物理学、化学、生物学、地质学、采矿学、冶金学、燃料化学、铸造学、造纸学、航运学、材料科学、食品化学、染料化学、纺织科学等诸多学科内容，理所应当被誉为"中国十七世纪的工艺百科全书"。

崇祯十一年（1638），宋应星经吏部考核列为优等，升任福建汀州府推官。推官任上，宋应星宽行仁政，口碑甚佳。

据其族侄宋士元为宋应星编纂的《长庚公传》记载：

> 海贼为祸，公馘厥罪魁，余孽尽宥。旋复匿于岛汉生事。事觉，督抚责公养奸。公愿只身往擒，督抚代为危，欲助以兵，公不从，竟单骑直抵贼穴，谕以大义。贼骇且愧，顶炉香以迎，群愿洗心输诚。公焚巢以散其党。督抚以事闻，迁亳州知州。

当时汀州海贼横行，宋应星审理案件时不忍牵涉过多，自作主张释放了一批在押贼寇，没承想这帮人出狱后再次加入犯罪团伙，继续作乱民间。

福建巡抚闻讯，斥责宋应星姑息养奸。宋应星一气之下，决意只身闯入贼穴，号召贼众放下武器，就地解散。巡抚骂归骂，还是想派兵护送宋应星，一旦劝说无果，可就地剿灭。

宋应星却坚持不带一兵一卒，选择一人一骑直抵贼穴，晓之以理，动之以情。毕竟一部分海贼曾受宋应星释放之恩，此次恩人又敢于只身犯险，海贼们大为感动，甘愿洗心革面重新做人。

宋应星便焚毁贼穴，遣散众人各回各家。这批潜在的叛乱势力烟消云散，巡抚佩服宋应星的胆略，荐举其升任亳州知州。

此时的大明王朝风雨飘摇，内有流寇，外有强敌，基本处于混吃等死的状态。

崇祯十五年（1642），闯王李自成攻入凤阳，占领亳州。一年后，起义军撤出亳州，宋应星方才赶来赴任。

抵达亳州时，眼前一片断壁残垣，亳州官员全部出逃，官署被烧，百姓四散。宋应星深感无力回天，只得做些力所能及的补救。他带头将这些年积攒下的数百银两捐出，重修官署，召集流民返乡。

崇祯十七年（1644）三月，李自成攻入北京，皇帝朱由检在煤山自缢，明朝宣告灭亡。五月，福王朱由崧在南京重建政权，宋应星先后被授任滁和兵巡道、南瑞兵巡道，皆推辞不就。后来，不甘做亡国奴的宋应昇服毒殉国，亡国之民宋应星将哥哥安葬于奉新老家，并立下规矩，坚决不许后世子孙入仕。

此后二十年，宋应星隐居山林，闭门谢客，孤独终老。

明朝中晚期，随着商品经济发展、资本主义萌芽诞生，各领域都出现了一大批总结性的鸿篇巨制，李时珍《本草纲目》、朱载堉《乐律全书》、潘季驯《河防一览》、徐光启《农政全书》、徐霞客《徐霞客游记》、宋应星《天工开物》，都是这股实用主义潮流的集大成之作。

生人不能久生，而五谷生之，五谷不能自生，
而生人生之。（宋应星《天工开物·乃粒》）

238

一粥一饭，当思来之不易；半丝半缕，恒念物力维艰。这是普通百姓最平凡的守望，却在《天工开物》的映照下显得格外熠熠生辉。

春种一粒粟，秋收万颗子。当金色的种子结成金灿灿的麦粒，夏风一吹，麦浪连成了海，辛勤耕耘的劳作者仍将继续耕耘下去，就像每个季度播撒在土壤里的种子一样，不畏风雨，一生向阳。

徐光启：沉溺于忙碌，充实又寂寞

徐光启很忙，超级忙！四十岁前忙着科考，好不容易考进翰林院，白天要应付繁重的课业，晚上还得前往意大利传教士利玛窦的住所，学习天文地理、历法算术、测量水利等各类科学知识。

作为最早一批来华传教的外国人，利玛窦跟徐光启甚为投缘，这倒不是因为徐光启多有人格魅力，而是他那极度旺盛的求知欲，让利玛窦大为震惊。

在华十余年间，利玛窦的住所来过许多饱读诗书的儒生，他们听利玛窦布道或普及西方科学理论，像是听天书一样连连摇头；他们跟着利玛窦参观各式各样的科学仪器，只是随便看看，随手摸摸，然后交头接耳地发出阵阵窃笑；甚至有人专门跑来只为看看金发碧眼的外国人究竟长什么样，每每让利玛窦尴尬不已。

徐光启却和他们完全不同。二人的结识源自一张名为

《坤舆万国全图》的世界地图，这张地图是利玛窦和李之藻合作绘制的，图中清晰标明地球是圆的，是悬在空中的，是分为两个半球五个大洲的；天圆地方是不完全对的，人是不会从地球上掉下去的，大明朝也并非处于世界的中心。

当徐光启第一次前来拜访利玛窦，第一次听利玛窦讲解《坤舆万国全图》时，他赫然察觉眼前这位身材高大、两鬓斑白的意大利人，掌握着太多闻所未闻的奇怪知识，好比一个巨大的知识宝库，可以从中随意提取而不会枯竭。

利玛窦也很快发现，这个年纪不小、热情开朗的翰林院庶吉士，很可能成为自己的知音。特别是当利玛窦给徐光启介绍各种仪器的原理、构造、用途时，他的反应像极了小孩见到新奇的玩具那样两眼放光。利玛窦不禁感慨，像徐光启这种以求学者的姿态客观看待并积极求教科学知识之人，他还是第一次见，终于碰到懂行的了。

徐光启求教的热情并非仅仅出于好奇，而是来自对求知发乎于心、现乎于行的原始欲望，像一块吸水性极强的海绵或是负荷极大的蓄电池，可以源源不断地从外界吸取知识。其他人也有好奇心，但他们从一开始就认定这些奇怪知识属于天方夜谭，于修身齐家治国平天下毫无裨益，要么付之一笑，要么嗤之以鼻。

徐光启却始终保持着旺盛的求知冲动，他纯粹想学，想探索，想开阔眼界，不带一丝一毫的杂念，毕竟满足求知欲并不能给他带来什么实惠，只会给平时繁重的翰林院学业再加一份负担罢了。

求知的历程，充实也寂寞，身边总有人调侃他不老实待在翰林院寻章摘句，偏要跟一个奇淫技巧的外国人瞎混，脑子都学傻了，日后怎么当官？徐光启从来没有被这样的话激怒，因为眼界日益开阔的他正在深入思考一个与为官从政毫不相关的学术问题，他发现西方诸多学科的发展都离不开数学的基础支撑，而国内有关数学领域的研究，基本只停留在日常算术之用，缺少另一大核心——几何知识的普及，这显然是不够用的。

酝酿再三，徐光启告诉利玛窦，他想翻译公元前300年古希腊数学家欧几里得用拉丁文所著的基础数学读本《几何原本》。

利玛窦起初并不支持徐光启的计划，毕竟中西方语法表述不同，书中许多专用名词在汉语中都不存在，翻译起来难度极高，况且自己要忙着传教，徐光启也要完成翰林院的日常课业，哪有时间搞翻译呢？

徐光启说，中国有句古话：一物不知，儒者之耻。求知从来只管付出，不问困难，如果要等待绝对意义的一切就绪，那将永远无法开始。再说有你这位水平极高的老师辅助，试问有什么做不到呢？

此后一段时间，无论刮风下雨还是严寒酷暑，徐光启总是不知疲倦、雷打不动地日日前来，先由利玛窦对照《几何原本》原稿逐字逐句讲解书中内容，苦心推敲能让徐光启听懂的表述；再由徐光启则一字一句记录利玛窦所述内容，反复推敲，力求文字准确妥当，通俗易懂。结束每日翻译任务，往往已是月上中天，万籁俱寂，徐光启还要赶紧回家继续校对、润色译稿，预习次日翰林院课程，经常搞得通宵达旦、疲惫不堪。

一年后，《几何原本》前六卷翻译完成。按照徐光启的设想，不妨再花一年时间将后九卷继续译完，他已经爱上了这种忙碌且充实的节奏，虽然两眼时常挂着黑眼圈，心情却极度愉悦，整个人就像打了鸡血一般活力满满。可利玛窦真心熬不动了，白天忙于传教，晚上熬夜陪着翻译实在劳累，于是两人经过商议，决定先将《几何原本》前六卷（后九卷由清代数学家李善兰译完）刊印出版。

这是翰林院乃至朝廷漠不关心的小事，却是我国数学发展史上一件大事。在徐光启翻译《几何原本》前，国内从来没有"几何"这一名词，其余诸如点线面、平行线、直角、钝角、三角形、四边形等词汇，也均由徐光启命名，并沿用至今。

万历三十五年（1607），徐光启的父亲病逝，刚从翰林院毕业等待授官的他只好自请离职，回老家松江府守孝。

热爱学习的人无论走到哪里都不会虚度时光，放慢求知的脚步。守孝期间，江南一带连降暴雨，大片农田被淹，粮食颗粒无收。

饥荒之年，粮价暴涨，百姓吃不起粮食，只能以树皮、草根充饥。身处灾区的徐光启无时无刻不在思考着如何培育高产粮食作物。此时，碰巧有位福建客商途径松江，向他介绍了一种产量高、易种植的农作物：甘薯[①]。

移植农作物，并不符合当时的耕种理念，民间普遍认为，北方种麦、南方种稻，哪个时节、哪个地区该种什么作物就种什么作物，不可违背作物本性随意移种。但徐光启不这么认为，作物移种是否可行必须亲手试试才知道。他自掏腰包，购买了一批薯秧运到松江，在自家田地上尝试各个时段试种，记录气温变化，经过精心育苗、起垄、施肥、除草，大如碗口的甘薯成功被培育出来。

甘薯培育顺利攻关，徐光启马不停蹄开始研究另一种高产作物：芜菁（大头菜）。与甘薯不同，芜菁性喜阴凉，产于北方地区。徐光启经过多次试验，稀种植、厚施肥、勤松土，降低南方梅雨气候对作物种植的影响，终于芜菁也试种成功。

甘薯北移、芜菁南移相继成功，可助百姓规避荒年。紧接着，徐光启又将目光投入经济作物棉花的种植上。在徐光启守孝三年期间，附近百姓经常看到一名中年男子，扛着锄头赤着双脚扎进田间地头，晨兴理荒秽，带月荷锄归，忙得大汗淋漓尚不知歇息。

过路的行人并不知道，这个中年人可不是普通乡间农

---

① 甘薯：又称红薯，原产于中美洲，16世纪中后期由菲律宾传入我国广东、福建等地。

民，而是贵为翰林院检讨的天子门生。清晨的露水打湿了他的衣襟，炽热的骄阳晒黑了他的面孔，没有人强迫他去耕田种菜，可他情愿将汗水挥洒在黄土之上，充实地度过每个日日夜夜。

万历三十八年（1610），守孝期满的徐光启返回京城，本想继续完成《几何原本》的翻译，可惜利玛窦已于本年病逝，遗憾之中，徐光启并没有停下脚步，培育甘薯、芜菁期间，他深刻意识到水利灌溉技术对农作物成长起关键作用，便多方打听，寻访到一位名叫熊三拔的意大利传教士，与其合译《泰西水法》，希望在民间推广西方最新的水利灌溉机械。

在《泰西水法》中，徐光启收录了龙尾车、玉衡车等水利器械的制造和使用方法：龙尾车用于汲取江河之水，玉衡车用于汲取井泉之水，旱时可汲水灌溉，涝时可抽水护田。这些水车性能优良，可不用人力，借助风力、水力或气压推动，大大节省人工成本。

可惜，这些利用西方气体力学、螺旋原理、液压技术等近代物理学、机械学最新成果研制的机械，由于技术要求过高难以仿制，一直未能真正推广。

不停地学习、吸收、试验、输出，忙得不可开交的徐光启不慎得罪了阉党成员，被人四下散布流言，诬陷他勾结传教士，图谋不轨。

没时间也没精力澄清的徐光启索性托病告假，来到天津

245

继续开展农业试验。他把多年的积蓄全部拿出，在天津买了八百亩荒田，针对前期移种甘薯、芜菁的经验，开始进一步尝试在北方种植水稻及南方各种高产作物。

通过改变农田地势、河道及改良滨海盐碱土壤，综合运用抗旱防涝、中和盐碱的水利工程技术，南稻北种试种成功，徐光启将这种品种优良的水稻命名为"小站稻"，并逐渐在北方推广开来，为后世在北方栽种水稻提供了丰富的经验参考。

与此同时，徐光启考虑到南北方经济作物种植的悬殊差距，有针对性地从南方引进何首乌、当归、贝母、生地等各类经济作物，甚至还在天津试种葡萄，均取得良好效果。

徐光启躬耕田亩的同一时期，大明王朝的国运已江河日下，万历四十七年（1619），朝廷调遣十余万大军出关御敌，却被努尔哈赤在萨尔浒彻底击溃，几乎全军覆没。消息传来，朝野震惊，徐光启不顾自己人微言轻，连上三道奏疏，自告奋勇在京城附近练兵。

可练兵之路远比技术创新困难得多，朝廷诏令下发月余，户部、兵部竟无一人过问，徐光启不得已，再写奏疏，在奏疏中悲哀地将自己比作被捆绑住四蹄的老牛病马，又被人不停敲打着头颅，一步都迈不动。

一直拖到次年四月，徐光启好不容易弄到少许银饷、军械，便急忙来到通州、昌平选练新兵。他不敢懈怠，将此前耗尽心血反复钻研的历代兵法、阵法亲自演练，常常累得头晕目眩，他与士兵同甘共苦，赏罚分明，用了不到半年的时间就练出一支军纪严明、作战勇猛的部队，后来这支三千人的队伍被拉上辽东前线，取得不俗的战绩。

练兵告一段落，徐光启又建议朝廷仿制最新的西洋火炮，并派人前往澳门购买了四门火炮，虽然仿制火炮的提议被思想保守的官僚强行阻挠未能实现，但恰恰是这四门买来的火炮，在之后的宁远之战中大放异彩、重创后金。

天启二年（1622），徐光启不屑于与阉党同流合污，遂告病返乡，继续试种农作物。由于年事已高，他担心一生辛勤劳作积累下的宝贵经验失传，便开始整理多年来撰写的海量著述：《甘薯疏》《芜菁疏》《吉贝疏》《代园种竹图说》《北耕录》《宜垦令》《农遗杂疏》……花费近四年的时间汇总、筛选，完成了名为《种艺书》的初稿，即影响深远的《农政全书》。①

这部鸿篇巨制系统记述了历代农业生产、土地制度，以及各种耕作、农田水利、土地利用、作物栽培、蚕桑畜牧、养鱼养蜂等农业技艺，详细介绍了应对自然灾害的经验方法。全书两百余处参考文献，全部由徐光启精心挑选，批判性继承古人学说，并对书中涉及的多种作物种植一一提出独到见解。

这是一部名副其实的农业百科全书，被誉为"大明科学

---

① 徐光启在世时未能完成终稿，在其死后六年，由门人陈子龙等负责修订、定稿，并正式取名《农政全书》。

文化上的四大杰作①之一"。

《农政全书》初具规模时，徐光启已经六十七岁了，可他仍然没有停下忙碌的脚步。崇祯二年（1629）农历五月初一，北京出现日食。负责观测天象的钦天监监正按照旧历推算的时辰，却与日食出现的时辰存在将近半个时辰的误差。

算不准时间，证明历法存在漏洞，毕竟日食是被看作国家兴衰治乱的征兆，皇帝朱由检丝毫不敢怠慢，立即组织人手重修历书。作为一项烦琐的大工程，朱由检想起了赋闲在家的徐光启，命他迅速赶回京城，主持新历书的修订工作。

纵然人生的激流已至浅滩，随时都会停止流动，但听闻朝廷召唤，徐光启欣然复命。他决心在激流行至浅滩处奋身一跃，用所剩不多的精力为社稷日渐干涸的土壤灌溉最后一丝清泉。

自接手任务后，他事必躬亲，日夜登台观测天象。某天他冒着刺骨的寒风在大雪天试验天象仪器，不慎失足跌落高台，腰部、腿部均摔成重伤，眼看伤势短时间内难以好转，徐光启索性不管，强忍疼痛继续登台测算；他事事求实，制造纪限仪、象限仪、望远镜等西式天文观测仪器必求实用，户部所拨经费一分一毫都要用于历书修订；他一丝不苟，不是自己亲手测算出的数据，不是经自己确认过的结果，绝不撰写在新历法中，非臣目所亲见，实臣心所未安，正是他对

① 分别是李时珍《本草纲目》、徐霞客《徐霞客游记》、徐光启《农政全书》、宋应星《天工开物》。

事业最暖心的承诺。

从崇祯二年（1629）接受任命至崇祯六年（1633）病逝，徐光启主持编著的这部《崇祯历书》①，全面吸收了西方天文学知识，第一次引进了圆形地球、经纬度、视差、大气折射等天文概念，提供了第一个全天性星图，有效助推中国天文学发展走上以吸收融合西方天文学为主的全新道路。

徐光启一生辛勤劳作、著作等身，涵盖数学、农学、历法、军事各个方面，可谓劳苦功高。正因如此，徐光启病逝前，官职已至礼部尚书兼文渊阁大学士加太子太保衔；他病逝后，朝廷为表彰其功，特意停朝三日，追赠"太子少保"，谥号"文定"，名列"大明二十四臣"。这些荣誉随便哪一项，都是很多苦读诗书之人穷尽一生难以企及的高度。

人这辈子除去睡眠还剩一万多天。不同之处在于，有的人真正活了一万多天，有的人只活了一天，却重复了一万多次。

看看徐光启吧，他高擎求知的火炬，迎着西学东渐的潮流一步一步攀登科学的高峰，他的成就对得起那些辛勤付出的日日夜夜，他那从未停歇的脚步助他成为中国历史上真正开眼看世界的第一人，更给日薄西山的大明王朝送上最后一抹灿烂的科技之光！

---

① 《崇祯历书》于徐光启病逝后一年编纂完成，由于明末天下动乱未能实践运用，清朝初年改称《时宪历》，正式颁布施行。

忙于求知的人充实而寂寞。李时珍寂寞地采药于深山，徐霞客寂寞地穿行于江海，宋应星寂寞地流连于生产一线，徐光启寂寞地醉心于科技之路上的每一处风景。他们的志向和努力并不被时代认可，也不被当世赞同，他们曾在路上跌倒，也被世人一再嘲笑，可他们跌倒在时代的上空，也独行于日出与黑暗交接的黎明。

历史会给出答案，证明他们生来就是高山而非溪流，他们立于群峰之巅，俯视平庸的山丘；他们生来就是人杰，而非草芥；他们站在时代的肩头，藐视自大的凡夫。极目望去，科学的圣光正普照大地，大地之下沉睡着他们的英灵。

黄宗羲：心碎了，还能拼出完整的灵魂吗

黄宗羲十七岁那年，他的父亲黄尊素被阉党陷害，受尽酷刑而死。

在这个想想都让人心动的美好年纪，少年耳边却只有一个声音久久回荡：尔忘勾践杀尔父乎！这句话是祖父在家中墙壁上写下的。黄宗羲每天进出，抬眼就能看到。

复仇！复仇！少年眼中本该拥有的五颜六色，在仇恨的侵蚀下剥落殆尽，只留下一抹瘆人的黑，心中柔软细腻的部分，也被重重怒火封锁成一道戒备森严、坚不可摧的城墙。

杀父之仇不共戴天，黄宗羲恨不得一把抓住仇贼，食其肉寝其皮，连骨头也碾碎，所幸他并没有等太久，两年后崇祯登基，随即着手铲除阉党，平反冤假错案。

消息传来，黄宗羲连夜写好为父申冤的奏疏，又暗藏铁锥，动身前往京城。

抵达京城时，他听说阉党首领魏忠贤已在流放途中自

缢身亡，阉党成员纷纷被打入监牢，依律论罪。可他并不解恨，因为陷害其父的阉党首脑许显纯、崔应元等人还活着，锋利的铁锥尚在袖中，手刃仇贼的欲火烧得他坐立难安、夜不能寐，仇贼多活一天，就要多受一天煎熬。

作为受害者家属，黄宗羲获准在刑部会审期间出庭作证。看着仇贼在堂上巧舌如簧，百般狡辩企图逃避罪责，一阵愤恨的烈焰瞬间在胸腔中炸开，他猛然掏出暗藏许久的铁锥，发疯似的冲到许显纯面前就是一通乱刺，直刺得许显纯鲜血淋漓；但许显纯仍连声叫嚷着说自己是皇后的外甥，依律应当减刑。

黄宗羲勃然怒道："你这条魏忠贤的走狗，多少贤臣忠良的性命断送你手，就算你是先皇后的亲属，难道能免于一死吗！"说着，黄宗羲丢下血淋淋的铁锥，又对跪在旁边瑟瑟发抖的崔应元挥拳相向，直打得老贼口鼻出血，瘫如烂泥。

会审结束，奄奄一息的许显纯、崔应元被判斩首，但两年来积压在心中的愤恨并未得到彻底宣泄，黄宗羲又集合了一批阉党受害者的家属冲进诏狱，亲手打死了当年用酷刑杀害其父的两个牢头，然后跪在诏狱门前，掏出痛打崔应元时顺手拔下的胡须，用火烧掉，祭奠亡父冤魂。

凄厉的哭声包裹着天空不时滚动的闷雷传入宫廷，这杜鹃啼血般的哀痛之情让崇祯不禁慨叹，忠臣孤子，哭到朕心里去了！

事了拂衣去，姚江黄孝子的声名比他本人更早到达江南，接下来很长一段时间，黄宗羲就在家乡黄竹浦潜心读书，刻苦进行科举入仕最基础的训练。此时，东林君子的孤儿们大都做着同样的尝试，不甘寂寞的他们三三两两聚在一起，评古论今、擘画蓝图，谈笑间仿佛天下大事尽在己手。

这一时期，侯方域和李香君的浪漫爱情故事正在南京上演，风流贵公子张岱、李渔等人诗酒唱和放纵声色的韵事也在广泛流传，还有弹剑长啸当歌的冒襄、痛饮不知经年的陈贞慧、鸣笳叠吹衣纨縠的方以智①……但脆弱的繁华之下，清军的铁骑在东北整装待发，李自成的农民军更是从陕西一路闹到中原腹地，包括黄宗羲在内的文青们还没从"身无彩凤双飞翼"或是"走马兰台类转蓬"的畅想中走出来，李自成的部队已于崇祯十七年（1644）三月攻破北京。

国家，亡了。

文青们的心，碎了。

当他们在亡国的大悲大恸之中如惊弓之鸟一样四处避难时，黄宗羲却独自一人从家乡奔赴南京。北京城破两个月后，马士英等人在南京拥立福王朱由崧登基，建立南明弘光政权。黄宗羲认为复国有望，本想前来慷慨献策，结果却被当年侥幸逃过问罪的阉党成员阮大铖抓了起来。

六年前，黄宗羲与百余名志同道合的文青公开发表声讨

---

① 侯方域、冒襄、方以智、陈贞慧号称"明末四大公子"。

阮大铖的《留都防乱公揭》，抨击阮大铖阴险叵测，猖狂无忌，随后又在桃花渡举行声讨大会，控诉阮大铖罪孽深重，死不足惜。尽管只是文青们自发组织的讨伐运动，但浩大的声势还是吓得阮大铖多年不敢露面。

由于马士英与阮大铖交往甚密，弘光政权建立时，阮大铖得以东山再起。得势后，阮大铖开始大肆捕杀签署过《留都防乱公揭》的有志之士，陈贞慧被捕入狱，侯方域差点被擒，冒襄绝望归隐，沈寿民老死于金华山中，黄宗羲同样难逃囹圄。

最终，内斗激烈的弘光政权很快在清军的虎狼之师下覆灭，南京城破时黄宗羲趁乱逃出，回到了老家绍兴。

清顺治二年（1645）夏，清军连克苏杭，随即野蛮推行剃发令（留头不留发、留发不留头），惨烈的"嘉定三屠"就发生在这时，激起了江南尤其是浙东人民的强烈反抗，浙东义军拥立鲁王朱以海在绍兴重建政权。恰在此时，黄宗羲的恩师刘宗周断然拒绝清廷劝降，效仿伯夷叔齐绝食二十二日而死。

此事给黄宗羲造成极大的触动，身可死，但志不可夺，心碎了，也要用蹈死不顾的意志重新拼接那残缺不堪的灵魂。身似浮萍的黄宗羲散尽家财，与弟弟黄宗炎、黄宗会在家乡招募六百余名青壮子弟，组建"世忠营"，正式投入雪耻复国的浪潮之中。

可鲁王政权的处境比弘光政权更为艰难，内部不思进取，消极防御，福建方面唐王朱聿键建立的隆武政权又分庭抗礼，互不配合，两大政权势同水火，清军却在身后虎视眈眈，黄宗羲忧心不已，呼吁朝廷依托地利优势主动出击，但始终不被当权者采纳。

顺治三年（1646）夏，清军渡过钱塘江攻克绍兴，鲁王仓皇乘船入海避祸，黄宗羲在混乱之中收拾残众退入四明山，继续坚持抗争。

不久，黄宗羲打听到鲁王从绍兴逃出后，一直在浙闽沿海一带辗转流离，其时正驻跸台州，他想也没想，马不停蹄赶到台州觐见。他也许并不认为鲁王政权真能扭转乾坤，再造社稷，但就像南宋灭亡时文天祥诗中所说的那样："臣心一片磁针石，不指南方不肯休。"只要还有一线生机，就不放弃。

此番觐见，黄宗羲得到一个都察院左副都御史的职务，实际上鲁王政权内部可能连都察院的建制都没有，空衔而已，不但毫无意义，反而还给黄宗羲带去一段艰苦的海上漂泊经历。

那段窘迫狼狈的日子让黄宗羲印象深刻，许多年后依然记忆犹新。他形容君臣在海上漂泊，平时只能用海水洗脸，天子所乘的御舟，不过是条破烂老旧的河船，好多人挤在这艘船上，每人平均下来的活动空间仅有棺材大小。这次第，怎一个凄楚了得！

在此期间，清军的扫荡战术就像挤牙膏一样，势必要将散落各地的残明势力从头到尾统统挤出来，然后各个击破。

为保存有生力量，黄宗羲提出占据舟山、崇明岛，在海上连成一条坚固的防线，将清军断为江南、江北两部分，慢慢与之周旋，不断向外扩充势力。但鲁王政权中实际掌权的张名振心胸狭窄，性情暴虐，再好的计划也只能付诸东流。

黄宗羲愤懑至极，却又无可奈何。乱云飞渡中生命如飘蓬一般不知归于何方，可他仍不愿放弃复国的希望，在四明山与台州之间连续奔波，为招募有生力量，甚至动身前往日本长崎招兵。

艰苦抗清的这些年间，志同道合的好友王翊、冯京第兵败被捕，抗清意志坚定的弟弟黄宗炎两次被捕，受尽酷刑，儿媳、幼子、孙女病夭，住所两次失火。为躲避清军追捕，黄宗羲不得不更名易姓，在绍兴、杭州间辗转躲藏、颠沛流离，多次在逃亡途中昏倒，后来他回顾往事时这样写道：

> 自北兵南下，悬书购余者二，名捕者一，守围城者一，以谋反告讦者二三，绝气沙坤者一昼夜，其他连染逻哨之所及，无岁无之，可谓濒于十死者矣。（黄宗羲《怪说》）

绝处逢生后的纸上回忆，往往是如流水账般波澜不惊的，即便当事人身处险境时如何惊心动魄、如临深渊，也无法再用笔墨描绘出彼时彼刻那种九死一生的惊魂未定。

东躲西藏的日子，黄宗羲把自己比作一只离群的孤鸿，"举头而望乎天外""若有所期而相待"（黄宗羲《孤鸿赋》）。可他的苦苦等待早已被现实的苍白彻底掩盖，顺治十八年（1661），南明永历政权灭亡，风起云涌的抗清运动随即风停云散。

在这个过程中，有些人选择臣服，心安理得在新政权的庇护下登堂入室；有些人万念俱灰，削发为僧遁入空门；还有些人在复国无望的疾痛惨怛中仍坚持以前朝遗民自居，他们拒不合作也绝不妥协，而是退归田园，苦苦思索救国之道，最终在思想领域开辟了一条继续抗争的崭新道路。黄宗羲、顾炎武、王夫之就是其中的典型代表。

黄宗羲归隐那年，已经年过五旬，当热血豪情报父仇、九死一生谋复国的尘烟散去，他给自己留下这样的评价："初锢之为党人，继指之为游侠，终厕之于儒林，其为人也，盖三变而至今，岂其时为之耶？抑夫人之有遁心？"（黄炳垕《黄梨洲先生年谱》）

数十年来，他完成了从东林后学到反清义士再归于儒林的人生三变，他所坚持的大义之道应该是什么呢？是默然忍受命运的毒箭，为那个如江水般拍岸而去的故国穷尽余生坚持抗争，还是永远保持旧政权守墓人绝不为清廷效命的高尚姿态？这不仅是降清反清的立场问题，更是前朝知识分子自我认同的道德哲思。

黄宗羲仍然对新政权怀有浓到化不开的仇恨，他给抗清名将张煌言撰写墓志铭时，一开头就毫无避讳地表明心志："慷慨赴死易，从容就义难。所谓慷慨从容者，非以一身较迟速也。扶危定倾之心，吾身一日可以未死。吾力一丝有所未尽，但不容己；古今成败利钝有尽，而此不容己者，长留于天地之间。"（黄宗羲《兵部侍郎苍水张公墓志铭》）后来，他又写了一首《苍水》[①]的诗，再次对杭州城下引刀成一快的张煌言高度颂扬。

死者长已矣，苟活于世的前朝遗民该何去何从？在黄宗羲那篇极著名的短文《怪说》中，他像写日记一样简明扼要地叙述着自己的日常状态：在雪交亭整日枯坐，不知日之早晚，疲倦了就去田间走走，随后再回来坐坐，这样过了好几年，书案竟被手肘压出两道深深的印痕。

短短几十个字，写尽了黄宗羲心中无法排遣的枯燥与落寞，他在诗文和书信里一再诉说着如今面对的两难境遇。刀枪剑戟，牢笼囚禁他都从容地经历过，即便遭遇死亡的威胁，也不能让他停止弹琴放歌。他豪横地说大风大浪都过去了，贫穷又能把我怎么样呢？但物质世界里，他也只能将二十两棉花的破被盖在身上，用三根松木烹煮着空空的铁锅。（黄宗羲《山居杂咏》）

对黄宗羲而言，哀莫大于亡国灭家，而悲莫大于心灵

---

① 少年苦节何人似？得此全归亦称情。废寺酿钱收弃骨，老生秃笔记琴声。遥空摩影狂相得，群水穿礁浩未平。两世雪交私不得，只随众口一闲评。

破碎，站在王朝兴衰的角度，明清交替不过是一个封建时代迈向另一个封建时代，但对深明"夷夏之辨"的知识分子来说，夷狄终究是夷狄，屈从于夷狄，那将比死更难受。

黄宗羲也不得不承认，面对如狼似虎的清军，他可以用一种投身饲虎的大无畏精神与敌死斗，哪怕被猛虎撕碎身躯，吞食殆尽，但心脏仍在跳动，灵魂还保持完整，可现在他面对的是一江春水向东流去，雕栏玉砌还在，国家却灭亡了，而且再无复兴的可能。

深陷悲寂落寞中的黄宗羲拼命地保护着灵魂不被现实撕裂，同时也在现实的认识和理解中不断看清了封建统治阶级的丑恶本质和残酷本性，他的思想更上一个层次，悟出了一个震慑古今的论断：天下为主，君为客。

> 是以其未得之也，屠毒天下之肝脑，离散天下之子女，以博我一人之产业，曾不惨然，曰："我固为子孙创业也。"其既得之也，敲剥天下之骨髓，离散天下之子女，以奉我一人之淫乐，视为当然，曰："此我产业之花息也。"然则为天下之大害者，君而已矣。（黄宗羲：《明夷待访录·原君》）

在他的思想主张中，君主是天下之大害，为满足一己私欲，剥削天下，离散百姓，以奉一人之淫乐，天下百姓视之如仇寇，名之为独夫；在他的如椽大笔下，至高无上的天子被剥夺了神圣的光环，天子并不是什么天选之子，不过是普通人中"一人一姓"而已。

黄宗羲认为，君主是天下百姓的公仆，使民受其利、释其害，不得以一己之利害左右天下之利害。君主如果不能以"万民之忧乐"为目标，担负起抑私利、兴公利的责任，那必须勇敢与其斗争，这就从根本上否定了君主"家天下"的合法性。

《明夷待访录》被誉为中国版《社会契约论》，这部皇皇巨著让黄宗羲名声大噪，这时的他，早已不是那个深藏铁锥、当堂刺杀仇贼的热血少年，海氛澌灭、潮息烟沉之下，他开始用著书讲学的方式继续解救世道人心，保存文脉薪火，但坚决不入清廷的阵营。

康熙十七年（1678），康熙决定开博学鸿儒科，特意下旨礼聘，黄宗羲拒不应召；

康熙十九年（1680），康熙又命浙江官员以礼敦请，希望黄宗羲进京参编《明史》，他以年老多病为由拒绝；

康熙二十八年（1689），绍兴知府盛情邀请黄宗羲赴"乡饮酒礼"①之宴，年近八旬的黄宗羲很清楚其中隐藏的恶意，如果前去赴宴，名义上就成了清廷的退休官员，所以他断然拒绝。

康熙二十九年（1690），康熙又一次想起了黄宗羲，并

---

① 乡饮酒礼：清朝地方官员设宴款待六十岁以上退休官员，参加射礼与饮酒礼。

继续表达足够的诚意，只要能来，不想做官任事没关系，也不会约束他的行动，什么时候想回就回，来去自由。可黄宗羲还是不去，亡国之人仍会心碎，但敢作敢当、英勇奋争的灵魂终于完整地保存了下来。

康熙三十四年（1695），八十五岁的黄宗羲行将就木前，做了一件令人震惊的狠事。

他要裸身入葬！

裸身并非脱光衣服，是不用名贵棺木而用石棺，不用精心打扮而披散头发、破被盖身，不用任何陪葬物品，不做法事，凡鼓吹、纸幡、纸钱、巫觋、铭旌一概不用。

在那个崇尚厚葬的年代，这种选择简直令人瞠目结舌，但这确实是黄宗羲临终时的遗愿，丝毫没有夸张。

临终前四天，黄宗羲还特意写信给他的孙女婿万承勋，留下一段关于死亡的至理名言：年纪到此可死；自反平生虽无善状，亦无恶状，可死；于先人未了，亦稍稍无歉，可死；一生著述未必尽传，自料亦不下古之名家，可死。如此四可死，死真无苦矣！

无数志同道合的战友都已离世，他们有的死于清军的刀枪之下，有的死在复国理想破灭的绝望之中，死亡对于黄宗羲来说并没有太大的触动，就像快要落下去的月亮还在苍凉的山海间徘徊。

虽然所有人都将成为时代的过客，连同坟冢中的枯骨一起交还给岁月，但黄宗羲仍然坚持以波澜壮阔的人生经历和激情澎湃的学术思想刻画着理想与现实之间的敌对，并用一种决绝的方式发出最后一声怀念故国的呐喊，原来一生的颠沛流离，并没有让他失去血性。

附

原　君

有生之初，人各自私也，人各自利也。天下有公利而莫或兴之，有公害而莫或除之。有人者出，不以一己之利为利，而使天下受其利；不以一己之害为害，而使天下释其害。此其人之勤劳，必千万于天下之人。夫以千万倍之勤劳，而己又不享其利，必非天下之人情所欲居也。故古人之君，量而不欲入者，许由、务光是也；入而又去之者，尧、舜是也；初不欲入而不得去者，禹是也。岂古之人有所异哉？好逸恶劳，亦犹夫人之情也。

后之为人君者不然。以为天下利害之权皆出于我，我以天下之利尽归于己，以天下之害尽归于人，亦无不可。使天下之人不敢自私，不敢自利，以我之大私为天下之公。始而惭焉，久而安焉，视天下为莫大之产业，传之子孙，受享无穷。汉高帝所谓"某业所就，孰与仲多"者，其逐利之情，不觉溢之于辞矣。

此无他，古者以天下为主，君为客，凡君之所毕世而经营者，为天下也。今也以君为主，天下为客，凡天下之无地而得安宁者，为君也。是以其未得之也，屠毒天下之肝脑，离散天下之子女，以博我一人之产业，曾不惨然，曰："我固为子孙创业也。"其既得之也，敲剥天下之骨髓，离散天下之子女，以奉我一人之淫乐，视为当然，曰："此我产业之花息也。"然则为天下之大害者，君而已矣。向使无君，人各得自私也，人各得自利也。呜呼！岂设君之道固如是乎？

古者天下之人爱戴其君，比之如父，拟之如天，诚不为过也。今也天下之人，怨恶其君，视之如寇仇，名之为独夫，固其所也。而小儒规规焉以君臣之义无所逃于天地之间，至桀、纣之暴，犹谓汤、武不当诛之，而妄传伯夷、叔齐无稽之事，乃兆人万姓崩溃之血肉，曾不异夫腐鼠。岂天地之大，于兆人万姓之中，独私其一人一姓乎？是故武王圣人也，孟子之言，圣人之言也。后世之君，欲以如父如天之空名，禁人之窥伺者，皆不便于其言，至废孟子而不立，非导源于小儒乎？

虽然，使后之为君者，果能保此产业，传之无穷，亦无怪乎其私之也。既以产业视之，人之欲得产业，谁不如我？摄缄縢，固扃鐍，一人之智力，不能胜天下欲得之者之众。远者数世，近者及身，其血肉之崩溃，在其子孙矣。昔人愿世世无生帝王家，而毅宗之语公主，亦曰："若何为生我家！"痛哉斯言！回思创业时，其欲得天下之心，有不废然摧沮者乎？

　　是故明乎为君之职分，则唐、虞之世，人人能让，许由、务光非绝尘也；不明乎为君之职分，则市井之间，人人可欲，许由、务光所以旷后世而不闻也。然君之职分难明，以俄顷淫乐不易无穷之悲，虽愚者亦明之矣。

顾炎武：一直在路上

顾炎武是个怪人。

他相貌奇特，史书称他生而双瞳，中白边黑（《清史稿·顾炎武传》），大概属于典型的白内障患者，可视力非但毫无问题，还能一目十行，天赋惊人。

他孤僻负气，敢于公开质疑圣贤，甚至非言孔子，说史之所不书，虽圣人有所不知焉，圣人和常人一样有所不知，孔子也难免有误。（顾炎武《日知录·春秋阙疑之书》）

他沉迷读书，经常骑着一匹瘦马四处游荡，身后总会跟着另一匹瘦马，马背上驮着书箱。到了边塞亭障，就招呼老兵喝酒谈天，询问当地风土人情，如果与平时所见所闻有出入，当即打开书本查证，不弄清楚决不罢休；到了平原山野，就坐在马背上刻苦背诵诸经注疏，有时因过于入迷不慎跌落，摔得鼻青脸肿，却还是拍拍尘土翻身上马，继续前行。

他经常借给别人钱，却从不接受任何人的馈赠，多年间亲友们向他借账数千两白银，他到死都没开口索要。可他最窘迫时身无长物，只能旅居于荒山驿站，家乡的三个外甥为他置办了住宅田产，劝舅舅落叶归根，他却嫌弃昆山的物价太贵，拒不回乡，最终死在了两千里外的山西曲沃。

他从不走夜路，某次去京城看望外甥徐乾学，只喝了两三杯酒便起身告辞，徐乾学赶忙说菜还没上齐，舅舅不妨喝到半夜，然后派人打着灯笼送您回去，可他居然火冒三丈，说世间只有淫奔、纳贿两种人才走夜路，你看我像这种人吗？

他性格执拗，撰写《音学五书》期间，由于家中老鼠横行，经常把书稿咬坏，家人劝他堵堵老鼠洞，他却认为老鼠咬书，说明书写得不好，堵它作甚！年迈之时，他经常喃喃自语："论学识渊博，我不如王锡阐；论儒学研究，我不如张尔岐；论艰苦力学，我不如李颙；论萧然物外，我不如傅山，真是一无是处！"

明末清初，一大批颇有气节的文人投笔从戎，立志复国，顾炎武是其中最积极的一个。他上过战场，下过监牢，杀过叛徒，十余年秘密奔走于江南各股抗清势力之间，九死一生。后半生游历四海，无家可归，始终未能寻得复国的机会，却也没有丧失过再出发的勇气。

清顺治二年（1645），江浙两省相继沦陷，清廷在江南强制推行剃发易服政策，引发大规模的武装反抗，顾炎武与一帮志同道合的朋友积极投身起义军，但在如狼似虎的清军面前，连战连败，昆山血战中，他的好友被杀，两个亲弟弟被杀，生母被清军砍去右臂。

六月，昆山被清军攻破，顾炎武的养母决心绝食殉国，临终前她谆谆告诫儿子："我虽是妇人，亦知民族大义。你不做异国臣子，不负世世国恩，不忘先祖遗训，那我死也瞑目了！"

死，很容易，但活着，更需要勇气。弘光政权覆灭后，鲁王朱以海、唐王朱聿键、桂王朱由榔相继建立起流亡朝廷，胸怀家仇国恨的孤独行人，只能不知疲倦地奔跑在星星之火快要熄灭的荆棘丛中，永远得不到片刻停息。

昆山城破后，顾炎武像是人间蒸发了一样，几乎很少有人见过他，也没人知道他究竟身处何方，甚至连好友归庄等人都难以知晓其确切行踪，他们大概只能从后续发生的种种现实事件推测顾炎武应该出现在哪里，正在策划多大规模的起义。

顾炎武确实出现在那些推测的方位，他先是接受隆武政权授予的兵部职方司主事一职，跟随兵部侍郎吴𬀩在江淮之间频繁而隐秘地联络反清势力，扮演着密探之类的角色，后又加入了一个带有明显抗清复明色彩的文学社团——惊隐诗社，明里以诗会友，实则暗中谋划军务，伺机起事。

十年之间，他穿行于深山巨谷，也漂泊于江河湖海，四处结交江湖义士，也曾在无数个清军设立的哨卡处展现过人的胆识，可行踪愈是飘忽，复国的前景愈是黯淡。顺治十一年（1654），明朝舰队三次溯江而上，最远攻至南京三十里外的燕子矶，顾炎武在岸边一路跟着舰队如影随形，畅想着十年奔波流离终有回报。然而此次绝佳的反攻机会，还是在各支部队互不统属、激烈内斗中白白流失。

这些年顾炎武付出了太多心血，得到的全是深入骨髓的伤痛，他的好友陈子龙被捕后投水自尽了，他的伯父和两个堂兄弟也壮烈殉国了，虽然他每每高呼"留此一丝忠孝在，三纲终古不曾沦"（顾炎武《陈生芳绩两尊人先后即世适皆以三月十九日追痛之作词旨哀恻依韵奉和》其一），现实的残酷还是让他逐渐意识到，复国也许只是个精卫填海般不可能完成的任务，但"人寰尚有遗民在，大节难随九鼎沦！"（顾炎武《陈生芳绩两尊人先后即世适皆以三月十九日追痛之作词旨哀恻依韵奉和》其二）乾坤倒悬、沧海横流之际，悲愤倔强的精卫鸟还是会继续衔木西山、投之东海，执着地徘徊在风云际会的广袤天空。

顾炎武愿做这只孤独的精卫鸟，振衰起敝，艰难前行。他在诗中写道："我愿平东海，身沉心不改。大海无平期，我心无绝时。"（顾炎武《精卫》）大明无可奈何地死去了，却永远存于心中。重整旗鼓后顾炎武做的第一件事，就是给自己改名。他原名顾绛，字忠清，现正式改名为炎武，字宁人。

"炎武"二字，化用南宋文天祥的学生王炎午之名，文天祥被俘后，王炎午作《生祭文丞相文》，敦促老师以死明志，后世赞其为真义士、真门生。"宁人"的"宁"泛指南京，意为重申明朝南京人的身份，决不向清廷低头。

在此时期，黄宗羲已基本结束隐姓埋名的奔亡生涯，返回家乡黄竹浦隐居著书。顾炎武同样做出了返乡的选择，打算把当年贱卖给妻舅叶方恒的八百亩田产赎回，叶方恒却贪图这份田产，暗中买通顾家仆从，盗取了顾炎武和南明政权往来的密信，必欲置顾炎武于死地。

顾炎武当机立断，当晚便将仆从溺死在池塘之中，可叶方恒又伙同仆从的家属把顾炎武解送南京，以杀人罪、通贼罪胁迫顾炎武自杀。

危急关头，挚友归庄向时任清礼部侍郎、文坛领袖钱谦益求救，钱谦益愿意出手，前提是让顾炎武拜在自己门下。万般无奈的归庄只好代替好友写下拜师门帖，送到钱谦益府中。

然而，身陷囹圄的顾炎武却不屑与钱谦益结交，当年弘光政权灭亡时，正是钱谦益率众开城投降了多铎，做他的门人岂不玷污了自己的清白之躯！于是顾炎武立即派人前去索要归庄代写的门帖，并亲自写文书让人张贴在街头巷尾，声明自己从来不认识钱谦益，更没有拜其为师。

一年后，官府因证据不足将顾炎武释放，但他的祖宅早已被叶方恒抢掠一空，从南京返乡途中，叶方恒又派人在南京城外暗中埋伏，差点断送了顾炎武的性命。

顺治十四年（1657）春，侥幸不死的顾炎武返回昆山，家中已是一片狼藉，复国无望、仇人逼迫，顾炎武长叹一声，将所剩不多的家产尽数变卖，再次踏上了漂泊的旅途，往后余生再未返回故乡。

没人明白顾炎武为何走得如此决绝，与他心意相近的归庄在送别挚友时留下了这样的猜测："宁人之学有本，而树立有素，使穷年读书山中，天下谁复知宁人者？今且登涉名山大川，历传列国，以广其志而大其声施。焉知今日困厄，非宁人行道于天下之发轫乎？"（归庄《送顾宁人北游序》）

四十五岁的顾炎武离乡远游，并不只为了结恩怨，更是他追求人生更高境界的开端。等到日后归庄等人读罢顾炎武临行前援笔濡墨，将数十年来积累下的郁结洋洋洒洒铺展出来的一首长诗时，他们自然会感慨挚友离开时的背影是如此傲岸，胸中的乾坤是如此浩渺：

流转吴会间，何地为吾土？登高望九州，极目皆榛莽。

寒潮荡落日，杂逻鱼虾舞。饥乌晚未栖，弦月阴犹吐。

晨上北固楼，慨然涕如雨。稍稍去鬓毛，改容作商贾。

却念五年来，守此良辛苦。畏途穷水陆，仇雠在门户。

故乡不可宿，飘然去其宇。往往历关梁，又不避城府。

丈夫志四方，一节亦奚取。毋为小人资，委肉投饿虎。

浩然思中原，誓言向江浒。功名会有时，杖策追光武。

（顾炎武《流转》）

这年秋天，淮河两岸暴雨肆虐，道路被大水淹没，顾炎武雇不到车马船只，就迎着暴雨赤脚跋涉，在泥泞中足足走了二百七十里，整个人如风摆残荷般站立不稳，双脚也在水中泡得浮肿。

如此不顾一切地行进，皆因顾炎武急于前往山东康城书院拜访一位古人：汉代经学集大成者郑玄。

郑玄生逢东汉末年，汉室倾颓，黄巾军乱，如今同样生逢乱世，国破家亡，顾炎武认为自己与郑玄在心灵上是共通的，毕竟仗剑复国的希望太渺茫了，王朝更替的现实已难改变，在新政权的高压政策下，旧政权的遗民产生了一种深深的迷茫和危机意识，不知道该何去何从，更害怕文明的薪火被强权终结。

这是一个发人深省的历史难题，多年以来顾炎武忙于复国大业，根本没有精力专心研究学术，如今他站在郑玄当年传道授业的康城书院门前，心中暗藏许久的困扰突然豁然开朗，在这种困顿潦倒、流离失所的境遇下，他迫切需要转型，需要思想的突破，像这位乱世大儒一样，走上一条崎岖漫长的研究之路。

事实证明，这是一场从迷茫走向通透的长途漫游，更是一次要上下求索又不知何时终结的文化苦旅。孤独也好，畅快也罢，顾炎武坚信在这偌大的北中国版图上，终会找到自己苦苦探寻的历史答案。

自卖掉祖产后，顾炎武随身携带的便是全部身家，有限的盘缠显然不足以支撑他千里远行，但顾炎武从未开口向亲友借钱，一切生存所需全靠个人经营赚取。每至一处，他必考察其地利价值，江北之淮安、山东之章丘、山西雁门之北、五台之东，都有他置办田户、开垦荒地的经历。

凭借连自己都未曾察觉的理财天赋，以及精打细算甚至斤斤计较，顾炎武赚到了很多资金，却也让他在士林中落下了贪财的口碑。那时候知识分子不愿入仕，还有许多谋生之道，比如开设私塾或者为富家子弟讲学，像顾炎武这种买房买地、亲自种田的行为，实属罕见。

顾炎武始终认为，保持学术乃至人格独立，首要基础就是经济独立，他坚持不求于人、不讲学、不立门户，仅靠一些独立经营的田产，足够他日常所需及出行所用。剩下的大量时间，就是不停观览各地风土人情、考察地理山川，不停寻访、钻研史志图书，不停地与读书人探讨切磋，探求有利于国计民生的实学。

多年间，他的行程累计长达两三万里，所览图书又有万余卷，却从不在任何一个地方待满三个月，无论是黄沙漫漫的塞外，还是纵横阡陌的平原，或是千沟万壑的峡谷，又或者羊肠九曲的小道，到处都有一个身骑瘦马、若有所思的老者的身影，他正自顾自地进行着这场看似没有终点的文化苦旅。

不知道走了多远，也不知道在哪一个荒山驿站，顾炎武困扰多年的疑惑烟消云散，他欣喜若狂，提笔写下了这样的答案：

> 有亡国，有亡天下，亡国与亡天下奚辨？
> 曰：易姓改号，谓之亡国；仁义充塞，而至于率兽
> 食人，人将相食，谓之亡天下。（顾炎武《日知
> 录·卷十三》）

天下，这一本属帝王将相的名词有了全新的解读，在顾炎武笔下，它不再代表某个皇帝或某个朝代，而是代表华夏民族传承至今的文明，易姓改号只是一国之亡，文明薪火相传，生生不息，天下就还是天下人的天下！

紧接着，顾炎武又写下这样的文字：

> 保国者，其君其臣肉食者谋之；保天下者，
> 匹夫之贱与有责焉耳矣。（顾炎武《日知录·卷
> 十三》）

这句话后来被近代思想家梁启超概括为一句振聋发聩的口号：天下兴亡，匹夫有责。

天下兴亡，不是封建王朝一家一姓的兴亡，而是全天下百姓及文明延续的兴亡；匹夫有责，不是特指居于庙堂之高的官员，而是全天下百姓都要携手为文明兴盛而不懈奋斗！

这是一个具有划时代意义和超强影响力的口号，这是一

个千百年来激励中华民族无数仁人志士团结奋进、踔厉奋发的口号！

这句话在中国历史上第一次把普通人和天下的命运紧密联结起来，无论是居于庙堂之高的君臣、处于江湖之远的文人还是埋首于穷乡僻壤的普罗大众，同样负有振兴天下的责任，即便是身无长物的一介匹夫，也可以在历史中寻找和创造价值。

这句话是顾炎武写给自己的，更是留给后世的，他将崇高寓于平凡之中，通俗易懂的文字透出一股雄浑壮阔的声势，显得如此灼热扑面、光彩炫目。顾炎武知道，一段心灵的旅程走完了，下一段行程依然坎坷，只要思想的探索不止，独行的旅人就将永远在路上。

不经意间，顾炎武完成了诸多影响深远的著作：《天下郡国利病书》《肇域志》《音学五书》《日知录》，也留下了诸多发人深省的思想主张：明道救世、经世致用；博学于文、行己有耻；利民富民、厚生为本；治学经世、合二为一……

顾炎武真正将读万卷书与行万里路高度统一于自身，用书本的知识参照现实，再用现实中的所见所闻验证书本，他以学识赅贯、通达治体的恢宏气象成为清代学术的开山之祖，并以蔚为大观的学术范式和学术理念对接踵而起的乾嘉学派产生了深刻的学术共鸣。梁启超在《中国近三百年学术史》中高度评价他：于是学界空气一变，二三百年间跟着他所带的路走去。亭林（顾炎武）在清代学术史所以有特殊地位者在此。

晚年，顾炎武没有选择落叶归根，也没有在田产繁多的各处宅院选择安居，他把落脚点定在生活极其不便的华山之阴，只因华山脚下系关河之口，虽足不出户，亦可闻天下之事，一旦有警，入山守险，不过十里之遥，若有志四方，则一出关门，亦有建瓴之便。漂泊一生的顾炎武，仍然没有忘记故国，多年间积攒下来的财产仍然存放在那里，以备日后天下有变留作抗清复明的物质储备。

康熙二十一年（1682），年逾七旬的他在山西曲沃病重，弥留之际，他还在深切关心百姓的疾苦，强撑病躯给陕西官员写信建议将赋税由银钱改征谷物，并将部分征收的谷物存入官仓，以待青黄不接之年借给缺粮百姓维持生计。

> 今日者，拯斯人于涂炭，为万世开太平，此吾辈之任也。仁以为己任，死而后已。（顾炎武《亭林文集·病起与蓟门当事书》）

一路走过，沉睡在心灵深处的往事时时在梦里显现，告诫顾炎武记得张望那些不肯安歇的悲欢与过往，提醒他不能忘记流荡在衣袂间的风雅，倾泻于言辞间的气度，挥洒于纸笔下的豪迈，还有那句"天下兴亡，匹夫有责"的炽热守望。生命不止，奋斗的人就永远在路上。

附

正　始

　　魏明帝殂，少帝即位，改元正始，凡九年。其十年，则太傅司马懿杀大将军曹爽，而魏之大权移矣。三国鼎立，至此垂三十年，一时名士风流，盛于洛下。乃其弃经典而尚老、庄，蔑礼法而崇放达，视其主之颠危若路人然，即此诸贤为之倡也。自此以后，竞相祖述。如《晋书》言王敦见卫玠，谓长史谢鲲曰："不意永嘉之末，复闻正始之音。"沙门支遁以清谈著名于时，莫不崇敬，以为造微之功足参诸正始。《宋书》言羊玄保二子，太祖赐名曰咸、曰粲，谓玄保曰："欲令卿二子有林下正始余风。"王微《与何偃书》曰："卿少陶玄风，淹雅修畅，自是正始中人。"《南齐书》言袁粲言于帝曰："臣观张绪有正始遗风。"《南史》言何尚之谓王球："正始之风尚在。"其为后人企慕如此。然而《晋书·儒林传序》云："摈阙里之典经、习正始之余论，指礼法为流俗，目纵诞以清高。"此则虚名虽被于时流，笃论未忘乎学者。是以讲明六艺，郑王为集汉之终；演说老、庄，王何为开晋之始。以至国亡于上，教沦于下。羌、戎互僭，君臣屡易。非林下诸贤之咎而谁咎哉！

　　有亡国，有亡天下，亡国与亡天下奚辨？曰：易姓改号，谓之亡国；仁义充塞，而至于率兽食人，人将相食，谓之亡天下。魏晋人之清谈，何以亡天下？是孟子所谓杨、墨之言，至于使天下无父无君，而入于禽兽者也。

昔者嵇绍之父康被杀于晋文王，至武帝革命之时，而山涛荐之入仕，绍时屏居私门，欲辞不就。涛谓之曰："为君思之久矣，天地四时犹有消息，而况于人乎。"一时传诵，以为名言，而不知其败义伤教，至于率天下而无父者也。夫绍之于晋，非其君也，忘其父而事其非君，当其未死，三十余年之间，为无父之人亦已久矣，而荡阴之死，何足以赎其罪乎！且其人仕之初，岂知必有乘舆败绩之事，而可树其忠名以盖于晚上，自正始以来，而大义之不明遍于天下。如山涛者，既为邪说之魁，遂使嵇绍之贤且犯天下之不韪而不顾。夫邪正之说不容两立，使谓绍为忠，则必谓王裒为不忠而后可也，何怪其相率臣于刘聪、石勒，观其故主青衣行酒，而不以动其心者乎？是故知保天下，然后知保其国。保国者，其君其臣肉食者谋之；保天下者，匹夫之贱与有责焉耳矣。

王夫之：现实那么残酷，何不放声高歌

如果把抗清复明的故事谱成一首歌曲，慷慨激昂的黄宗羲和耿介独立的顾炎武分别完成了前奏和高潮，而深邃隽永的余音则落在了王夫之的生命里。

当顾炎武骑着瘦马在北中国的版图上四处漂泊时，黄宗羲正在老家黄竹浦修建的雪交亭中整日枯坐，而王夫之此刻正遭清廷通缉，不得已躲进深山密林，拼命通过读书压制住内心绵绵不绝的愁苦。

他是一颗读书的种子，打小就在温润的土壤里茁壮成长，无忧无虑地跟随父亲王朝聘钻研儒学经义。他不像黄宗羲那样身负血海深仇，也没有顾炎武负气伉爽、兀傲倜傥的独特品性，甚至崇祯末年流寇四起、灾荒遍地的危局都不曾对他造成太大影响。

他喜欢与古人神交，喜欢浸染在儒学的熏风中，沐浴着圣贤的思想光辉，那时的生活纯净简单、快乐充实，似乎

连枯黄的梧桐落叶、叮咚作响的涓涓流水都能拨动少年的情怀；那时的天总是很蓝，日子总过得太慢，他按部就班地完成诸多学业，同那些还未真正感受到天塌地陷、乾坤倒悬的莘莘学子一齐奔向科考。

大约是在崇祯十五年（1642）秋末冬初的季节里，阳光依旧热烈，但枯叶开始飘落，从北方吹来的微风带有阵阵寒意，王夫之与其兄王介之动身进京参加会试，哥俩天真地以为外面的世界很精彩，实际上，中原各地已经被战乱糟蹋得面目全非。

此时，李自成军攻克承天，张献忠军攻陷蕲州，大半个中国狼烟四起，彻底阻断了南方士子北行赶考之路，哥俩目睹了一番乱世应有的模样后，于崇祯十六年（1643）春，打道回府，并盼望朝廷能早日平定流寇。

可流寇越剿越多、越剿声势越大，朝廷根本无能为力。崇祯十六年十月，张献忠所部攻破衡州，并在当地开科取士，点名招募王朝聘父子三人，字里行间饱含威胁之意。情急之下，王夫之兄弟逃往衡山莲花峰隐匿，父亲王朝聘却落入虎口。

张献忠放出风声：如果不来应聘，那就等着给你老子收尸吧！

答应，是不忠；拒绝，是不孝。

走投无路的哥俩，被迫自导自演了一场苦肉计：王夫之忍痛用刀刺破脸颊、刺伤手腕，在伤口上涂毒，毒发时乔装打扮的王介之抬着王夫之来到张献忠的军营，谎称王介之已死，自己也是废人一个，实在难堪大用。当晚趁夜黑风高，二人悄悄将父亲救出，父子三人就在衡山黑沙潭畔躲藏了起来。

崇祯十七年（1644），李自成所部攻陷北京，亡国的消息传到湖南，王夫之闻讯大哭，并绝食数日，亲笔写下了《悲愤诗》一百韵。紧接着，南明弘光政权被清军所灭，他续写《悲愤诗》一百韵。清顺治三年（1646），隆武政权宣告灭亡，他又续写了一百韵。整整三百韵诗歌，声声含悲，字字泣血，它可以感天动地，却难免于事无补。

从进京被阻到明朝灭亡，短短三四年间，残酷的战乱把温文尔雅、如琢如磨的翩翩公子折磨得不成样子。王夫之本以为自己可以躬耕书海、乐以忘忧，不知老之将至。如果人生真能这么度过，想必他很乐意在历史上跑个龙套，亡国队伍里没有他，复国故事里也没有他，当后世讲起同时代那些悲剧的男主角们时，偶尔请他客串就好，或者就让他永久沉睡在史书典册中没人提起。然而历史还是给了他一个露脸的机会，强迫来不及做好心理建设和情绪调适的他走出书斋，面对惨烈的现实，顺便带走了那些明如山间新月、静如涧外幽兰的日子。

站在风口浪尖的王夫之心急如焚，步履维艰。清顺治四年（1647）四月，王夫之与好友夏汝弼前去投奔永历帝朱由榔，结果还没走到一半，清军就攻克衡州，王夫之的父亲王朝聘、叔父王廷聘、二哥王参之及叔母均在战乱中死亡。王夫之星夜兼程赶回家中时，面对的只是几具冰冷的尸体，还有父亲临终前给后世子孙留下的抗清到底的遗言。

战乱难免会死人，但只有悲剧发生在自己身上才会有如此强烈的疼痛感，心在滴血，灵魂也飘飘然不知归于何处。这场惨烈的抗清之战，黄宗羲死了恩师、亲友，顾炎武死了继母、兄弟，王夫之也死了很多亲人，当丧失至亲骨肉的痛苦与国破家亡的辛酸汇聚成一条苦难之河，站在河边的未亡人只能用歇斯底里的哭泣回应时代，并努力记住每一个死者的面孔，还有生前那些温暖的回忆。

顺治五年（1648），王夫之在衡阳起义，失败后投奔永历政权所在的肇庆，授任翰林院庶吉士。然而黄宗羲、顾炎武们的经历一再证明，南明各个政权都是没有希望的，也是没能力救亡图存的。但王夫之还是毅然决然亲赴抗清一线，不惜踏遍南方诸省，呼吁各地反清势力联起手来共同抗敌。

结果其实可想而知，王夫之说的话没人听取，做的事没人关注，荣誉簿干净得像一张白纸。随着康熙元年（1662）永历帝在缅甸被吴三桂擒获，大明彻底亡掉了，王夫之苦苦等待的黎明再也不会重现了。

奔波的日子里，阳光仿佛还像年少时代那样热烈，其实落在身上却是如此冰冷、苦寒，四季好像只有冬天还在，所有未说出口的感慨，所有未完成的心愿，都应该在冬天埋葬，然后等着厚厚的积雪将其覆盖，永远也别融化。

投身义军以来，王夫之的名字一直出现在清军的通缉名单之中，特别是剃发令推行以来，为了外出讲学黄宗羲剃了发，为了四处游历顾炎武也剃了发，但王夫之始终不肯剃发，他先是避难于湖南耶姜山，又流浪在郴、永、涟、邵之间，后来宁愿逃到苗族、瑶族的山洞中过着原始生活，也没有剃发易服。

清廷布下的天罗地网，让黄、顾、王三人被迫隐姓埋名，奔亡在同样崎岖坎坷的险径之上，所幸，蹇蹇匪躬、百折不挠的他们都奇迹般地活了下来。

清圣祖康熙帝玄烨即位后，全国各地反清势力基本肃清，新的统治者开始有意识地笼络汉人，逐渐放松了高压政策，此时，东躲西藏的王夫之得以从容地走出深山密林，回到了当年在湘水西岸建造的简陋草堂。

归隐后，王夫之开始著书立说、传道授业。平日里，他依然身着大明服饰，无论天气如何，总要披上斗篷，打开雨伞，脚踩木屐，这样的形象处在剃发易服的人群之中很不协调。王夫之的内心很清楚，清朝的天空阳光依旧明媚，却永远变不成大明的天空，就像再动听的歌曲，失去了精神内核，也不过是空洞无趣的靡靡之音。

身处这样一个王朝交替的动荡时代，崇祯十七年成了无数前朝遗民心中挥之不去的梦魇，也将他们的人生彻底断裂为两个阶段，前一阶段是银鞍白马的豪情壮志，后一阶段为黯然销魂的亡国之悲。

　　前一阶段，有人活得没心没肺，但那只是自己人关起门来自娱自乐的狂欢，可以自诩为风流不羁，也可以理解为纵情享乐，反正没人真正在意到底花了多少银子，浪费了多少时光。后一阶段，也有人活得没心没肺，可这已然不再是自己人之间的嘻嘻哈哈，而是让无数仁人志士踏死不顾的民族大义。这份历史答卷，很多人都不及格。比如文坛领袖钱谦益在南京城破前，其夫人柳如是劝他一起投水殉国，他试探性地摸了摸池水，说水太冷不能下，转而开城投降，成了清廷的忠臣。再如精通戏曲的兰溪人李渔，亡国后还是频繁带着庞大的演出戏班穿梭于达官显贵人家卖艺，为士人所不齿。

　　但更多人还是从根本上完成了人生的蜕变，比如好繁华、好精舍、好鲜衣、好美食、好骏马、好华灯、好烟火、好梨园、好鼓吹、好古董、好花鸟的张岱，在发觉山河错乱、万事皆空时，还是毅然放弃了诸多爱好，躲进深山苦苦编纂《石匮书》，从一个享乐主义者变成极简主义者。

　　当然还有亭中枯坐的黄宗羲、云程发轫的顾炎武，王夫之也在此时雷打不动地拼命读书写书，每当稿纸稀缺，无钱购买纸张，他就四处捡些废纸或者烂账簿，修修补补继续奋笔疾书。创作条件如此艰苦，王夫之依然乐观向上，坚持晨夕杜门，静心思索，当好友打趣他这样不如出家，他却笑呵呵地回了首诗：

洪炉滴水试烹煎，穷措生涯有火传。

哀雁频分弦上怨，冻蜂长惜纸中天。

知恩不浅难忘此，别调相看更靦然。

旧识五湖霜月好，寒梅春在野塘边。

（王夫之《极九老人书所示刘安礼诗垂寄情
见乎词愚一往呐吃无以奉答聊次其韵述怀》）

就是这么一个形容枯槁、造型奇特的怪人，为后世留下一部又一部精彩绝伦、思想深邃的著作：《读通鉴论》《宋论》《楚辞通释》《周易外传》《春秋家说》《庄子解》《礼记章句》《尚书引义》《老子衍》……构建起一个深浑博远、洋洋大观的思想王国。

他始终坚信，汉文化就是他救国图存的最后一曲，只要还能拿起笔，就要不停地输出、不停地在思想领域抗争下去。深思熟虑后写出的每一句话，都是一声对历史的追问，都是在残酷的现实中放松喉头、气聚丹田，等待唱响历史的礼赞，唱出属于自己的时代之歌。

数十年间艰苦钻研，王夫之用他那充满辩证思想的哲学体系，看到了蛰伏于镜花水月中的历史真相，看清了乾坤四时周而不息的循环流转，也看透了世事无常、人生别来无恙的古今哀叹。

"思芳春兮迢遥，谁与娱兮今朝。意不属兮情不生，余踌躇兮倚空山而萧清。阒山中兮无人，蹇谁将兮望春？"

（王夫之《被禊赋》）一年四季春夏秋冬都是如此走过，风花雪月交替轮换，一点点哀伤，一点点寂寞，都以其独有的魅力，向世人诉说着数不尽的苍凉，就像被岁月湮没的一串串足迹，百感交集之余，也留下了与江海山川共存的东西。

康熙十二年（1673），吴三桂不满朝廷撤藩政策，悍然起兵叛清，他装模作样地表示要共举大明之文物，悉还中夏之乾坤。康熙十七年（1678），吴三桂在衡阳登基称帝，当地官员找到王夫之，让他为吴三桂撰写《劝进表》，王夫之冷冷笑道："我本先朝遗臣，誓不出仕，今何用不祥之人，发不祥之语呢？"随后躲进麋鹿山洞，宁愿与麋鹿作伴，也绝不入吴三桂的阵营。

由于长年漂泊，生活艰难，晚年的他身体状况极差，经常吃不饱饭。

七十一岁那年，衡州遭遇大旱，当地官员听闻其生活艰辛，特意来送点钱财柴米，他拒而不见，并写下一副对联：清风有意难留我，明月无心自照人。

他生是明人，死亦为明人，病逝前夕，他早早备好墓碑，并自行写下墓志铭：

拘刘越石之孤愤，而命无从致，希张横渠之正学，而力不能企。幸全归于兹丘，固衔恤以永世。

墓石可不作，徇汝兄弟为之，止此不可增损一字，行状原为请志铭而作，既有铭不可赘。若汝兄弟能老而好学，可不以誉我者毁我，数十年后，略记以示后人可耳，勿庸问世也。背此者自昧其心。

（王夫之《自题墓石》）

刘越石，即西晋名士刘琨，曾与祖逖闻鸡起舞，相约共同恢复中原，后被鲜卑统帅段匹磾所杀；张横渠，即北宋思想家张载，一生刻苦钻研儒学，并留下"横渠四句"——"为天地立心，为生民立命，为往圣继绝学，为万世开太平"的千古名言。

王夫之作为一颗孤心独抱、担当大义的读书种子，他的文学作品，悲壮慷慨；他的哲学思想，求真务实；他的史学观念，独树一帜。与顾黄二人相比，王夫之的学术体系最为博大精深，抗清事迹与顾黄二人亦是不遑多让，他自愧不如刘琨、张载，实在是过于谦虚了。

王夫之死后很多年，他那些多达三百余卷、八百万字，内容涵盖经史子集、天文历数等各大领域的鸿篇巨制被命名为《船山遗书》，正式刊行出版，并迅速风靡全国。

黄宗羲、顾炎武、王夫之，并称明末清初"三大儒"。

他们三人，一个是清学"开山始祖"（顾炎武），一个是"中国思想启蒙之父"（黄宗羲），一个被美国哲学社会科学界评为"四大唯物主义哲学家之一"（王夫之），与德谟克利特、费尔巴哈、马克思并称。

他们三人生逢乱世，自称明遗民，一心探究天道之希微，自觉选择崇高与孤独，并用各自独到精深的思想主张，燃起时代的熊熊烈火，照亮了中国思想史数百年的星空。他们死后一百多年，西方哲学家黑格尔用鹅毛笔蘸满墨汁，写下了一句发人深省的名言：一个民族有一群仰望星空的人，他们才有希望。

一个新时代的到来，总会有少数仰望星空的思想者处于前列，他们大胆走着伸手不见五指的夜路，清冷的夜风吹过他们消瘦的面颊，千古未绝的薪火燃烧在他们深邃悠远的眼神之中。他们彼此不曾相见，却时刻碰撞着灵魂，重合着身影，凝聚着共识，最终共同抵达一个巍峨的高度，活成了中国精神的剪影。

朱由检：逆着光行走，任凭风吹雨打

丑时，起风了。

朱由检独自一人坐在大殿之上，一整天烦琐隆重的登基大典搞得他疲惫不堪，可他还是努力保持着清醒，偌大的皇城之中，全是陌生冷漠的面孔。

这是朱由检入主大内的第一个夜晚，他不知道潜在的危险会不会来，也不知道究竟可以相信谁，登上皇位带给他的并非站在权力之巅傲视云端的愉悦，而是一股深深的忧虑。

朱由检最初的志向，只是做一个与世无争的藩王。平常就在府邸无忧无虑地生活，逢年过节进宫陪皇兄朱由校说说话、吃吃饭，国家大事很遥远，轮不到他来操心。

朱由检的爷爷，明神宗朱翊钧二十多年日常不在线。同时，朱翊钧对自己被迫立的皇太子，也就是朱由检的爸爸明光宗朱常洛始终保持着放养的状态，唯独偏爱郑贵妃生的皇三子福王朱常洵。

表现在教育层面就是朱常洵拥有顶尖的教师团队，配置最优的教育资源。而极度缺少父爱的朱常洛十多岁才拥有出阁读书的权利，若非群臣前赴后继甘受杖刑、罢官、流放，不顾一切与朱翊钧开战，朱常洛根本没资格接班。

朱常洛都这么不受待见，他的儿子肯定就更没人重视了。长子朱由校少年时代几乎没有接受过正规的教育，日常起居全由老爹的选侍负责，以至于日后作为一国之君，居然连奏折都不太能读懂，碰到生僻字只能跳过。

朱由校没人重视，他的弟弟朱由检更惨。五岁那年，他的生母被父亲朱常洛赐死，自己被分配给一名选侍抚养。数年后选侍生了女儿，就不太愿意照顾别人生的孩子，于是朱由检只好再次被转手他人。

朱由检就是在这种恶劣的环境下成长起来的，一方面父亲的储君之位始终面临危机，另一方面自身也得不到足够的重视和培养。日后朱由检在位期间表现出的多疑、偏执、焦躁，与青少年时期的成长环境关系颇深。

不过，尽管朱氏两兄弟的成长环境同样恶劣，朱由检却和朱由校完全不同。虽然朱由检很尊敬自己的哥哥，但他目睹着江山社稷风雨飘摇，皇兄朱由校却只愿猫在后宫搞木工活，对治国理政一概不问，国事皆由奸佞魏忠贤把持，内心难免有些愤懑：我若为君，国家绝不会是这么一副烂摊子！

朱由检曾私下问他皇兄，做皇帝快乐吗？朱由校仍在爱不释手地摆弄着木制工艺品，没心没肺地回答说，马马虎虎吧，我先凑合干几年，到时候让给你干。

也许只是无心之言，没想到居然一语成谶。朱由校快快乐乐当了七年皇帝，三个儿子先后早逝，皇位果然传给了感情最深的弟弟。

八月的夜风已有些许微凉，朱由检就这么静静地坐着，往事如同丝线缠绕着在眼前浮现，高祖父明世宗朱厚熜沉迷修道，二十年不上朝，祖父明神宗朱翊钧又将不上朝的传统延续了二十多年，皇兄明熹宗朱由校极有工匠精神，治国能力却相当于白痴。百余年间，大明江山被这三位只享受权力、不履行义务的大佬折腾得乌烟瘴气、满目疮痍。

朱由检很清楚，搞不定魏忠贤，自己的皇位就坐不安稳；无法铲除阉党祸乱朝政的流毒，大明朝就注定要继续烂下去。他更清楚，魏忠贤此刻应在皇兄的棺椁前焦躁地徘徊着，苦思冥想自保的方法。猫捉老鼠的好戏，已在烛影闪烁中悄然拉开了帷幕。

一日，魏忠贤向朱由检递交了一封辞去东厂总督太监、回乡养老的奏疏。当天下午，朱由检热情接见了魏忠贤，温言驳回了他的请辞，紧接着，都察院右副都御史杨所修上疏弹劾阉党骨干成员兵部尚书崔呈秀、工部尚书李养德、太仆寺少卿陈殷、延绥巡抚朱童蒙，罪名是没有按照礼法为父母守孝。

然而，朱由检的态度让人捉摸不定，他留下了魏忠贤头号心腹崔呈秀，将另外三人辞退回家、反省过失。然后，江西巡抚杨邦宪上疏要为魏忠贤修生祠，朱由检不但批准，还借此机会给阉党主要成员加官封赏，活着的提拔，死掉的追认，连魏忠贤的侄子魏良卿都得到了一块免死铁券。种种行为，麻痹了魏忠贤及其党羽。

可就在魏忠贤料定朱由检不会对自己动手之际，局势急转直下。工部主事陆澄源、兵部主事钱元悫、刑部员外郎史躬盛、国子监监生钱嘉征先后上疏，目标直指魏忠贤，特别是钱嘉征的奏疏，写得相当有水准，逻辑清晰、用词生动，把魏忠贤骂了个狗血淋头。

魏忠贤没想到，朱由检会把他叫进宫里当面解释，他自然不会认罪，只是趴在地上痛哭，用尽全力不停地哭，朱由检则在一旁兴致勃勃地陪魏忠贤演戏，等他哭干了眼泪，转身准备离去的那一刻，朱由检的眼神突然如利剑般锋芒毕露，大声呵斥道："等一等！"

不知何时，朱由检手里多了封奏疏："魏公公，想不想听听钱嘉征是怎么骂你的？"朱由检掩住了冰层下所有情感的流动，随手将奏疏甩给身边侍奉的宦官。

"念！"

就这样，魏忠贤冷汗涔涔又惶恐不安地听完了这封恐怖奏疏的全部内容。合上奏疏的那一刻，魏忠贤彻底绝望了，精神崩溃的他失魂落魄地叩拜而出。

天启七年（1627）十一月初一，魏忠贤被发配至凤阳看坟。初四，朱由检下令将魏忠贤逮捕至京城。行至阜城县的魏忠贤收到了锦衣卫奉命抓捕自己的消息，当晚，万念俱灰的魏忠贤就在阜城县的一个客栈里上吊自尽，结束了罪恶至极的一生。

魏忠贤死后，阉党被一网打尽。此时，满朝文武才猛然发现，新皇帝在铲除阉党过程中表现出的敏锐、冷静、决绝，正可为被推进重症监护室的大明王朝补上一大口续命汤。

而一举铲除阉党集团的朱由检，也正踌躇满志地分析当今的局势，随后毅然决然以有限的精力投入无限的救国事业中。

作为自明太祖朱元璋以来最勤政的皇帝，朱由检值得夸奖又让人泪目的事例数不胜数。

据史书记载，朱由检白天接见群臣，商讨国家大事，晚上批阅奏疏，为处理公务彻夜不眠。某次，他去慈宁宫拜见刘太妃，聊着聊着就睡着了。刘太妃命人拿来棉被给朱由检盖上，他也只休息了大半个时辰就醒了过来。

太妃很心疼，劝皇帝注意身体，朱由检却对太妃说了这么一段话：皇爷爷在时，天下还太平无事，如今辽东军情紧急，四方又连连遭灾，朕没本事，两天两夜没睡就撑不住了。

说罢，朱由检不免有些热泪盈眶，默默用衣袖擦了擦眼角，在场的人包括太妃都忍不住失声痛哭。

无一日不上朝，每天只睡几个小时，这就是朱由检的日常状态。他厉行节约，在位十七年，宫中没有营建任何工程，减少后宫一切不必要的用度，他和皇后带头穿旧衣服，新年都不添置新衣，一件龙袍缝缝洗洗穿了好几年。

和爱修道的朱厚熜、爱偷懒的朱翊钧、爱手工的朱由校相比，朱由检没有任何特殊嗜好，他不爱吃喝，也不好色、不爱财，只对治国理政乐此不疲。

偶有闲暇，朱由检就挤出时间博览群书、好学不倦，四书五经及《资治通鉴》《贞观政要》《皇祖明训》等典籍几乎从不离手。同时，他还命人画历代明君贤臣图，写《正心诚意箴》，分别放置在文华殿、武英殿中，方便自己随时观摩。

兢兢业业十几年，酒色财气样样不沾，从来没享受过随心所欲的生活，心甘情愿履行义务、承担责任，这种辛劳的差事，白给都没人干。

朱由检却愿意干，认为天下事尚有可为的他，每天都会在心里自我鼓励：只要胸怀一腔热血，只要群臣一心、将士拼命，天下何愁不安定，国家何愁不振兴！

相较于勤政刻苦、不言放弃的朱由检，满朝文武的表现却极度令人失望。这帮人日常状态只干两件事：一是内斗，二是敛财。

自崇祯元年（1628）伊始，朱由检就逐渐发现，刚刚铲除的阉党显然不是最恐怖的敌人，真正无法击溃的敌人就在自己身边。朱由检很是不解，他是皇帝，大家都拥护他这个皇帝，自己说的话大家也都听从，可为什么工作就是干不成，推进不下去。

每天上朝，这帮朝臣只干一件事——对喷、互骂，官方术语，这叫党争。

党争并不是出现在崇祯时代，也不会在崇祯时代绝迹。可崇祯时代党争的焦点已经不是国家大政方针如何推行，而是有你没我的人身攻击。

铲除阉党后，朱由检打算重组内阁，亲自挑选了十几名备选人员，结果举报信就如雪花般飘进宫里，中心思想只有一个：凭什么有他没有我，他上台了我还混什么！无可奈何的朱由检只好用了个老掉牙却又能让所有人闭嘴的方法：抓阄。

于是，崇祯朝首次组阁，九大辅臣中除原本在位的三人外，其余六人都是抓阄抓出来的。一年后，九大辅臣中有八位被迫下台，原因无一例外都是被骂走的。朱由检只好再次抓阄组阁，然后接着被骂走、赶走，或是受不了刺激自己走。文官集团彻底烂到了骨子里，用再猛的药也治不好了。

至于贪污腐败，比党争更加触目惊心。

崇祯三年（1630），西北大旱，灾害过后，就是饥荒。没有粮食，就用人肉充饥。

这绝不说危言耸听，此次灾荒期间，西北各地的小孩白天都不敢出门。外面的世界，有无证经营的人肉市场，有明码标价的人肉价格，还有无数双饥饿的眼睛，可以把你吃的连渣都不剩。

朱由检责成户部筹措了十万石粮食发往陕西、甘肃，他根本想不到，这批粮食从京城出发时，就被克扣了一半，到了行省省署，还剩两万，从省属到县城，还剩一万，真正能到百姓手中的，只有区区五千。

十万石粮食就这么分没了！朱由检让户部尚书调查，户部尚书可不傻，拉着几个侍郎、员外郎"调查"了半天，拉出来几个办事员顶雷，罪名是核算数目不严谨，以失职罪撤职了事，然后结案。

朱由检只好自己动手，找出几个主犯，该撤职撤职，该流放流放，最后，也只能无奈宣布结案。从继位到明朝灭亡，他始终难以解决党争和贪腐这两大难题，以至于在煤山自尽时他绝望地仰天高呼："诸臣误我！"

每天面对一群正事不干、以整人为乐、以贪腐为动力的混账官员，朱由检没有帮手，只有对手；没有助力，只有阻力。在这种境遇下，换作是谁，也不见得能比他做得更好。

朝廷上党争激烈，国库里空空如也，边境烽火连天，民间怨声载道，起义此起彼伏，似乎连老天爷都不打算让大明朝苟活下去了。

据《汉南续郡志》记载：崇祯元年，全陕天赤如血。五年大饥，六年大水，七年秋蝗、大饥，八年九月西乡旱，略阳水涝，民舍全没。九年旱蝗，十年秋禾全无，十一年夏飞蝗蔽天，十三年大旱，十四年旱。

小冰河时期带来的气候异常，导致明朝末年天灾频发。与后金鏖战需要军费，掏不出钱；各地灾害不断需要赈灾，也掏不出钱。

朱由检对金钱有一些直观感受：

比如，他爷爷朱翊钧一座陵墓就花了七八百万两白银；比如，他叔叔朱常洵在洛阳的豪华别墅市值近三十万两白银，名下还有良田四万顷，就是不愿出钱赈灾；再比如，皇室、勋贵、官绅、地主大肆兼并土地，部队中军官克扣士兵粮饷，各种潜规则，层层克扣，真正受苦受难的只有社会最底层的百姓。

朱由检，富有四海，也一无所有。某次，在殿上议事时，朱由检的内衣袖子不经意间露了出来，袖口已是破破烂烂。他发现某位朝臣正盯着自己的衣袖看，感觉很尴尬，急忙把破烂的衣袖往里面掖。大臣则很感动，就此事疯狂赞美。

赞美过后，一切照旧。无论朱由检个人如何节俭，他却不可能变出银子来，财政还是空空如也，还是只能拆东墙补西墙。毕竟钱不在国库，不在民间，都在大明皇亲国戚和各级官员的囊中，他们不愿拿出来，谁也掏不走。

上层社会不愿出钱，朱由检只好让底层民众出。

崇祯三年（1630），强征"辽饷银"，每亩加征银三厘；

崇祯十年（1637），开征"剿饷银"，每年加征银三百三十余万两；

崇祯十二年（1639），加征"练饷银"，每年加征银七百三十余万两。

开源之外，还有一项节流政策——裁撤官驿①。从崇祯元年起，折腾了几年，裁减驿站两百余处，只减掉了六十八万两白银的额外支出，却导致上万名驿卒丢掉了工作。

被裁的驿卒中，就包括大明的终极掘墓人——李自成。

当然，李自成并不是一开始就打算造反的，崇祯元年被迫下岗后，李自成回米脂老家待业。同年年末，由于还不起举人艾诏的欠债，李自成被人告到米脂县衙。

欠债还钱天经地义，问题是艾诏和米脂县令却想要李自成的命。李自成不想死，反杀了艾诏，吃了人命官司，走投无路的他只好远走他乡，辗转参加了陕西农民起义军。

其实，明末农民起义并非首发在崇祯时代，却悲剧地爆发于崇祯元年，三年之内，"闯王"高迎祥、"八大王"张献忠、"闯将"李自成、"曹操"罗汝才等依次亮相，仅陕西一省就有义军百余支。

十七年间，朝廷每年都在剿贼，却越剿越多，越剿越集中，越剿实力越强，此时关外还有皇太极的铁骑虎视眈眈。攘外还是安内，这是个问题，是默然忍受起义军暴虐的毒箭，或是挺身反抗蛮夷强势的袭扰？

现实不止一次证明：本来剿贼剿得好好的，突然关外战

----

① 官驿：古代各地接待来往官员的公办旅舍，为官员提供酒食和住宿。

情吃紧，屡战屡胜的剿贼主将就被紧急调往关外防御金人入侵，无奈痛失好局。而且散布各地的起义军总是打一枪换一个地方，抢一处换一处再抢，起义军在前面跑，朝廷军在后面追，追着追着，起义军投降了，赢得短暂喘息后，起义军又叛变了！

辛辛苦苦十几年，空有一腔热血的朱由检什么都没有得到，什么都没有干成。他只有一次次下罪己诏，成为史上下罪己诏次数最多的皇帝。

崇祯八年（1635），大明龙兴之地凤阳被起义军攻占，朱元璋祖辈皇陵被焚毁，朱由检下罪己诏，以施政失策向天下百姓道歉；

崇祯十年（1637），中原大旱，饿殍遍野，朱由检下罪己诏，向上苍祈雨，哀民生之多艰；

崇祯十五年（1642），黄河决堤，几十万百姓无辜丧命，明、清①和谈失败，清军攻入山东，俘虏百姓三十余万，朱由检下罪己诏，以个人失德向老天爷及百姓认罪；

崇祯十六年（1643），京城瘟疫泛滥，边关告急，李自成建"大顺"政权，张献忠建"大西"政权，朱由检下罪己诏，号召天下臣民共赴国难，拯救摇摇欲坠的大明王朝。

可惜，罪己诏在饥寒交迫的天下百姓眼中，远没有这首不知作者的《闯王歌》更具鼓动性：

---

① 皇太极于崇德元年（1636）在盛京称帝，建国号大清，此前均称为后金。

朝求升，暮求合，近来贫汉难存活。

早早开门拜闯王，管教大小都欢悦。

杀牛羊，备酒浆，开了城门迎闯王，闯王来了不纳粮。

吃他娘，着她娘，吃着不够有闯王。

不当差，不纳粮，大家快活过一场。

大明王朝立国二百七十六年，终将不可避免地走向灭亡。

崇祯十七年（1644）三月十九日拂晓，北京城陷落，万念俱灰的朱由检在景山一棵歪脖子树上自缢身亡，终年三十三岁。

死前，朱由检在蓝色衣袍留下最后一封罪己诏，也是遗书：

朕自登基十七年，虽朕薄德匪躬，上干天怒，然皆诸臣误朕，致逆贼直逼京师。朕死，无面目见祖宗于地下，自去冠冕，以发覆面。任贼分裂朕尸，勿伤百姓一人。

作为历史上最勤勉的皇帝之一，兢兢业业、事必躬亲的朱由检，二十多岁就累白了头发，眼角爬满了鱼尾纹，他不抛弃、不放弃，勤俭自律、勇敢拼搏的精神绝对应该赢得掌声和尊重，而非嘲笑和谩骂。

当然，明朝的覆灭不能完全归咎于时运不济，在十七年执政生涯中，朱由检在与后金军、农民军周旋期间出现过多次失误。

比如，他过于好面子，屡次丧失良机。当年"八大王"张献忠被朝廷军打到穷途末路，原本是一举荡平流寇的绝佳时机。没想到朱由检听说张献忠准备投降，居然降诏让朝廷军暂缓围剿，还特意告诫臣下："他既有诚意，朕怎能寒了他的心。"

结果，张献忠趁势逃出生天，后来东山再起。

崇祯十六年（1643），李自成逼近京城，朝臣建议朱由检迁都南京，朱由检自然知道迁都可暂避起义军锋芒、保住东南一隅，却又怕迁都丢了面子，被世人骂他没有骨气，最终迁都未能成行。

再比如，朱由检性格多疑、滥杀重臣，其中包括袁崇焕、刘策、孙元化、熊文灿等多位朝廷功勋。他们之中既有含冤被杀，也有剿贼不利被杀。据保守估计，朱由检在位期间换了五十名内阁大学士（首辅两人被杀）、十四名兵部尚书（七人被杀），滥杀督师（或总督、巡抚）十一人。

滥杀的恶劣影响既表现为丧失栋梁，也表现为大多数文武官员因此丢掉对朱由检的忠诚和信任，以至于他们在朱由检号召百官出钱助剿时少有响应，李自成进京后却踊跃投诚。

朱由检的悲剧告诉世人：勤政，纵然是治国的第一良方，但扭转不利局势，更需要有效的举措和策略。猛药，也许能迅速缓解急症，却容易带来极大的副作用。朱由检为根治急症所下的一服服猛药，就一次次不可避免地加重了药剂的副作用。

作为藩王入主大内的典型人物，朱由检从小缺少教育和关爱。他铲除魏忠贤，以及终其一生为国家所做的努力，证明其有抱负、有决心，可惜年轻又缺少经验的朱由检没有重整河山的时运，也没有有效治疗急症的方法。

朱由检是个复杂的人，复杂在他本不具备力挽狂澜所应具备的性格和能力，但却为了拯救大明王朝顽强奋斗了一生。如果朱由检像他皇兄那样昏庸，活该他亡国，可他为振兴社稷做出的努力及个人不屈不挠、永不放弃的品质，让他得到更多的是同情而不是指责。

只能说，面对积重难返的大明，终生逆光行走的朱由检已经做了他所能做的一切。无论功过是非、祸福荣辱，亡国之君，终究还是要一个人扛下所有。

史可法：拿什么拯救你，我的大明

南明弘光元年（1645）初夏，日落西山，残阳如血，面对城外锐不可当的大清铁骑，史可法再次回想起二十年前那个终生难忘的傍晚。

那一日，史可法怀揣着东拼西凑的数十两纹银来到诏狱门前，悄悄把银两塞进当值的狱卒手里。他要入狱看望授业恩师，因弹劾魏忠贤及其党羽三十二款大罪被诬陷的东林党领袖左光斗。

狱卒盯着局促不安的史可法沉默片刻，偷偷将他拉到一旁，给他换上草鞋、背上竹篓，打扮成牢狱清洁工的模样，这才带他走进令无数人闻之色变的诏狱。

史可法跟在狱卒身后不敢抬头，但无处不在的血腥味和不绝于耳的呻吟声还是让他不寒而栗，这种恐怖、阴森的气氛令人毛骨悚然。走了许久，狱卒突然抬手向前指了一指，随即迅速退到看不见光亮的阴暗处躲了起来。史可法走上前去，那一瞬间，他有些控制不住地两腿发颤，额头处冷汗直流。

只见左光斗半倚半躺在墙壁边，满脸鲜血，浑身遍布伤痕，多处溃烂，左腿膝盖骨以下的筋肉基本脱落，露出血淋淋的腿骨，蚊虫嗡嗡乱飞，恶臭味从鼻尖直达喉头，此情此景，怎一个惨烈可以形容！

史可法再也无法忍受，跪在地上放声大哭。

虚弱的左光斗听到哭声，强打精神抬起双眸，向着哭声的方向望去，许久后才将模糊的视线落在史可法脸上。

刹那间，左光斗的眼中突然燃起熊熊怒火，随即用微弱却坚毅的语气呵斥道："你跑来诏狱做什么！想送死吗？社稷倾危，朝政腐败，我眼看是不行了，你若因擅自入狱获罪，天下之事还能靠谁来支撑，还不速速离去！"

说罢，左光斗尝试着起身，钻心刺骨的疼痛却让他只能双手撑地，勉强挺了挺腰杆，又重新半躺了下去，昏暗之中只剩粗重的喘息声。

史可法见恩师不再言语，只好匆匆告辞而去。数日后，他就得知恩师在狱中被阉党活活折磨致死。多年来，每当忆起恩师，史可法总会忍不住热泪盈眶着说，我老师的肺肝，都是铁石铸造的啊！

史可法的母亲经常对他说过的一句话：生你的前一晚，我梦到了一个古人，文天祥。

在京城读书期间由于囊中羞涩，只能日常借宿在寺庙中，某一个风雪交加的寒夜，他正伏案小憩，不知何时突然感觉浑身一暖，随即醒了过来。

睡眼惺忪的史可法揉了揉眼皮，发现书案边站着一人，正在阅读自己方才写就的文章。他回头望了望后背，发现背上盖了件貂皮大衣，应该是这人脱下给自己披上的。

此人见史可法已醒，便放下文章，微笑着告辞而去。

史可法并不知道，此人便是时任北直隶提学的左光斗，而且还格外欣赏自己的文章，以至于应试完毕，左光斗想也不想，直接将史可法的答卷定为第一名。随后，他将史可法收为弟子，并接到自己府上居住，时常以忠孝仁义之道谆谆教诲。他曾亲口对人说，吾诸儿碌碌，他日继吾志事，唯此生耳！

恩师的教诲和期许犹在耳边萦绕，史可法发誓要像恩师那样不计得失，为国尽忠。

崇祯元年（1628），二十六岁的史可法科举入仕，授任西安府推官，历任户部主事、员外郎、郎中。仕途起步于内忧外患之际，史可法只能随波浮沉。崇祯七年（1634），鉴于张献忠、罗汝才所部长期在安徽、湖北一带袭扰，为了统一指挥权，江南巡抚张国维提议将安庆、池州分开管理，以便随时集中力量应对流寇。

史可法立刻上疏请行，国家养士，原为社稷封疆计。今若此，非所以报主恩也！次年，他被任命为江西右参政、安池兵备道，直接参与地方剿贼事宜。可剿贼显然不是史可法一介书生能够胜任的，农民军大举进犯桐城，他率兵出击，却不慎陷入包围圈中，差点送了性命；农民军围攻宿松县，他前往救援，还用大炮开路，结果震耳欲聋的大炮一响，农民军非但没有溃逃，反而调转枪头迎战史可法，仓促之下，万余人马只剩一千余人撤出阵地。

连战连败之际，将士们心生不满。某次，某士兵与百姓起了争执，当场赏了百姓一剑。史可法为整肃军纪，下令将闹事士兵斩首。然而，当晚士卒却集体哗变，一群人气势汹汹冲到史可法住处，他无路可退，只好破釜沉舟，秉烛仗剑坐在帐中，远远望去好似神人一般，终于把闹事的士卒吓了回去。

不久之后，史可法奉命北援，行至徐州地界，由于缺少船只，他令众将士涉水渡河，可岁值正月，河水冰凉刺骨，大家根本不买账，懒散地在河边晃荡。史可法忍无可忍，强迫士卒下水，结果部队再次哗变，沿河一带四百余间草棚，尽数被闹事的士卒焚毁。

剿贼五六年间，史可法功劳寥寥，却多次身陷险境，被自己的部队搞得灰头土脸。崇祯十四年（1641），史可法转任户部侍郎，总督漕运，却干得有声有色，随后被晋升为南京兵部尚书。

事实证明，史可法不是一个出色的将领，但他在品德修养和自我约束方面的表现又让人闻之动容。领兵在外时，他坚持与将士们同甘共苦，由于天下动乱，朝廷拿不出钱改善军营待遇，寒冬腊月都只能露天扎营。他身为高级将领，却同普通士卒一样露天睡觉，只铺草席，甚至与士卒背靠背相依取暖。

流寇四起，再加上蝗灾不断，搞得史可法几乎精神崩溃，每晚必虔诚祈求上苍，以至于体力透支，身形消瘦，三十多岁的青年熬得像五十多岁的老汉。

下属们劝他注意身体，可他却颇为感慨地说："当年熬夜备战科考时，一个月也睡不了几个踏实觉，比起如今的境遇，我觉得惰性比以前大多了！"

个人如何吃苦，也不能拯救国家。崇祯十七年（1644），北京沦陷，时任南京兵部尚书的史可法地位骤增。

然而事实证明，史可法搞军事不行，搞政治也一样蹩脚。

由于皇帝朱由检已死，三名皇子均未逃出，继位者只能从逃出生天的藩王之中挑选。从血缘关系及地位高低比较，福王朱由崧（明神宗朱翊钧之孙）最有资格当选。

不过，东林党领袖张慎言、吕大器、钱谦益等人却认为朱由崧的父亲曾牵涉"争国本"事件①，怕朱由崧继位后打击报复，于是强烈支持立潞王朱常淓（明神宗朱翊钧之侄）为帝。

作为左光斗最器重的弟子，史可法本应坚决站在东林党一边，可他一方面顾及东林党人的身份，一方面又觉得拥

---

① 朱由崧之父朱常洵深受朱翊钧宠爱，朱翊钧多次尝试废长立幼，因百官尤其是东林党人阻挠而失败，史称"争国本"。

立福王确实比拥立潞王更合正统，导致他始终下不定决心。于是他亲自前往浦口，与另一重量级人物、凤阳总督马士英密议。

经过商讨，两人取了个折中的方案：放弃福王、潞王，拥立远在广西的桂王朱常瀛。然而，"拥桂"方案只是马士英的权宜之计，稳住史可法暂不立潞王而已，其实动动脚指头都能算明白，放着朱由检的堂兄弟（朱由崧）不立，怎么可能拥立一个血缘更远的桂王为帝？

史可法却完全没有想到这一层，不立福王算是不得罪东林党，不立潞王也有了合理的解释，在他心情愉悦地返回南京之际，马士英却立即调遣五万人马，护送从北京逃出的福王朱由崧前往南京。

崇祯十七年（1644）五月初一，朱由崧火速赶到南京，抢占先机。次日，群臣开始商讨福王监国一事。在马士英的强力推动下，东林党被迫妥协，赞成福王即位。

这时才察觉到上当受骗的史可法居然抛出一个很傻很天真的建议：如今先皇太子生死不明，没准也像福王那样幸运逃出了北京，福王监国一事不如暂缓。

一番话说得群臣满头问号，他们对这种幼稚的说辞颇感厌恶，早让你定你不定，如今哪还有翻盘的可能！

拥帝事件出现了重大失误，让原本排在首位，甚至有资格担任内阁首辅的史可法直接退出了权力核心圈。更悲哀的是史可法的举棋不定彻底得罪了东林党，如今又公然提出反对意见惹怒了福王，最终史可法陷入了众叛亲离的窘境。

第三日，福王宣布监国，是为弘光帝。头号功臣马士英因"拥兵迎福王于江上"有功，升任东阁大学士、内阁首辅；昏招频出的史可法虽然顺利入阁，却仍是只掌兵部事务，挂名而已。很快，他便被马士英一党排挤，只得自请外放至扬州，督师江北。

此时，正值李自成兵败，逃出北京，向西撤至西安，原本投降起义军的明朝将领纷纷揭竿而起，加之河南、河北、山东等广大区域因农民军溃败，清兵尚未染指，一度出现统治真空。

明朝残余势力纷纷提议史可法趁势北上，收复失地，进可图中原，退可拱卫南京。面对大好机会，史可法再次陷入犹豫，白白浪费了拓宽战线的可能。

虽然名义上掌握着四大核心军区——仪征、寿县、淮安、瓜洲的实际指挥权，可史可法却不具备统率骄兵悍将的威望。各镇兵马久驻江北，皆待饷不进，四镇首领黄得功、刘良佐、刘泽清、高杰个个不听指挥，却纷纷争着换防到相对安全的扬州大本营。

其中最不听话的高杰甚至直接出兵劫掠扬州，作为全军统帅，坐镇扬州的史可法却隐忍不发，只以君臣大义开导他。还没等真正感化悍将，高杰就在睢州被叛将杀害，一时群龙无首，高杰之子为避免酿出更大的动乱，以认史可法为义父的名义，请求史可法尽快收编部队。然而史可法再出昏招，他认为高杰出身流寇，部队匪气过重，收编回来只会平添风险，高杰部众大失所望，转而投降了清军。

南明弘光元年（1645）四月，清军名将多铎部由潼关直趋扬州，镇守淮北的刘泽清自淮安降清，刘良佐、黄得功部战败南逃。十七日清军在距离扬州二十里处下营，次日，清军兵临扬州城下，史可法传檄各镇援兵，竟无一至者。实际上，南明朝廷依仗的四镇人马，降的降，散的散，根本无兵可调。

岌岌可危的扬州城中，只有总兵刘肇基部和忠贯营何刚部尚有一战之力，清军初抵城下时，刘肇基提议趁敌立足未稳，打他一个措手不及，史可法表示拒绝："锐气不可轻试，且养全锋以待其毙。"

不出击，只能死守。由于扬州城西门地势较低，城外有处高丘可作为天然屏障，鉴于高丘上长满林木，又有许多百姓在此埋葬亲人，众将建议砍伐树木，平掉墓碑，以利对敌作战。史可法再次表示拒绝："别人家的祖坟，我怎么敢平呢？"

二十一日，甘肃总兵李栖凤和监军高岐凤谎称驰援引军进入扬州，其实是打算挟持史可法，献城降清。史可法自知大势已去，叫来二人交心："你们想降清，请便，别拉上我！"

李、高二人不好强行下手，便勾结城中将领一道出城，史可法不做阻拦，任由下属随意投降。

战又不战，降又不降，史可法只有一个念头：想死！

二十二日晚，史可法写下一封遗书，草草交代了后事。二十四日夜，多铎用红衣大炮轰开城门，史可法在城头自刎，可惜伤口过浅，没有死成，被众人挟裹着走下城楼，押至多铎面前。

多铎本想劝降史可法，但史可法赴死之心已明，只好下令将其斩杀。

"孔曰成仁，孟曰取义，唯其义尽，所以仁至。读圣贤书，所学何事？而今而后，庶几无愧。"（《宋史·文天祥传》）史可法走上了与文天祥类似的救国道路，也走向了与文天祥相同的人生终点。后世对于壮烈牺牲的史可法，同样给予了足够的理解和褒奖。

> 天方降割，权臣掣肘于内，悍将跋扈于外，遂致兵顿饷竭，疆圉日蹙，孤城不保，志决身歼，亦可悲矣!高弘图、姜曰广皆蕴忠谋，协心戮力，而扼于权奸，不安其位。盖明祚倾移，固非区区一二人之所能挽也。（《明史·史可法传》）

曾经，得知皇帝朱由检亡国自缢，压力山大的史可法找来好友应廷吉谈心。在史可法心目中，姜子牙、张良、诸葛亮属于历史上最出色的救世英雄，而他一直以当代诸葛亮自居。

应廷吉却道："此三人皆为济世良才，只不过所处环境不同而已，姜子牙兴周、张良兴汉，唯有诸葛亮最不成功，他生不逢其时。"

史可法点头认可，再次问道："可陈寿在《三国志》中，却认为领军打仗不是诸葛亮的长处。"

应廷吉回答："诸葛亮的作为，陈寿怎么可能理解！"

国事倾颓，绝非区区一二人所能挽救。权臣掣肘、悍将跋扈，纵然是史可法复国失败的主要原因，可军事作战、统筹政务，又全非史可法能力范围之事。

若是国家安定，让史可法老老实实当个辅臣，不用下决策，只用提供意见，或是干些钱粮、赋税、漕运等具体事务，他绝对能做得有声有色。

可人生就是有这么多无奈，历史给予了史可法过重的负担，也是他完全难以承受的负担。

史可法，确实与文天祥的经历十分相似，同样的忠心为国，同样的披肝沥胆，历史没有给更出色的文天祥机会，更不会给政治、军事皆不太行的史可法机会。

他空有一腔报国之心，对国事披肝沥胆，以至殒身殉国，壮烈牺牲。夜深人静时，他也许会想起恩师托付的重任，也会不止一次扪心自问：拿什么拯救你，大明！国家！

他的能力不支持他肩负重任，那些为国事做出的努力也支撑不住四柱倾倒的江山社稷。史可法注定只能像文天祥那样，在绝望和奋斗中暗淡了刀光剑影，远去了鼓角争鸣，当一个末路英雄，成为一段历史的终章。

奋斗的荣光，印刻于岁月流转，吹动着时代风帆。围绕史可法，也围绕这些踔厉奋发的孤勇者，他们既有苦涩的心绪，也有不屈的斗志，既有敏感的灵魂，也有粗糙的神经，既留恋世俗的嬉笑怒骂，也有说走就走的豁达淡定，既经历过漫长深夜，也拥有旭日东升的黎明。

他们大都不是国家柱石，没有出将入相，知名度远低于明朝历史上那些闻名遐迩的大人物：刘伯温、郑和、王阳明、海瑞、戚继光、张居正……他们没有挽狂澜于既倒，扶大厦之将倾，反因各种缘故仕途不畅、饱经风霜，却无一人选择躺平。

历史有属于他们的辛酸、悲愤、惆怅、寂寞，也有属于他们的山海、沙漠、孤岛、星空，千百年后，重新回望那些鲜活的面孔，那些精彩的故事，那些曾经走过的道路，孤影萍踪，终将散落在泛黄的史册中，孤勇者们，脸上仍然挂着八面莹澈的笑意，一路跋山涉水，走走停停。